Infant Development 영아발달

:: 머리말 ::

인간은 모태에서 태어나면서부터 일정한 발달단계를 거치며 평생을 살아간다. 어느 동물보다도 발달의 진행이 느리긴 하지만 그 발달은 어느 정도 예측이 가능하며 특히 영아기와 유아기는 인생에 있어서 발달의 변화가 큰 시기라고 볼 수 있다. 이러한 특징을 지니는 인간의 발달은 사회적 변화와 밀접한 관계가 있다. 그 시대가 어떤 특징을 지니고 있는가와 무엇을 요구하느냐에 따라 교육의 특정 부분이 강조되기도 하고 변화가 일어나기도 한다.

그동안 아동발달에서 영아발달과 유아발달을 통합적으로 다루어 왔으나 2014학년부터는 보육교사 자격증 관련 규정변경으로 인하여 영아발달과 유아발달을 분리하여 필수과목으로 이수하게 되었다. 따라서 영아가 어떻게 성장하고 발달하는지를 보다 상세하게 체계적으로 연구한 영아발달 관련 서적이 필요하게 되었다. 이러한 시대적 상황에 따른 필요에 의해 이 책을 집필하게 되었다. 이 책을 집필하게 된 또 다른 이유는 국내의 영아발달 관련 서적의 상황 때문이다. 관련 교재의 대다수가 인간발달이나 영 · 유아발달 혹은 아동발달 등의 내용에서 영아발달을 다루고 있어 영아발달에 대한 보다 상세하고 체계적인 서적이 미흡한 실정이다. 이러한 이유가 이 책을 집필하게 된 동기이다.

이 책은 모두 4부 11장으로 이루어져 있다. 1부는 발달의 기초로 영아발달이해의 기초가 되는 내용을 소개하였으며, 2부는 초기의 이론, 3부는 영아기발달, 4부는 영아기 발달과업의 내용으로 구성하였다. 1부 1장에서는 발달의 기초로 발달개념과 특징, 원리, 발달의 쟁점을, 2장에서는 발달이론으로 초기 이론과 20세기 이론, 최근의 이론을 다루었다. 2부 3장에서는 발달과 유전으로 유전의 기제, 법칙, 유전인자와 염색체의 이상을, 4장에서는 태내발달로 생명의 시작, 발달단계, 환경영향요인,

진단검사를 다루었다. 5장에서는 출산으로, 분만의 단계, 대안분만법, 출산 시의 문제점에 대해 살펴보았다. 3부 6장에서는 영아발달로 1~12개월 영아를, 7장에서는 13~24개월 영아를, 8장에서는 25~36개월 영아의 발달영역을 살펴보았다. 4부 9장에서는 정서표현 및 정서조절을, 10장에서는 영아기 개인차 요인, 11장에서는 영아기 뇌발달과 자기통제에 대해 살펴보았다.

영아발달이란 무엇이며, 어떻게 변화하는가에 대한 이해를 돕기 위해 최선을 다하고자 했으나 아쉬움이 많이 남는다. 앞으로 다양한 발달이론에 기초하여 영아를 이해함으로써 보다 많은 정보와 교육적 함의를 찾아볼 수 있기를 기대한다. 영아발달 도서가 대학에서 영아발달 또는 아동발달 및 교육 관련 과목의 교재뿐만 아니라 영아의 교육과 연구에 관심이 있는 분들에게 도움이 될 수 있기를 바라며 앞으로 부족한 부분은 계속 수정, 보완해 나갈 것이다.

끝으로 이 책을 완성하기까지 집필을 독려하고 출판해 주신 파워북 사장님과 김재광 상무님, 편집부 가족들에게도 깊은 감사의 인사를 드린다.

2014년 3월

저자일동

:: 차 례 ::

PART 1 발달의 기초

Chapter 1 발달에 대한 이론적 기초

Chapter 2 발달이론

PART 2 초기 발달

Chapter 3 발달과 유전

Chapter 4 태내발달

Chapter 5 출산

PART 3 영아기발달

Chapter 6 1~12개월 영아

Chapter 8 25~36개월 영아

PART 4 영아기 발달과업

Chapter 9 정서표현 및 정서조절

Chapter 10 영아기 개인차 요인

Chapter 11 영아기 뇌발달과 자기통제

PART 1

발달의 기초

CHAPTER·1

발달에 대한 이론적 기초

1. 발달의 개념
2. 영아발달의 특징과 원리
3. 영아발달의 쟁점

학습목표

- 발달의 개념을 안다.
- 영아발달의 특징과 원리를 이해한다.
- 발달의 쟁점에 대해서 이해한다.

핵심개념

- 발달의 개념
- 유전과 환경
- 학습과 성숙
- 결정적 시기와 민감기
- 연속성과 불연속성
- 초기 경험과 후기 경험의 중요성

CHAPTER · 1

영아교육은 영유아가 어떻게 성장하고 발달하는지를 알 때 효과적으로 이루어질 수 있다. 과거에는 발달을 상승적인 변화에만 초점을 두고 설명하였고, 이로 인해 발달은 출생 후 청소년기까지만 일어나는 현상으로 생각하였다. 그러나 요즘에 와서는 보다 넓은 개념으로 발달의 상승적 변화와 하강적 변화 모두를 포함한 전 일생 동안 발달이 이루어지는 개념으로 변화하고 있다.

1. 발달의 개념

발달development의 개념은 고대 그리스시대로부터 유래한 것으로 자연발생에 의한 생명 발생으로 이해하는 등 그 시대에는 발달을 생성 개념과 동일시하였다.

발달과 유사한 개념으로 성장growth이라는 용어가 사용되고 있는데, 인간의 변화 과정을 언급한다는 의미에서 본질적으로 공통점을 갖지만, 엄밀히 비교해 보면 성장이란 개체의 신장, 체중, 골격 등과 같은 신체적 · 생리적 측면의 양적 증가만을 뜻한다(Gallahue & Ozmun, 2006). 오늘날 발달의 중요한 특징은 양적으로나 질적으로 자라가고 더 좋아지는 것을 말하며 이는 상승上昇의 개념이다. 과거에는 발달의 상승적인 변화에만 초점을 두었기에 출생 후 청소년기까지만 발달이 일어난다고 보았다. 그리고 신체적 성장이 멈춘 중년기를 지나서는 더 이상 발달이 이루어지지 않는다고 믿었다. 따라서 발달의 개념에서 중년기와 노년기의 변화는 제외되었다. 그러나 오늘날 발달의 개념은 과거 발달의 개념보다 더 폭넓은 의미를 갖는다.

발달development이란 어떤 생물이나 사물이 자라거나 좀 더 나아지는 것을 말하고 또는 시간이 경과함에 따라 양적 또는 질적으로 변화하는 과정이다. 양적인 변화는 신장, 체중, 어휘력에서 보이는 변화와 같이 크기 또는 양에서의 변화를 의미한다. 질적 변화는 신체조절능력의 기능화나 정신작용의 구조적 변화를 일컫는다(조성연 외, 2005). 질적인 변화는 지능의 본질이나 정신작용에서의 변화와 같이 본질, 구조 또는 조직상의 변화를 의미한다. 이와 같은 양적 변화와 질적 변화는 전 생애 동안 끊임없이 일어나는데, 그 변화 양상은 성숙maturation과 환경environment에 따라 달라진다.

성숙이란 뇌 기능의 분화나 사춘기의 이차 성징과 같이 유전적 요인에 의해 변화되는 과정이고, 경험은 부모, 친구, 교육, 대중매체 등 영아가 접하는 모든 환경 조건을 의미한다. 즉, 유전적인 성숙과 환경적인 경험에 의해 발달의 개인차가 발생하는 것이다(Gallahue & Ozmun, 2006).

이런 점에서 볼 때, 발달은 모든 속성의 변화과정과 성숙 및 환경의 요인을 포괄하는 좀 더 광의의 개념으로 정의되어야 한다. 따라서 발달은 수정된 순간부터 죽음에 이르기까지 전 생애에 걸쳐 성숙과 경험에 의해 일어나는 양적 변화와 질적 변화의 과정이다(이봉선 · 이숙재, 2008).

이를 정리하면 다음과 같다.

첫째, 최근에 와서는 보다 넓은 발달의 개념으로 발달의 상승적上昇的 변화와 하강적下降的 변화 모두를 포함하고 있다. 예를 들어, 영유아기의 인지발달을 살펴보면, 유아기의 특징인 자기중심적 사고가 없어져야 전조작기의 단계에서 그 다음 단계인 구체적 조작기의 단계로 발달한다. 또한 뇌발달에 있어 두뇌의 주요 구성인 뉴런과 시냅스는 영아기에 성인보다 훨씬 많이 증가하였다가 점차 사라진다. 효율적인 뇌발달을 위해 필요 없는 과잉시냅스가 제거되는 것이다.

알아두기

- 뉴런neuron : 뇌를 구성하고 있는 신경세포
- 시냅스synapse : 뉴런과 뉴런을 연결해 주는 부분

둘째, 아동기 위주의 발달관에서 전 생애적 개념의 발달관으로 확대되었다.

발달은 수정된 순간부터 죽음에 이르기까지 전 생애에 걸쳐 성숙과 경험에 의해 일어나는 양적 변화와 질적 변화의 과정이다.

앞서 살펴본 것과 같이 발달은 상승+과 하강-의 개념이 모두 포함된 과정이다. 섀퍼(Shaffer, 2000)는 인간발달human development을 생명이 시작되는 수정부터 생명을 마치는 죽음에 이르기까지 한 개인의 전 생애에서 이루어지는 체계적인 변화과정으로 정의하였다. 여기에서 '체계적인 변화과정'이란 모든 인간의 발달에는 일정한 순서와 패턴이 있음을 뜻한다. 또한 변화change와 함께 발달연속성developmental continuity이 함께 있음을 의미한다. 발달연속성이란 시간이 지나도 안정적으로 존재하고 지속적으로 과거를 반영하는 것으로, 영아기의 발달은 이후 영유아기와 아동기발달에서도 지속적인 영향을 미친다. 이와 같이 최근에는 시간의 흐름 속에서 나타나는 모든 변화과정을 발달로 정의하고 있다.

셋째, 인간발달학의 다학문적multi-disciplinary 특성이다.

인간의 발달이 정자와 난자의 수정에서부터 죽음에 이르기까지의 모든 과정을 포함하고 있기 때문에 인간발달학문은 생물학, 의학, 신경과학, 심리학, 교육학, 사회학, 가정학 등에 이르기까지 다학문적인 영역이며, 인간의 발달과정을 연구하는 학자들을 발달학자라 부른다. 최근 인간발달학문은 이들 학문들 간의 통합을 통해 많은 발전을 이루고 있다.

2. 영아발달의 특징과 원리

발달이란 난자와 정자가 수정되는 순간, 즉 수정에서부터 시작되는 계속적인 과정을 말한다. 수정되는 순간부터 세포분열이 시작되는데, 하나의 세포인 수정란은 수백만 개의 세포가 형성될 때까지 아주 빠른 속도로 분열이 계속한다. 새로 형성된 세포들은 세분화된 역할을 맡아 신체의 여러 기관을 형성하게 된다.

태내기의 발달순서는 정해져 있다. 모든 태아는 같은 순서로 그리고 거의 같은 시기에 발달한다. 성장과정은 태내기나 출생 후나 매우 복잡한 것이지만, 영아발달에는 몇 가지 일반적인 원리가 있다.

인간의 발달단계는 태아기, 영아기, 유아기, 아동기, 청년기, 성인기, 중년기, 노년기로 나누어진다. 이 중 영아발달의 특징과 원리를 살펴보면 다음과 같다.

1) 영아발달의 속도는 일생 중 가장 빠르다

출생 이후 인간의 발달단계 중 영아기는 성장이 가장 빠른 속도로 이루어지는 시기이다. 고개조차 가누지 못하였던 아기가 2년 동안 기고, 서고, 걷고, 달릴 수 있게 된다. 태어날 때 신장이 50cm 정도에 불과하던 아기가 1년 사이에 출생 시의 1.5배로 자라고 몸무게는 3배가 된다. 또한 출생 시 뇌의 무게는 350g 정도로 성인 뇌 무게의 25%이지만 6개월 후에는 50%, 2세경에는 75%에 이르러 영아기를 뇌 성장의 급등기brain growth spurt라고 부른다.

2) 영아발달은 일정한 방향으로 진행된다

두미발달머리 → 발과 근원발달안 → 바깥쪽, 세분화발달일반적 → 전문적의 원칙이다.

① 두미발달원칙 cephalocaudal

일반적으로 영아는 머리가 몸통이나 팔다리보다 빨리 발달한다두미발달. 머리에서 발 방향으로 발달이 진행되는데, 즉 머리 부분이 몸통이나 사지보다 먼저 발달하

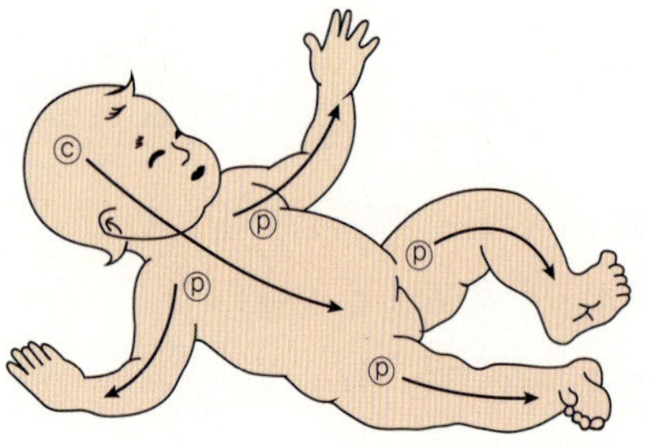

| 그림 1-1 | 영아발달의 원칙

는 것으로 고개 가누기 → 가슴 들기 → 배 들기 → 기기 → 서기 → 걷기 순으로 이어지는 신체발달이 그 예이다.

② 근원발달원칙 proximodistal

몸의 중심부가 말초신경보다 먼저 발달하여 팔, 손목, 손, 손가락의 순서로 발달이 이루어진다근원발달. 안에서 바깥쪽으로, 중심부가 말초보다 먼저 발달한다는 것이다. 팔 → 손목 → 손 → 손가락, 허벅지 → 종아리 → 발 → 발가락 순으로 발달한다.

③ 세분화발달원칙 general to specific

영아기에는 몸 전체를 사용하여 움직이거나 물건을 쥐었지만, 시간이 지날수록 다리를 사용하여 움직이고 팔과 손가락만 사용하여 장난감을 잡는다세분화발달. 또한 일반적인 것에서 특수한 것으로 발달한다. 물건을 잡을 때 손 전체를 사용하다가 점차 엄지손가락과 집게손가락을 사용하게 된다. 거칠고 산만하며 분화되지 않은 행동이 점차적으로 분화되고 정밀한 행동으로 대체된다.

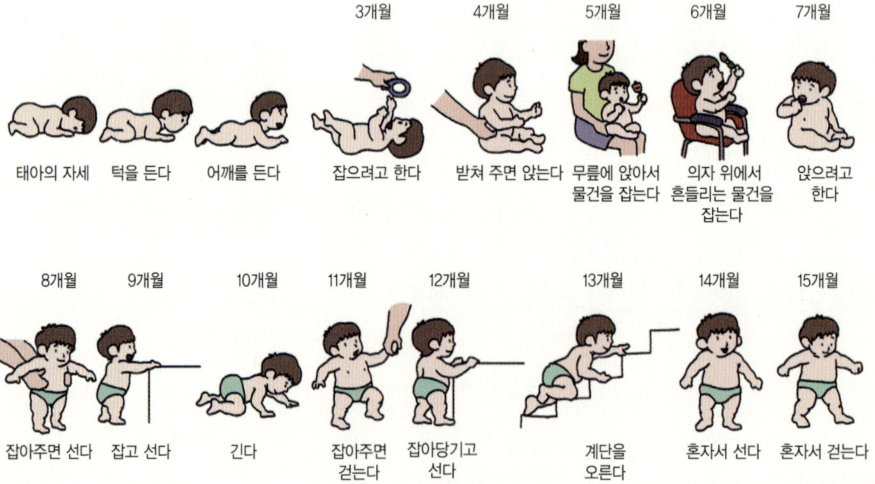

| 그림 1-2 | 영아발달 순서

출처 : Shirley, M. M.(1933).

3) 영아발달은 일정한 순서가 있다

발달은 정해진 순서대로 진행되며 앞으로 진행될 발달의 모습을 예측할 수 있다. 모든 영아는 앉은 후에 서고, 선 후에 걷는다.

영아의 발달은 일반적인 순서가 있다. 신체발달의 경우 기기, 서기, 걷기 등의 발달순서로 나타난다. 즉, 기어가고, 설 수 있게 된 후에야 걸을 수 있다. 영아에게 아무리 좋은 교육환경을 제공한다 할지라도 기어가는 아이에게 걸음마를 가르칠 수 없다. 이처럼 발달은 연속적인 과정으로 낮은 단계에서 높은 단계로 이루어지고, 전 단계의 발달은 이후 발달단계의 토대가 된다.

4) 영아발달은 개인차가 있다

모든 영아발달의 정도는 각 개인마다 다르며 발달의 속도는 일정하지 않다. 신체는 다양한 기관과 신체 부위로 이루어져 있으며 신체 부위에 따라 성장 속도가 다르거나 심리적 발달의 속도도 다르게 이루어진다. 일란성 쌍생아들 간에도 출생시부터 개인차가 나타난다. 모든 영아의 발달은 일정한 순서대로 이루어지지만, 발달의 속도와 양상은 영아마다 제각기 다르다. 어떤 아이는 돌 되기 전부터 걷기를 할 수 있지만, 또 어떤 아이는 한참 이후에 걸음마를 시작한다. 또한 언어발달에 있어서도 일반적으로 남아보다 여아의 언어발달이 빠른 경향이 있지만, 아이들에 따라 언어습득의 시기도 각기 다르다.

5) 영아발달은 유전과 환경의 상호작용이다

영아발달은 부모에게 물려받은 유전적 요인이 많은 영향을 미친다. 머리카락과 피부색, 키, 몸무게, 지능에 이르기까지 우리는 발달의 많은 부분을 부모로부터 물려받는다. 그러나 머리카락, 피부색과 같은 특징 외에 키와 몸무게, 지능은 부모의 유전과 외부 환경과의 상호작용 결과이다. 사람마다 가지고 있는 유전인자와 환경이 다르기 때문에 성장률에 다양한 차이를 보인다. 부모에게 좋은 신체적 조건과 지능의 유전인자를 물려받았다 할지라도 영양이 제대로 공급되지 못한다면 잘 자랄 수 없다. 이와 마찬가지로 부모로부터 좋은 유전인자를 물려받지 못하였다 할지라도 풍요로운 환경에서 적절한 영양과 자극을 받는다면 부모보다 더 좋은 체격과 지능을 가질 수 있을 것이다.

6) 영아발달의 각 영역은 상호 밀접한 연관이 있다

영아발달의 각 영역인 신체운동발달, 인지언어발달, 사회정서발달은 서로 밀접하게 연관되어 상호작용한다. 특히, 영아의 신체운동발달이 인지언어적 과정에 영향을 미치고, 인지언어발달은 사회정서발달에 영향을 미치며, 사회정서발달은 또 신체운동발달에 영향을 미친다. 즉, 모든 영역은 서로 밀접하게 연관되어 있다. 예를 들어, 영아가 혼자 힘으로 서고 걸음마를 시작하면서 영아는 자신의 주변을 스스로 탐색하고 더 나아가 주변 성인들의 격려를 통해 자아존중감이 더욱 발달하게 된다. 또한 영아는 신체운동능력을 발휘하면서 자신감과 함께 잘 할 수 있다는 자기효능감이 발달하고 긍정적인 사회정서발달을 이루게 된다. 아울러 사물의 관찰능력과 함께 인지언어발달에도 영향을 미친다.

3. 영아발달의 쟁점

인간발달이란 수정에서 죽음에 이르기까지 인간의 전 생애를 통해 계속되는 과정을 말한다. 영아기는 전 생애 중 한 부분이지 발달선상에서 고립된 기간이 아니다. 영아기에서만 볼 수 있는 독특한 특성이 있기는 하지만, 영아기는 유아기나 아동기의 발달과 경험에 연관되어 있다. 영아발달을 이해하고 설명하기 위해 많은 발달심리학 연구가 이루어졌다. 그로 인해 영아발달에 영향을 미치는 요인이 유전인지 환경인지, 영아발달을 촉진하는 것이 학습인지 성숙인지, 영아발달이 결정적인 시기를 놓치면 불가능한 것인지, 발달에 민감한 시기에 자극을 주면 좀 더 잘 발달하고 이 시기를 놓치면 더 많은 자극과 노력이 필요한 것인지 등에 대한 논쟁이 끊임없이 이어지고 있다.

1) 유전과 환경

영아발달에 영향을 미치는 것이 유전인가, 아니면 환경인가에 대한 논쟁은 오랜 기간 학자들에 의해 제기되어 왔다.

전성설前成說을 주장한 학자들은 인간이 남성의 정자나 여성의 난자 안에 이미 완전한 형상을 갖추고 있다고 믿었다. 따라서 수정 시 오로지 제한된 양적 변화만이 일어나며, 환경은 발달의 결과에 거의 영향을 미치지 않는 것으로 믿었다. 반면에 존 로크John Locke는 아동을 '백지상태tabular rasa'에 비유함으로써 생물학적 기초가 아닌 환경적 영향력만이 모든 발달적 변화를 설명할 수 있다고 가정하는 극단적인 환경론을 주장하였다.

이에 대한 방대한 연구가 진행되는 가운데 유전과 환경 둘 중 하나를 선택하는 것은 불가능하고 영아발달에는 유전과 환경 모두 영향을 미친다는 결론에 이르렀다. 즉, '유전과 환경이 어떻게 상호작용하는가?'하는 것이 더 중요함을 깨닫게 된 것이다.

유전적인 요인은 인간으로서의 우리를 특징이어 준다. 예를 들어, 남성과 여성의 차이 등이 그것이다. 그러나 환경의 변화에 의해서 유전적 요인이 변화를 보이는 경우도 있다. 미국의 노어스웨스턴Northwestern 대학의 게틀레라Lee T. Gettlera 교수팀은 자녀가 없는 평균 21.5세의 남성을 대상으로 남성호르몬인 테스토스테론 수치를 측정하고 5년 후에 다시 테스토스테론 수치를 잰 결과, 두 번째 검사를 실시할 때 자녀를 두고 있는 남성은 자녀가 없는 남성보다 테스토스테론 수치가 현저히 낮아진 것으로 나타났으며 이 현상은 갓 출생한 아이를 집으로 데려오는 순간 가장 크게 나타났다고 밝혔다. 아직까지는 테스토스테론 수치 저하가 양육에 도움이 되는지, 낮아진 테스토스테론의 양이 이후 얼마나 지속되는지에 관한 정확한 자료는 없으나 이 현상을 통해 환경에 따른 생물학적 변화를 설명할 수 있다.

가정의 경제적인 수준도 영아발달에 영향을 미친다. 표준화된 검사수행에서 가정의 소득 수준이 높을수록 영아의 신체 · 인지 · 사회성발달 점수가 높게 나타났다. 영아에게 영향을 줄 수 있는 환경으로는 가정 이외에 또래, 교사, 유치원 등이 있는데, 양육을 환경과 동일시하던 시각에서 벗어나 그 이외의 환경의 영향에 대해 살펴보는 연구들도 있다.

2) 학습과 성숙

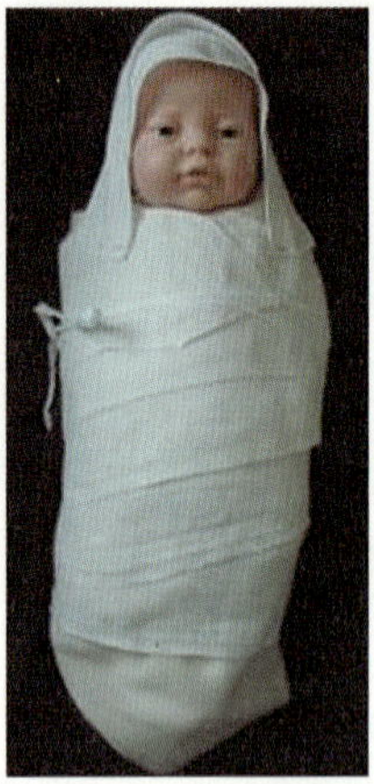

▲ 고전적인 스와들링 모습

발달과 관련하여 종종 제기되는 또 다른 쟁점은 성숙과 학습의 역할에 관한 것이다. 성숙과 학습에 관한 논쟁은 앞에서 논의한 유전과 환경의 영향에 대한 논쟁과도 유사하다. 유전과 환경의 논쟁이 발달에 영향을 미치는 요인에 관한 근원의 문제에 초점을 맞춘 것이라면, 성숙과 학습에 관한 논쟁은 어떤 기제와 과정을 통해서 변화가 일어나는가 하는 문제에 초점을 맞춘 것이라고 할 수 있다.

영유아의 발달을 이끌고 변화시키는 것은 학습인가? 아니면 성숙인가?라는 전제 또한 오랜 논쟁거리다. 성숙은 유전적 요인에 의해 발달적 변화들이 나타나는 생물학적 과정이다. 개인적으로 약간의 기간 차이는 있지만, 특별한 자극을 주지 않아도 아기는 몸을 뒤집을 시기가 되면 몸을 뒤집는다. 또 생후 2년간 몸무게와 키가 급속히 증가한다. 과거 중세시대에는 태어나서 생후 12개월이 훨씬 넘은 영유아까지 팔부터 발까지 감싸는 '스와들링swaddling'을 하여 양육하였다. 이 방법은 지극히 성인 중심적인 방법으로, 수유를 할 때 영아가 팔과 다리를 마음대로 움직이지 못하여 어른이 수유하기가 쉬웠다고 한다. 또 그대로 뉘어 놓으니 돌아다니면서 일을 저지르지 못해 양육하기가 쉬웠다. 그러나 영아 입장에서는 마음대로 움직일 수 없고, 워낙 꽉 싸 놓아서 배변을 보고도 어른이 갈아 주기 전까지 참아야 하는 고통이 있었다. 또 캐나다 인디언 문화에서는 영아를 요람에 넣어 키웠다. 그러나 스와들링과 요람에서 성장하여 걷기를 학습할 기회가 없던 영아들도 성장하면 모두 걸었고, 이러한 결과는 유아의 발달이 성숙에 의해 이루어진다는 관점의 근거가 될 수 있다. 성숙론자들은 질 낮은 환경이 영아발달을 저해하는 요인이 될 수는 있지만, 기본적으로 성장은 성숙에 의존하다고 믿는다.

그와 반대로 학습론자들은 발달에서 경험의 중요성을 강조한다. 학습은 훈련이나 연습에서 기인하는 발달적 변화를 말하며, 그 결과는 개인차가 있고 개별적이며 특수하다. 학습은 직접 또는 간접 경험의 산물이다. 예를 들어, 도리도리어린아이가 머리를 좌우로 흔드는 동작, 죔죔죄암죄암(젖먹이가 두 손을 쥐었다 폈다 하는 동작)의 준말, 곤지곤지젖먹이가 왼손 손바닥에 오른손 집게손가락 끝을 댔다 뗐다 하는 동작는 평균 6~10개월이면 잘 할 수 있지만 영아에게 기회를 주지 않으면 아예 하지 못할 수도 있다.

3) 결정적 시기와 민감기

모든 발달이론들의 공통적 견해는 인간발달은 연속적인 변화라는 것이다. 이러한 변화들 중 어떤 것은 특정 시기에는 매우 빠르게 일어나지만, 다른 시기에는 느리게 일어난다. 그러므로 발달심리학자들은 중요한 변수로서 변화속도의 차이에 관심을 갖는다.

영유아발달을 설명하는 데 있어 과거에는 '결정적 시기'라는 용어를 사용하여 이 시기를 강조하였다. 결정적 시기는 제한된 시간 내에서 유아가 특정한 적응행동을 습득하도록 생물학적으로 준비되어 있으며, 이를 위해서는 적절한 자극적 환경이 지원되어야 한다는 것을 의미한다(Berk, 2000). 동물행동학자 로렌츠Konrad Lorenz는 '각인'이라는 용어로 결정적 시기를 설명하였다. 로렌츠는 어미 기러기가 낳은 알들을 두 집단으로 나누어, 한 집단의 알들은 어미 기러기가 부화하게 하고, 다른 집단의 알들은 부화기에서 부화시켰다. 어미 기러기가 부화시킨 알에서 나온 새끼 기러기들은 어미 기러기를 따라다녔지만, 부화기에서 부화되어 알에서 나오자마자 로렌츠를 본 새끼 기러기들은 로렌츠를 어미처럼 졸졸 따라다녔다.

같은 실험을 청둥오리 새끼들에게도 해보았는데, 기러기와는 달리 청둥오리새끼들은 어미 청둥오리에 비해 몸집이 지나치게 크지 않고 청둥오리처럼 "꽥꽥" 소리를 내는 물체만 어미로 각인하였다. 그래서 로렌츠는 일단 쭈그려 앉은 채로 주기적으로 "꽥꽥" 소리를 내야 했다.

로렌츠는 각인이 생후 초기 제한된 기간 내에만 일어나는데, 만약 이 기간 동안 어미가 없으면 대신 어미를 닮은 대상에 각인이 일어날 수 있다고 보았다. 각인은 어린 동물이 생후 초기 특정한 시기 동안 어떤 대상에 노출되어 그 뒤를 따르게 되면 그 대상에 애착되는 것을 의미하는데, 여기에서 '특정한 시기'가 바로 결정적인 시기라고 하였다. 이렇듯 각인은 영유아발달에 폭넓게 적용되어 온 주요 개념인 '결정적 시기'라는 개념을 이끌어 냈다.

이러한 결정적 시기의 개념은 영유아의 '애착'을 설명하는 데도 적용된다. 생후 2년은 양육자와의 애착을 형성하는 결정적 시기로 이 시기에 형성되는 애착 유형은 거의 변하지 않고 이후 인간관계, 자녀와의 관계에까지 영향을 미친다고 보는 견해가 많다. 그러나 영유아발달에 있어서 기간이 짧은 특정 시기1, 2년, 즉 결정적 시기를 지나치더라도 발달이 완전히 멈춘다고 보기는 어렵다. 예를 들어, '애착'의 경우 생후 24개월간 불안정 애착을 경험하였어도, 이후 양육자의 변화로 안정애착으로 변화할 수 있는 가능성이 있고, 언어발달의 경우도 태어나서 12세까지 지속적으로 발달된다는 점에서 최근에는 '민감한 시기민감기'라는 용어가 사용되고 있다. 즉, 영유아발달에서 애착을 포함한 모든 학습은 1, 2년의 결정적 시기에 이루어지지 않으면 평생 회복 불가능한 것이 아니라, 이후에도 회복이 가능하지만, 민감한 시기가 있어서 그 시기에 자극이 주어지면 다른 시기에 비해 훨씬 빨리 학습된다는 개념이다. 최근에 조기교육에 열을 올리는 엄마들이 영유아기부터 문자교육을 시키지만 교육기간이 오래 걸리는 반면, 만 5세경에 문자교육을 시키는 경우 단 몇 주에서 몇 달이면 익히게 되는 것이 그 예이다. 문자교육의 결정적 시기는 없으나 문자교육에 민감하게 반응하는 시기가 있어서 그 학습 효과가 더욱 커지는 것이다. 이와 관련한 과거의 연구를 살펴보면 다음과 같다.

▲ 어린이병원 뜰을 걷는 지니

1970년 미국 캘리포니아에서 발생한 일명 지니Genie사건에서도 비슷한 결과가 나타났다. 심한 우울증에 시달리는 폭력적인 아빠와 그에 저항할 힘이 없는 시각장애인 엄마 사이에서 태어난 지니는 위험한 세상으로부터 딸을 보호하겠다는 아빠의 뜻에 의해 생후 20개월이 되는 시점부터 13세 반이 될 때까지 낮에는 어린이 변기에 고정되도록 만든 장치에 묶여 있고, 밤에는 슬리핑백에 묶여 철사로 망을 치고 뚜껑까지 덮힌 어린이 침대에 뉘여 키워졌다. 발각된 후 아동학대죄로 재판에 회부되는 날 자살한 그녀의 아빠는 아무도 그녀에게 말을 걸지 못하게 했으며 딸에게 말을 할 때는 개처럼 짖거나 으르렁거렸다. 인간적 접촉과 대화로부터 완벽하게 차단되어 11년을 산 지니는 발견 즉시 심리학자, 언어학자, 신경학자 등 두뇌발달과 관련된 전문가들에게 커다란 관심의 대상이 되었고, 7년간 아동병원에 머물면서 UCLA의 언어학자 수잔에게 전문적인 언어교육을 받았다. 그러나 지니는 20세가 될 때까지도 I와 YOU를 구분하지 못했고, Hello라는 말에 Hello라고 대답하는 법을 배우지 못했으며, 끝내 3단어 이상의 문장을 만들지 못했다. 이와 같이 위에 제시한 사례의 아동이 언어를 습득하지 못한 이유는 언어발달이 가장 잘 이루어지는 민감기인 2세부터 사춘기 동안 적절한 언어훈련을 받지 못했기 때문이다(Lenneberg, 1967).

4) 연속성과 불연속성

행동주의적 접근과 같이 학습과 경험을 강조하는 발달론자들은 대부분 발달을 점진적이고 연속적인 과정으로 보며 성숙을 강조한다. 반면, 발달이 일련의 독립적이며 질적으로 다른 단계들로 구성된다고 믿는 단계이론가들은 발달을 불연속적인 과정으로 본다.

발달의 연속성을 주장하는 학자들은 인간발달을 수태에서 죽음까지 연속적이고, 점진적이며 축적된 변화로 본다. 영아가 처음 말을 시작할 때 이것은 갑작스럽고 불연속적인 것으로 보이지만, 연속적 견해에서 보면 이것은 몇 주 또는 몇 달에 걸친 성장과 연습의 결과이다. 마찬가지로 사춘기 역시 보기에는 갑작스럽고 불연속적인 사건으로 보이지만, 이 또한 수년에 걸쳐 일어나는 점진적인 과정이다.

발달의 불연속성을 강조하는 학자들은 발달이 양적인 것이 아니고 질적으로 서로 다른 단계를 통해서 진행된다고 본다. 예를 들면, 추상적인 사고를 할 수 없었던 아동이 어느 날 추상적 사고를 할 수 있게 되고, 성인이 생식이 가능한 존재에서 어느 날 그렇지 못한 존재로 변한다. 이것은 양적이고 연속적인 변화가 아니고 질적이고 불연속적인 변화인 것이다.

연속성과 불연속성의 쟁점도 양자택일이 어렵다. 발달의 실제 곡선을 관찰한다면 발달적 변화는 연속성과 불연속성의 두 가지 형태를 결합한 것이라 볼 수 있겠다.

| 그림 1-3 | 인간의 연속적인 생애 주기

5) 초기 경험과 후기 경험의 중요성

만약 유아나 어린 아동이 생애 초기에 매우 불우한 환경을 경험했음에도 불구하고, 청년기 이후에 환경이 개선된다면 정상적인 발달을 할 수 있을까? 아니면 인생의 초기 경험이 너무도 중요하고 결정적이어서 이후에 개선된 환경으로도 극복이 되지 않을 것인가?

일찍이 플라톤은 유아기에 흔들 그네를 많이 탄 영유아가 나중에 커서 훌륭한 운동선수가 된다고 믿었으며(Santrock, 1998), 생후 1년까지 영아가 따뜻하고 애정 어린 보살핌을 받지 못하면 이후의 발달이 최적의 상태에 이르지 못한다고 믿는 학자들도 있다(Bowlby, 1989 ; Sroufe, 1996).

반면, 후기 경험 주창자들은 인간의 발달은 유아기의 변화 이후 조각상과 같이 불변하는 것이 아니라 조수의 간만처럼 끊임없이 변한다고 주장한다. 그들은 아동이나 청년은 발달이 이루어지는 동안 내내 매우 순응적이며 이후의 경험도 초기의 경험만큼 중요하다고 믿는다. 영아발달뿐만 아니라 전 생애에 걸친 발달에 초점을 맞춘 전 생애 발달론자들은 지금까지 발달의 초기 경험이 지나치게 간과되었다고 주장한다(Baltes, 1987). 그들은 초기 경험과 후기 경험 둘 다가 인간의 발달에 중요하다고 본다.

생각해 보기

1. 과거의 발달 개념과 오늘날의 발달 개념은 어떻게 달라졌는가?

2. 인간발달의 근원적인 요인으로서 유전과 환경의 차이는 무엇이며, 발달에 어떠한 영향을 미치는가?

3. 영아발달을 이끌고 변화시키는 것은 학습인가? 성숙인가?

4. 결정적 시기와 민감기의 차이는 무엇이며, 결정적 시기와 민감기 중 어느 개념이 인간발달을 설명하는 데 더 적절하다고 생각하는가?

5. 발달을 점진적이고 연속성인 과정으로 보며 성숙을 강조하는 것과 발달을 일련의 독립적이며 질적으로 다른 단계들로 구성된 불연속적인 과정으로 보는 것에 대해 어떻게 생각하는가?

6. 초기 경험과 후기 경험의 중요성에 대해 생각해 보고, 각각의 경험이 왜 중요하며, 초기 경험과 후기 경험과의 관계 속에서 이 두 경험은 왜 중요한가?

CHAPTER·**2**

발달이론

1. 초기 이론
2. 20세기 이론
3. 최근의 이론

학습목표

- 발달의 초기 이론에 대해서 이해한다.
- 발달의 20세기 대표적인 이론(정신분석, 행동주의와 사회학습이론, 인지발달)의 주요 개념을 안다.

핵심개념

- 초기 이론
- 정신분석이론
- 행동주의와 사회학습이론
- 인지발달이론
- 정보처리이론
- 동물행동학적 이론
- 생태학적 체계이론

CHAPTER · 2

본 장에서는 영아발달에 대한 전반적인 이해와 영아교육에 영향을 미친 체계적이고 과학적으로 탐구한 발달이론 중에서 초기 이론과 20세기 대표적인 정신분석이론, 행동주의와 사회학습이론, 인지발달이론 등을 살펴보고자 한다.

1. 초기 이론

1) 플라톤과 아리스토텔레스

서양의 영아발달이론의 역사는 고대 그리스부터 시작된다. 고대의 왕족으로 태어난 플라톤Plato과 마케도니아 궁정 의사의 아들로 태어난 아리스토텔레스Aristoteles는 영유아를 구체적으로 관찰하거나 영아에 대한 자료를 수집, 분석했다기보다는 성인교육을 위해 영유아교육의 중요성을 강조하고, 영유아의 욕망을 바람직한 방향으로 유도하거나 영혼의 세 요소이성, 기개, 욕망가 조화와 질서를 유지할 수 있도록 해주어야 함을 주장하여 오늘날의 정교하고 과학적인 영아발달연구의 기초를 제공해 주었다는 점에서 자주 언급되고 있다. 플라톤과 아리스토텔레스는 생애 초기 경험이 성격형성에 가장 중요하다고 보았지만 성장하면서 다양한 경험을 통해 성격이 수정될 수도 있다고 하였다.

▲ 플라톤(BC 428~348)

▲ 아리스토텔레스(BC 384~322)

2) 로크와 루소

17세기 이후의 두 철학자 로크locke와 루소Jean-Jacques Rousseau가 쓴 글을 통해 관찰과 그에 대한 사유를 바탕으로 영아발달에 대한 개념을 정립하였다.

(1) 로크

영국의 철학자 로크는 인간은 누구나 백지상태로 태어나 환경과 경험에 의해 다르게 성장한다고 하였다. 이러한 견해는 오늘날의 행동주의와 사회학습이론의 기초가 되었다. 로크의 교육방법은 형

▲ 로크(1632~1704) : 작자 미상의 화가가 그린 초상화

출처 : By courtesy of the Governing Body of Christ Church, Oxford

식적인 교육의 틀을 벗어나 영유아를 가정으로 데려와 영유아의 본성 그대로 자연의 원리와 화합하도록 돕고, 놀이방법을 도입하여 영유아의 흥미를 계속 유발할 수 있도록 해야 한다고 하였으며, 영유아의 순수한 놀이를 중요하게 평가하였다. 그러나 로크는 이성적 사고발달을 중시하여 아직 이성적 사고를 하지 못하는 영유아는 수동적인 존재로 간주하고 환경이 그 만큼 중요하다고 보았다. 로크는 영국과 프랑스 계몽주의의 선구자로서 미국 헌법에 정신적 기초를 제공했다. 당시 '새로운 과학' 곧 근대과학을 포함한 인식의 문제를 다룬 《인간 오성론》의 저자로 유명하다.

(2) 루소

▲ 루소(1712~1778) : 모리스 켕탱 드 라 투르가 그린 파스텔화(1753)

출처 : By courtesy of the Musee d'Art et d'Histoire, Geneva ; photograph, Jean Arlaud

프랑스 철학자, 교육학자, 음악가, 음악평론가인 루소는 제네바에서 태어나 프랑스 에르므농빌에서 생을 마감했다.

이성의 시대를 끝맺고 낭만주의를 탄생시킨 사상을 전개했다. 그의 개혁사상은 음악을 비롯한 여러 예술에 혁신을 가져왔고 사람들의 생활방식에 큰 영향을 끼쳤으며 자녀에 대한 부모의 교육방식에도 변화를 일으켰다. 우정과 사랑에서 예의 바른 절도보다는 자유로운 감정표현을 중시했다. 종교를 버린 이들에게는 종교적 감성을 숭배하도록 인도했으며, 누구나 자연의 아름다움에 눈뜨고 자유를 가장 보편적 동경의 대상으로 여길 것을 역설했다.

18세기 후반 프랑스의 철학자 루소는 인간의 본질을 감정으로 보았기 때문에 감정에 충실한 영유아를 긍정적으로 생각했다. 또한 자연주의자인 루소는 유명한 저서 《에밀》을 통하여 진정한 교육은 사회의 구속에서 벗어나 자유롭게 성장할 수 있을 때 가능하다고 보고 자발적 흥미와 욕구를 중요하게 여겼다.

(3) 스탠리 홀

그랜빌 스탠리 홀Granville Stanley Hall은 미국의 심리학자 겸 교육자이다. 미국에서 처음으로 실험소를 열어 실험 심리학자로 이름을 떨쳤다. 또한 아동심리와 청년심리의 연구를 교육학에 응용하여 교육자로서도 이름이 높았다. 1887년에 〈미국심리학보〉를 창간하였으며, 미국 심리학회를 조직하여 초대 회장이 되었다. 저서로는 1904년에 발간한 《청년기의 연구》 2권 등이 있다.

▲ 스탠리 홀(1844~1924)

스탠리 홀은 새로운 연구방법을 제시하였는데, 미국에서 아동연구가 새로운 학문으로 시작하는 데 결정적인 역할을 한 사람으로, 초대 미국 심리학회의 회장이었으며 발달심리학 연구의 기초자였다. 스탠리 홀은 아동에 대한 관심 때문이라기보다는 '사회진화'에 대한 관심으로 1880년에 아동에 관한 연구를 시작하였다.

홀은 유럽에서 심리학의 개척자인 빌헬름 분트Wilhelm Wundt와 심리학을 연구한 최초의 미국인으로 1880년 '영유아의 마음의 내용'에 관한 연구에 관심을 가지고 미국으로 돌아왔다. 독일에서 배운 설문지방법을 도입하여 보스턴 지역 약 200명의 유치원 아이들에게 "소를 본 적이 있느냐?", "벽돌은 무엇으로 이루어져 있느냐?" 등의 질문을 하였다. 특정 답을 한 아이들의 분포를 표로 나타내었으며 소년과 소녀, 도시아이와 시골아이, 각기 다른 인종의 아이들 간의 반응을 비교하였다. 이런 연구는 한 어린이의 세부적인 특성을 조사하였던 이전의 연구와 달리 처음으로 집단자료를 모아 어린이 집단을 비교하였다는 점에서 특징이 있었다. 홀의 연구는 영아발달 연구방법에서 양적 연구방법의 기초를 다졌다고 볼 수 있다.

2. 20세기 이론

20세기는 영유아에 대한 연구가 많이 이루어졌다. 20세기의 연구들은 영유아의 연령에 따른 신체 · 인지 · 언어발달 등의 연구를 통해 영유아를 설명하고 예측하는 것이 주된 목적이었다. 프로이트와 에릭슨의 정신분석이론, 스키너의 행동주의와 반두라의 사회학습이론, 피아제와 비고츠키의 인지발달이론 등이 정립되었다.

1) 정신분석이론

정신분석이론은 인간의 성격이나 감정, 욕구 등의 내면 세계를 설명해 주는 발달이론이다. 정신분석이론에 따르면 발달은 무의식적인 것이며 우리의 행동은 단지 표면상 드러나는 특성에 불과하다. 따라서 영유아발달을 제대로 이해하기 위해서는 영유아의 외현적 행동보다는 그 행동 내면의 상징적인 의미를 분석함으로써 행동의 상징적인 의미와 마음속에서 일어나는 일을 이해해야 한다. 또한 부모와의 초기 경험이 발달에 지대한 영향을 미친다고 본다.

프로이트는 자신의 정신과 환자들을 관찰하고 면담을 통한 치료를 하면서 그들의 어린 시절에 대해 관심을 갖게 되었고 그때부터 영유아기 경험의 중요성을 강조하였다. 정신분석이론은 프로이트가 주창한 학문으로 에릭슨에 의해 더욱 대중화되었다. 에릭슨은 '사회적 관계social relation'를 중요하게 보고 '자기실현self actualization'과 '현재 상황present situation'을 강조하였다. 에릭슨은 영유아발달에서 문화적 환경의 중요성도 강조하여 관찰과 사유를 통해 인간발달 전체에 대해 연구하였다. 정신분석이론에서는 인간은 모두 발달단계가 있고 각 단계에 따른 위기를 대처하고 해결하는 과정에서 성격이 발전한다고 하였다. 프로이트는 출생부터 청소년기까지 5단계를 제시한 반면에, 에릭슨은 노년기까지의 전 생애 발달단계를 제시한 최초의 심리학자이다.

이러한 정신분석이론은 프로이트의 심리성적 이론Psychosexual과 에릭슨의 심리사회적Psychosocial 이론이며 자세히 살펴보면 다음과 같다.

(1) 프로이트의 심리성적 이론

▲ 프로이트(1856~1939)

출처 : Mary Evans/Sigmund Freud Copyrights (courtesy of W. E. Freud)

오스트리아의 신경학자, 정신분석학의 창시자인 프로이트Sigmund. Freud는 '정신분석학의 아버지'라고 불렸으며, 1856년 체코슬로바키아의 프라이버그에서 가난한 유태인 가정의 7남매 중 맏이로 태어났다. 정신분석학의 창시자 프로이트는 체코슬로바키아에서 3세에 비엔나로 이사를 간 뒤 유태교 학교를 다녔다. 프로이트의 지적 관심은 다방면에 걸친 것이어서 대학에 진학할 때 전공 선택에 어려움을 겪었다. 결국 의과대학에 진학하여 신경계통을 전공하였다.

프로이트는 신의 존재를 믿지 않았으나 유태인으로서의 내적 정체감을 갖고 있었고, 이러한 유태인적 근원이 그의 삶에 영향을 미쳤다(Kaplan, 2009). 또한 유태인으로서의 그의 정체감은 학문으로도 영향을 미치게 되었다. 프로이트는 의학을 공부하면서 신경학의 연구에 깊은 관심을 가졌고 신경학자로서의 연구에 전념하였다. 또한 병원에서 수많은 임상환자들과 함께 하면서 신경질환을 심리학적 관점에서 생각해야 한다는 자극을 받았다. 프로이트는 1886년 결혼하여 세 딸과 두 아들을 가졌는데, 특히 딸 안나 프로이트Anna Freud는 연구의 관찰대상이 되기도 하였다.

인간의 본성에 관한 프로이트의 이론적 가정은 인간에 대한 개념을 극적으로 변화시켰다. 프로이트는 우리 인간이 믿고 있는 것처럼 인간은 이성적이고 논리적이며 지적인 존재가 아니고, 비이성적이며 때로는 자신도 알지 못하는 숨겨진 무의식적 동기에 의해 영향을 받는 존재라고 밝혔다. 프로이트는 중대한 심리적 본성이 이성이 아닌 욕망이라는 점을 시사하였다.

정신분석적 연구는 1902년 프로이트가 살고 있던 아파트에서 시작된 '심리학 수요모임Wednesday Psychological Group'에서 본격화되었다. 프로이트와 그로스Gross, 스테케Steke, 아들러Adler 네 명의 멤버로 시작했던 수요모임이 빠르게 성장하여 1907년에는 '정신분석협회Psychoanalytical Association'를 결성하기에 이르렀고 이를 통해 더욱 활발한 연구가 진행되었다(Kaplan, 2010). 이후 융이나 아들러 등이 협회에 합류하여 연구를 함께 하였으나 후에 이들은 프로이트의 이론에 반대하여 협회를 떠나게 되었다. 프로이트에 의하여 창시된 정신분석학은 그의 범성욕설적인 입장에 반대하여 일탈해 나간 융, 아들러 등의 정신분석학과 구별하여 '전통적 정신분석학traditional psychoanalysis'이라고 불린다. 정신분석학은 행동주의 심리학, 인본주의 심리학과 더불어 현대 심리학의 3대 주류 학문으로 여겨지고 있으며, 특히 최초의 학문적 세력으로 등장하여 정신의학과 심리학 발달에 지대한 공헌을 하였다(이성태, 2007).

오스트리아 빈의 정신과 의사였던 프로이트는 신경증 환자들이 아동기의 고통스러운 사건을 자유롭게 말함으로써 병이 치료가 되는 것을 발견하고 이를 토대로 자신의 심리성적 이론psychosexual theory을 만들었다. 이 이론은 인간은 누구나 성욕과 공격욕이 있는데, 영유아기에 부모가 자녀의 이러한 욕구를 어떻게 다루어주는가에 따라 성격이 형성된다는 것이다. 프로이트는 무의식의 세계를 처음으로 소개하였다. 그는 우리가 꾸는 꿈이 곧 인간에게 무의식이 존재함을 증명하는 것이라고 보았으며 이 무의식 속에 내재하고 있는 내적 욕구나 갈등은 자유연상법을 통하여 밖으로 이끌어 낼 수 있다고 보았다.

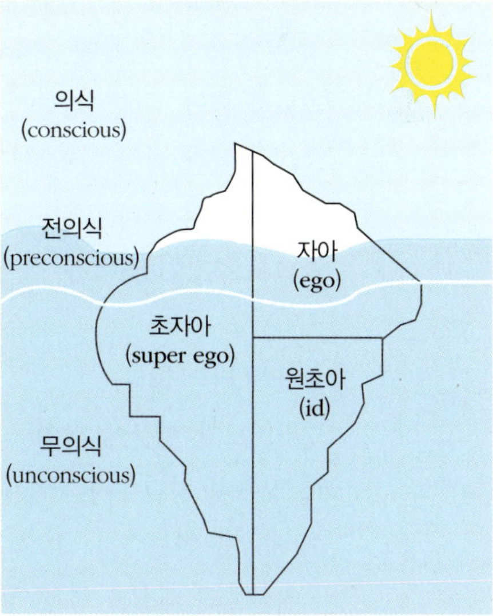

|그림 2-1| 성격의 구조

출처 : http://sensorymerics.com

프로이트는 원초아, 자아, 초자아 3가지 구조로 구성된 성격의 구조를 밝힘으로써 인간의 심리적 특성을 설명하였다. 인간의 욕망과 생물학적 욕구의 근원인 원초아와 이성적이고 합리적인 자아, 그리고 도덕적인 초자아양심 등이다. 인간의 성격은 원초아와 자아, 초자아의 갈등 속에서 이루어진다. 그리고 이러한 갈등은 우리의 의식 속에서도 있지만, 우리가 느끼지 못하는 전의식과 무의식 속에서도 나타난다.

프로이트는 인간에게 성이 가장 중요한 본능이라고 생각했다. 따라서 성적 쾌감을 느끼는 리비도libido가 움직이는 위치에 따라 발달단계를 나누었다. 프로이트는 5단계의 심리성적 발달단계구강기, 항문기, 남근기, 잠복기, 생식기를 통하여 인간의 발달이 불변하는 순서로 연결된다고 하였다.

① 구강기(출생~1세)

리비도가 입에 집중되어 있다. 영아는 빨기와 같은 구강활동으로 쾌감을 느낀다. 이 단계에서는 입과 구강 부위가 쾌락의 주된 원천이 된다. 빨고, 마시고, 먹는 것뿐만 아니라 손가락이나 젖꼭지를 빨거나 입에 닿는 것은 무엇이든지 빠는 것과 같은 구강활동을 통해서 쾌락을 추구한다.

프로이트에 의하면, 각 단계마다 추구하는 쾌락을 만족시켜야 다음 단계로 넘어갈 수 있다고 한다. 만일 쾌락의 욕구가 빈번히 좌절되면 다음 발달단계로 넘어가지 못하고 그 시기에 고착하게 되는데, 이 단계에 고착하게 되면 과식이나 과음, 과도한 흡연, 수다, 신랄한 비평 등의 구강기 성격이 나타난다. 고착현상은 일반적으로 심각한 좌절로 인해 욕구불만이 생길 때에 일어나지만, 과다한 만족 또한 고착의 원인이 된다. 예를 들면, 적기에 젖을 떼지 못한 영아는 계속 공갈 젖꼭지를 빨면서 구강기 쾌락을 얻으려 한다.

② 항문기(1~3세)

리비도가 항문에 모여 있고, 배설을 통해 쾌감을 느낀다. 항문기는 1~3세까지로 일차적 성감대가 구강에서 항문 주위로 옮겨간다. 영유아는 항문적 활동을 통해 쾌락을 얻는다.

배설물의 배설을 통해 영유아는 긴장과 불편함이 감소되는 쾌감을 느낀다. 또한 배설물을 보유함으로써도 쾌감을 느낄 수 있는데, 이것은 참았다가 배설을 하면 쾌감이 더 커지는 동시에 사회적 승인 역시 커지기 때문이다.

영유아가 지나치게 엄격한 배변훈련을 받게 되면 고착현상이 일어난다. 즉, 배설을 참아서 근육수축 쾌감에 고착하게 되면 강박적 항문기 성격으로 나타나 청결이나 질서에 대한 강박적 욕구를 보이거나 인색한 사람이 된다. 반면, 배설을 하고 나서 근육이완 쾌감에 고착하게 되면 폭발적 항문기 성격으로 나타나 지저분하고 낭비벽이 심한 사람이 된다.

③ 남근기(3~6세)

남근기는 약 3~6세까지 계속된다. 이 시기에는 정신 에너지가 항문으로부터 성기로 옮겨간다. 이 단계에서 남아는 오이디푸스 콤플렉스와 여아는 엘렉트라 콤플렉스를 경험한다. 오이디푸스 콤플렉스는 그리스 신화 '오이디푸스 왕'에서 그 이름과 내용을 따온 것으로, 오이디푸스는 자신의 부모임을 모른 채 그의 아버지를 죽이고 어머니와 결혼한다. 나중에 이 사실을 알고서 자신의 두 눈을 파냄으로써 스스로를 벌한다. 프로이트는 성적으로 어머니를 소유하려는 욕망이 남근기에 있는 모든 남아들의 특징이라고 본다. 남아는 어머니를 최초의 애정의 대상으로 추구하고 아버지를 경쟁자로 인식하여 적대감을 갖게 된다. 아버지와의 미묘하고도 심각한 대결의 과정에서 남아는 결국 그의 동기에 대한 아버지의 분노를 인식하게 되며, 자신과 아버지의 성기를 비교한 결과 열등감을 느끼게 된다. 이때 아버지가 그의 근친상간적 행동을 거세를 통해 벌할 것이라고 두려워하게 되는데, 이것이 바로 '거세불안castration anxiety'이다. 남아는 거세불안을 감수하기 위해 어머니에 대한 성적 욕망을 포기하고, 아버지에게 느꼈던 적대감정을 억압하는 대신 자신과 아버지를 동일시하게 된다. 즉, 아버지와 경쟁하는 대신 아버지와 같은 사람이 되려고 하며, 아버지를 통해서 어른이 된 느낌을 간접적으로 즐긴다. 이러한 동일시 과정을 통해 초자아가 형성된다.

프로이트는 여아에 대해서도 엘렉트라 콤플렉스를 묘사했지만 그 설명이 충분하지는 않다. 엘렉트라는 그리스 신화에서 남동생을 설득하여 어머니와 그 정부를 죽이고서 아버지의 원수를 갚는다. 여아는 남아들이 가지고 있는 남근이 자기에게는 없다는 것을 발견하게 되는데, 이것이 어머니 때문이라고 생각한다. 이렇게 자신을 불안전하게 만들어 세상에 내보낸 어머니를 원망하고, 남근에 대한 부러운 감정, 즉 '남근선망penis envy'을 갖게 된다. 남근선망은 아버지에 대한 사랑과 애착을 강화시키고 어머니에 대해서는 거부감을 느끼게 한다. 그런데 여아는 결국 물리적으로 남근을 만들어 붙이는 것이 불가능하며, 그에 대한 자신의 욕망을 직접적으로 만족시키기 위해서는 어머니와의 동일시를 통해야 한다는 것을 깨닫게 된다.

리비도가 생식기에 모여, 유아가 생식기를 만지며 쾌감을 느낀다. 유아는 이성부모에게는 사랑을, 동성부모에게는 질투의 감정으로 오이디푸스 콤플렉스남아와 엘렉트라 콤플렉스여아를 발달시킨다. 남아의 경우 엄마의 사랑을 빼앗기 위해 아빠를 자신의 경쟁자로 여겨 아빠를 닮아가기 위해 행동한다. 이러한 과정을 통해 유아는 동성부모의 성역할과 가치관을 닮아간다.

④ 잠복기(6~11세)

리비도가 잠시 주춤하는 시기이다. 이때 아동은 성적 충동 대신 학업과 놀이에 집중한다.

초등학교 시기부터는 성적 욕구의 만족이 신체 특정 부위의 자극이 아니라 친구관계, 취미활동, 스포츠 등 사회적 활동을 통해 이루어진다. 이 시기에는 쾌락원칙을 버리고 현실원칙을 따르며 아버지의 권위와 금지 또는 양심에 따라 사회적 · 도덕적 자아를 형성하게 된다.

아동의 성적 · 공격적 환상들이 무의식 속에 잠복되어 있으며 지적 탐색이 활발해지고 친구와의 우정, 신체의 발육과 성장 등 지적인 활동에 에너지를 집중시킨다. 이 시기에 자아와 초자아가 강해지고 고착되면 성인이 되어서도 이성에 대한 정상적인 관심을 발달시키지 못하고 동성 간의 우정에 집착한다.

⑤ 생식기(12세 이후)

리비도가 다시 왕성하게 활동하는 사춘기 시기이다. 성적 충동을 사회적으로 수용할 수 있는 범위에서 어떻게 해결하는가를 배운다.

프로이트가 살던 시대만 하여도 암송과 체벌을 효과적인 교수방법으로 생각할 정도로 아동을 대상으로 한 양육과 교육은 매우 엄격하였다. 그러나 프로이트는 자신의 성격이론을 통해 아동양육에 대해 보다 관대하고 허용적이어야 함을 주장하였다. 특히, 배변훈련이나 동성부모를 질투하는 오이디푸스적인 모습, 아동의 성적인 호기심 등과 같은 상황에서 아동에게 허용적이어야 함을 강조하였다. 프로이트는 인간의 성격발달에 있어 오이디푸스 콤플렉스가 절정을 이루는 5세 미만인 영유아기의 경험을 성격형성의 가장 중요한 시기로 강조하였다.

그러나 프로이트는 성격발달 중 초기 경험에 의한 발달을 지나치게 강조함으로써 성인기 이후의 발달에 대한 언급이 없다. 그리고 성격발달에 있어 본능적인 욕구, 특히 성적인 욕구와 공격적인 욕구를 강조하였지만, 인간은 프로이트가 생각한 것처럼 그렇게 성적이거나 공격적인 존재가 아니다. 따라서 에릭슨은 프로이트의 심리성적 이론을 보완하여 심리사회적 발달이론을 제시하였다. 즉, 프로이트의 심리성적 발달 5단계를 더욱 정교화하여 인간발달을 8단계로 이론화하였다. 이는 성적 본능과 관련하여 발달을 설명하고 있는 프로이트의 이론과는 달리 사회적 인간으로서의 발달에 초점을 둔 이론이다.

(2) 에릭슨의 심리사회적 이론

▲ 에릭슨(1902~1994)

에릭슨Erik Homburger Erikson은 1902년 독일의 프랑크푸르트에서 태어났다. 실제로 그의 부모는 덴마크 사람들이었으나, 에릭슨이 출생하기 전 부모가 별거한 몇 달 동안 그의 어머니는 친구들이 있는 프랑크푸르트에 와서 있다가 아기를 낳았다. 얼마 후 아버지가 사망하자 어머니는 그곳에서 혼자 에릭슨을 키웠다. 그러다가 에릭슨이 세 살 때에 유태인 소아과 의사와 재혼하였다. 덴마크계의 혈통을 가지면서 유태계 계부 밑에서 성장하게 된 에릭슨은 운명적으로 자아정체감의 문제에 골똘히 파고들게 되었다. 에릭슨은 소년 시절에 아주 뛰어난 학생이었다. 그는 우수한 성적을 보였는데, 특히 고대의 역사와 미술을 좋아했다. 그는 틀에 박힌 학교 분위기를 좋아하지 않았다. 에릭슨은 학교를 졸업하자, 대학에 진학하지 않고 유럽을 1년간 여행하였다. 당시 독일 사회는 청년들이 자아를 찾아 방황하고 노력하는 것을 묵인하는 그런 분위기였다. 에릭슨은 방랑하는 예술가처럼, 자신을 찾기 위해 구라파 일대를 유랑하였다. 25세가 되어서야 안나 프로이트와 도로시 버링함이 운영하던 학교에서 아이들을 가르치게 되었다. 27세에 에릭슨은 미국의 미술가이며 작가인 죠안 서슨과 결혼해서 가정을 이루었다. 그 후 히틀러의 반 유태정책으로 인하여 유럽을 떠나 보스턴 쪽으로 옮겼다. 그는 하버드 의과대학에서 심리학 연구자로 일했으며, 그 후 3년간은 예일대학교의 인간관계연구소에서 일했다. 아동정신분석가가 되기 전까지 정식으로 과학적 훈련을 받은 적이 없었던 그는 프로이트의 딸인 안나와 함께 심리학에 입문하여 정신분석학을 공부했으며, 이 분야에서 자격증을 받은 후 덴마크로 가서 그곳에서 잠시 개업을 하다가 마침내 미국으로 자리를 옮겨 연구를 계속하였다.

이 시기 동안에 아동의 공간적 놀이 행동에서 보이는 사회적 모델의 개념을 설정하였으며, 자아의 발달을 지속적인 과정으로 파악하고, 시공간 속의 인간에 대해서 문화인류학적 의문을 갖게 되었다. 에릭슨의 가장 중요한 저서는《아동기의 사회》이며 이 책에서 그는 생애발달의 8단계를 제시하고 있다. 문화권에 따라 다소간의 차이는 있지만, 보편적으로 8단계를 거치면서 발달한다고 주장하고 있다.

에릭슨은 인간발달의 전 생애 접근을 시도한 최초의 인물이다. 에릭슨은 프로이트의 이론 대부분을 받아들였지만, 프로이트와 달리 인간의 성격발달에서 성적인 욕구보다 사회문화적인 영향을 강조하였다. 그는 아동이 자신의 성적 욕구와 부모의 양육태도에 의해 성격이 만들어지는 수동적인 존재가 아니라, 각 발달단계마다 스스로 환경에 적응하기 위해 애쓰는 능동적 존재로 인식하였다.

에릭슨은 내적 본능 및 욕구나 외적 · 문화적 · 사회적 요구 간의 상호작용으로 인해 심리사회적 발달이 전 생애를 통해 계속된다고 주장한다. 그리고 내재된 기초 안에서 발달이 이루어진다고 믿는다. 에릭슨에게 있어 주요 개념은 자아정체감의 발달이다. 확고한 자아정체감을 확립하기 위해서는 일생을 통해 여덟 가지 위기를 성공적으로 해결해야 한다고 하였다.

에릭슨은 프로이트와 마찬가지로 그의 탁월한 통찰력으로서 인간의 발달과정을 이론화했다. 프로이트의 정신분석학적 개념은 고대의 희랍신화에서 발생된 것이 많은 데 반해 에릭슨의 개념은 시, 민속 그리고 일상생활의 지혜를 참조하고 있다. 그러나 기본적으로는 프로이트의 이론을 바탕으로 하여, 그의 새로운 이론을 전개했다.

또한 전 생애에 걸친 발달과정을 8단계로 나누어 설명하였다. 즉, 후성설로 개인의 성장과정에서 맞이하게 되는 각 발달단계마다의 바람직한 발달과업과 바람직하지 않은 발달과업 간의 대립과정을 어떻게 조절하고 극복하느냐에 따라 다음 단계의 발달이 결정된다고 보았다.

에릭슨은 출생에서 사망까지의 인간의 생애는 신체적, 심리적으로 성장하는 유기체와 사회적 영향과의 상호작용에 의해 이루어진다고 하며, 생애주기를 통한 발달적 변화, 사회적 · 역사적인 요인을 배경으로 성격을 이해하는 것이 중요함을 강조하였다. 또한 인간발달과 관련하여 최대의 관심을 기울여야 할 것은 자아라고 보았으며 프로이트와는 대조적으로 자아를 자율적인 성격구조로 보았다. 그는 생애주기를 8단계로 나누어 각 단계를 통하여 나타나는 자아의 특성에 초점을 맞추고 이러한 인간발달은 모든 인간에게 공통적이라는 가정을 세웠다.

인생주기의 각 단계는 이 단계가 우세하게 출현되는 최적의 시간이 있고 그리고 모든 단계가 계획대로 전개될 때 완전한 기능을 하는 성격이 형성된다고 하였다.

에릭슨은 프로이트의 발달단계처럼 사춘기에서 끝나지 않고 성인기를 지나 노년기에 이르기까지 심리사회적 발달단계 8단계를 제시하였다.

에릭슨의 이론을 심리사회적 이론psychosocial theory이라 부르는데, 인간은 일생 동안 각각의 발달단계마다 8개의 위기, 즉 불신감, 의심, 죄책감, 열등감, 정체감 혼란, 고립감, 침체감, 절망감을 겪으며 각 단계에서 성취해야 할 발달과업이 있다. 이때 각각의 위기를 성공적으로 해결해야 다음 단계의 위기를 잘 극복할 수 있다. 8단계의 성격발달이론은 다음과 같다.

① 제1단계 : 신뢰감 대 불신감

이 단계는 프로이트의 구강기에 해당되는 시기로서, 출생에서 약 1세까지를 가리킨다. 이 시기 동안에 영아가 맺게 되는 사회적 관계는 주로 돌보아 주는 사람인 어머니와의 관계이다. 영아가 생의 초기에 처음으로 맺게 되는 사회관계에서 어머니가 유아의 신체적 · 심리적 욕구와 필요를 적절히 충족시켜 주면서 그를 일관성 있게 돌보아 주면, 영아는 어머니 또는 돌보아 주는 사람을 신뢰하게 된다. 예를 들어, 아기가 오줌을 쌌거나 배가 고플 때 어머니가 곧 이를 알아차려 그의 요구에 잘 응해 주면 이런 경험을 바탕으로 다음번에 비슷한 사태에 부딪쳤을 때에도 어머니가 곧 자신의 필요를 충족시켜 주거나 고통을 덜어 줄 것이라고 기대하게 된다. 반면 아기의 요구와 필요에 잘 응해 주지 못하거나 아기를 다루는 방식에 일관성이 없게 되면 아기는 불신감을 가지게 된다. 에릭슨에 의하면 아기가 일단 어머니에 대한 기본적 신뢰감을 형성하게 되면 다른 상황에서도 신뢰적인 태도를 가질 수 있게 된다고 한다. 예를 들면, 어머니가 잠시 아기 곁은 떠나도 아기는 마구 울거나 불안해하지 않고 어머니가 다시 올 것이라고 믿고 기다린다는 것이다.

에릭슨은 이 시기를 인생에서 가장 중요한 시기로 보았는데, 그 이유는 이 시기에 신뢰감을 형성하게 되는 것이 생의 후기에 맺게 되는 모든 사회관계에서의 성공적인 적응과 밀접한 관련이 있기 때문이다. 그러나 여기서 주목할 점은 에릭슨이 신뢰감만을 강조하고 불신감의 효용을 무시한 것이 아니라는 점이다. 그는 인간의 참된 성장을 위해서는 어느 정도 불신감의 경험도 필요하다고 주장한다. 반면 긍정적인 성격발달을 위해서는 불신감보다 기본적 신뢰감을 많이 경험해야 한다는 것이 그의 주장이다.

보호자와 영아와의 관계에 따라 영아가 세상을 신뢰의 태도로 보는가 아니면 불신의 태도로 보는가가 결정된다. 어머니가 영아의 신체적 욕구에 잘 반응하고 애정을 주며 안전을 제공하면 유아는 자기 주변의 세상을 살피기 시작한다.

반면에 어머니가 거부적이거나 주의를 기울이지 않고, 일관성이 없을 때 영아는 세상에 대해 불신의 태도를 발달시킨다.

② 제2단계 : 자율성 대 의심

이 단계는 약 1년 이후부터 3세까지를 말하는데, 이 시기의 유아는 여러 개의 상반되는 충동 사이에서 스스로 선택을 하고자 하게 되며, 이러한 과정을 통하여 자신의 의지를 나타내고자 한다. 즉, 자율성을 가지게 된다. 이 단계의 유아는 근육발달로 인하여 대소변의 통제가 가능하며 자기 발로 서서 걷게 되면서부터 자기 주위를 혼자서 열심히 탐색하고 음식도 남의 도움을 받지 않고 자신의 힘으로 먹으려고 한다. 이러한 자율성은 그들의 언어에서도 나타나는데, 예를 들어 '나', '내 것' 등의 말을 자주 반복하여 사용하며, 특히 '안 해!'라는 말을 씀으로써 자기주장을 표현한다. 이와 같이 유아가 자신의 의지대로 행동하려고 하게 되면, 사회는 부모를 통하여 유아로 하여금 사회적으로 적합한 행동을 하도록 훈련시키게 된다. 예를 들면, 용변훈련을 통하여 유아에게 때와 장소를 가릴 줄 알도록 하게 한다. 이러한 과정에서 유아가 사회의 기대나 압력을 알게 된다. 만일 이때 용변훈련에서 실수를 한다든지, 걷기, 뛰기 같은 신체적 통제나 자조自助기술이 충분히 발달하지 못해서 사회적 기대에 적합한 행동을 원활하게 수행하지 못하면 수치심과 의심을 갖게 된다. 의심이란 자신이 타인들의 눈에 좋게 보이지 않는다고 생각할 때 갖는 느낌이다. 예컨대, 오줌을 싼 유아는 타인들이 자신의 이러한 모습을 볼까 봐 부끄러워하게 된다. 의심은 자신이 강한 존재가 아니며 결국은 타인들에 의해서 자기가 통제받는다는 것을 느끼게 되면서 나타나게 된다고 한다.

③ 제3단계 : 주도성 대 죄책감

성인의 활동에 열정을 보이고 성인의 일에서 자기의 능력을 평가해 보려는 시기이다. 어린이의 행동은 목표 지향적이 되고 경쟁적으로 되는데, 이때 어린이의 행동에는 상상적인 측면도 포함된다. 이 시기에 어린이는 자신의 큰 계획과 희망들이 결국에는 실패할 수밖에 없다는 사실을 깨닫게 되고 자신의 계획이나 희망이 사회의 금기를 범하는 결과를 가져오게 된다는 사실을 알게 되면서 죄의식을 느끼게 되어, 그러한 충동이나 환상을 억제한다고 한다.

④ 제4단계 : 근면성 대 열등감

이 단계는 6~11세까지를 말하며 프로이트의 이론으로는 잠복기에 해당된다. 에릭슨은 이 단계를 자아성장의 결정적인 시기라고 보았다. 이 시기의 어린이는 기초적인 인지적 기술과 사회적 기술을 습득하게 되면서부터 가족의 범주를 벗어나 더 넓은 사회에서 통용되고 유용한 기술들을 열심히 배우고자 하며 이를 숙달하고자 한다. 예를 들어, 미개사회에서는 사냥이나 농업기술을 배우게 되며 현대사회와 같은 문명이 고도화된 사회에서는 읽기, 쓰기, 셈하기 등의 인지적 기술을 획득하기 위해서 학교에 들어가게 된다. 또 이 시기의 어린이들은 또래와 같이 놀고 일하는 것을 배우게 된다.

만일 이 시기에 순조롭게 근면성이 발달하지 못하고 실수나 실패를 거듭하게 되면 어린이는 부적절감과 열등감을 갖게 된다. 이러한 열등감은 전 단계에서 성공적으로 갈등을 극복하지 못했을 때나 혹은 학교나 사회가 어린이에 대한 편견적 태도를 취할 때 발달하기 쉽다.

⑤ 제5단계 : 정체감 대 정체감 혼란

다섯째 단계인 청년기에는 급격한 신체적 변화와 더불어 새로운 사회적 압력과 요구에 부딪치게 된다. 그러므로 이 시기의 청년은 이러한 새로운 상황에 어떻게 대응해 나가야 할지 몰라서 당황하게 된다. 그리하여 이전 단계까지는 회의 없이 받아들였던 자기존재에 대해 새로운 경험과 탐색이 시작된다.

여기서 에릭슨은 청년기의 중심과제를 자아정체감의 확립이라고 했다. 자아정체감이란 자기 동일성에 대한 자각인 동시에 자기의 위치, 능력, 역할 및 책임에 대한 분명한 인식이다. 이 시기의 청년들은 자기 자신의 의문에 대한 해답을 찾으려고 애쓰지만, 그 해답은 쉽사리 얻어지지 않기 때문에 고민하고 방황한다. 고민과 방황이 길어질 때 정체감의 혼미가 온다고 에릭슨은 말한다. 이와 같이 자아정체감을 쉽게 획득하기가 어려우므로 청년들은 동료집단에서 동일시대상을 찾거나 혹은 존경하는 위인이나 영웅에게서 동일시의 대상을 찾으려 애쓴다.

에릭슨은 이 시기를 기본신뢰감이 형성되는 시기인 제1단계에 못지않을 만큼 중요한 시기라고 주장하고 있다. 그 이유는 이 시기에 긍정적인 자아정체감을 확립하면 이후의 단계에서 부딪치는 심리적 위기를 무난히 넘길 수 있게 되지만 그렇지 못하면 다음 단계에서도 방황이 계속되고 때로는 부정적인 정체감을 형성하게 되기 때문이다.

⑥ 제6단계 : 친밀성 대 고립감

청년기에는 주로 관심의 대상이 자기 자신이었으나 성인기에 이르게 되면 직업을 선택해야 하고 배우자를 찾아야 하므로 이 시기의 사람들은 배우자인 상대방 속에서 공유적 정체감을 찾으려 든다. 따라서 이 시기에는 타인과의 관계에서 친밀성을 이룩하는 일이 중요 과업이 된다. 에릭슨에 의하면 청년기에 긍정적인 정체감을 확립한 사람만이 진정한 친밀성을 이룰 수 있다고 한다. 정체감을 확립하지 못한 사람은 자기 자신에 대하여 자신감을 가지지 못하므로 타인과의 관계에서 친밀성을 형성하지 못하고 고립하여 자기 자신에게만 몰두하게 된다.

⑦ 제7단계 : 생산성 대 침체감

일단 두 사람 간의 친밀성이 확립되고 나면 그들의 관심은 두 사람만의 관계를 넘어서 그 밖의 사람으로 확대되기 시작한다. 가정적으로는 자녀를 낳아 키우고 교육하게 되며 사회적으로는 다음 세대를 양성하는 데에 관심과 노력을 기울이게 된다. 또 직업적인 성취나 학문적 · 예술적 업적을 통해서도 생산성이 발휘된다. 자신의 2세가 없는 경우에는 다음 세대들을 위한 사회적인 봉사 등을 통해서도 생산성을 발달시키게 된다.

만일 어떠한 이유로 해서 생산성을 제대로 발휘하지 못하거나 안하게 되면 침체감이 형성된다. 이 경우에는 타인들에 대한 관심보다는 자신의 욕구에 더 치중하는 경향을 보이며 타인에 대한 관대함이 결여된다.

⑧ 제8단계 : 자아 통합성 대 절망감

마지막 단계인 노년기에는 신체적인 노쇠와 직업으로부터 은퇴, 친한 친구나 배우자의 죽음 등으로 인하여 인생에 대한 무력감을 느끼게 되는 일이 많다. 이 시기의 성패는 신체적 · 사회적 퇴보를 어떻게 받아들이는가에 달려 있다고 에릭슨은 주장하고 있다.

대부분의 경우 노년기에 들어서면 자신이 지금까지 살아온 생애를 돌아보면서 자신의 생애가 가치 있는 삶이었는지를 음미해 보게 된다. 이러한 과정에서 자신의 삶이 무의미한 것이었다고 느끼게 되면 절망에 빠지게 된다. 그러나 이러한 절망 속에서도 자신은 그때 그럴 수밖에 없었다고 생각하면서 자기 나름대로 인생의 의미를 찾고 보람을 느끼게 되면 인생에 대한 참다운 지혜를 획득하게 된다. 이러한 지혜를 통하여 앞의 7단계 동안 이룬 소산을 거두어들일 수 있게 되며, 드디어 보다 더 차원이 높은 인생철학으로 통합을 이루어 나가게 된다.

정신분석이론에서는 영유아의 내적인 충동과 긴장이 해소되지 않으면 퇴행, 고착과 같은 잘못된 방어기제를 유발하고 더 나아가 성격발달에 부정적인 영향을 미친다고 생각한다. 따라서 정신분석이론을 통해 영유아교육에서는 놀이의 교육적인 면 외에 치료적 측면을 새로이 인식할 수 있게 되었다. 물감 칠하기, 핑거페인팅과 같은 미술활동과 물놀이, 모래놀이를 통해 영유아는 자신의 무의식적인 충동

표 2-1 | 에릭슨의 발달단계

단 계	발달 시기	에릭슨
1단계	출생 ~약 1세	**신뢰감 대 불신감** 양육자에게 따뜻한 보살핌을 받은 영아는 신뢰감을 형성하지만 그렇지 않을 때는 불신감이 생긴다.
2단계	1~3세	**자율성 대 의심** 스스로 행동하고 결정하고 싶어 하는 시기이다. 부모가 부드럽게 선택권을 줄 때 영아는 자율성을 형성하지만, 강요하고 억압한다면 수치심을 갖게 된다.
3단계	3~6세	**주도성 대 죄책감** 부모가 아동의 새로운 목표를 지지해 줄 때 주도성이 발달하지만, 지나친 통제를 할 때 아동은 죄책감이 생긴다.
4단계	6~11세	**근면성 대 열등감** 학교와 친구관계에서 긍정적인 경험을 한 아동은 근면성이 발달하지만 그렇지 못할 경우 열등감을 형성한다.
5단계	청소년기	**정체감 대 정체감 혼란** 이 시기 청소년은 내가 누구이며 앞으로 사회에서 무엇을 해야 하는지에 대한 자아정체감을 형성한다. 그러나 이에 대해 적절한 고민이나 탐색이 없다면 정체감의 혼란이 나타난다.
6단계	성인기	**친밀성 대 고립감** 다른 사람, 특히 이성과 친밀한 관계를 맺고 싶어 한다.
7단계	중년기	**생산성 대 침체성** 자녀양육과 직업, 또는 가르치는 일을 통해 다음 세대에 공헌하고 싶어 한다. 그러나 이러한 생산성을 경험하지 못한 사람들은 의미 있는 성취감을 느끼지 못하고 삶의 침체에 빠진다.
8단계	노년기	**자아 통합성 대 절망감** 지금까지 자신의 삶을 되돌아보며 가치 있는 삶이었음을 느끼지만, 자신의 삶에 만족하지 못하는 사람들은 절망을 느끼고 죽음을 두려워한다.

과 긴장, 억압된 마음을 마음껏 표현함으로써 해소할 수 있다. 또한 극놀이를 통해 가족과의 관계에서 억눌렸던 깊은 갈등을 표현한다.

에릭슨은 프로이트이론을 확장시켰다. 프로이트의 각 단계마다 가장 보편적인 이슈들을 기술했고, 전 생애를 포함하도록 단계들을 확장했으며, 각 단계에서 사회적 요인들이 어떻게 개입되는지를 제시하였다.

또한 프로이트의 성숙의 개념을 긍정적이며 보다 포괄적인 의미로 발전시켰다. 프로이트에서 성숙은 억압이라는 수단을 통해 본능적인 충동의 방향을 이끌어 나가지만, 에릭슨에 있어서 성숙은 자율성, 주도성과 같은 자아양식 및 보편적인 자아속성의 성장을 촉진시킨다.

에릭슨은 자아발달의 여러 측면들을 프로이트의 성적 신체 부위에 너무 무리하게 연결시키려 했다는 비판을 받는다. 에릭슨에 의하면, 각 신체 부위마다 자아가 외부세계와 상호작용하는 특징적 양식이 있다고 한다.

에릭슨은 정신분석이론을 좀 더 확대시켜 외적 요인들이 여러 단계를 통하여 인간발달에 어떠한 영향을 미치는가를 이해하고자 했다. 그러나 에릭슨의 이론에는 애매모호한 개념들이 단계설정에 있어서도 과학적인 근거가 없다는 점에서 비판을 받고 있다. 에릭슨의 개념들과 이론은 명확하지 못하고, 발달의 원인이 무엇인가에 대한 설명이 부족하다는 비판을 받는다(정옥분, 2009). 각 단계마다의 독특한 심리적 성장을 평가하는 데 있어서 어떤 행동이 그러한 심리적 성장을 돕는지에 대한 설명이 명확하지 않다. 따라서 에릭슨의 이론은 실험적 자료에 근거한다기보다는 추상적 이론, 개인적 · 주관적 해석에 그쳤다는 비판을 받고 있다 (Hamachek, 1988).

2) 행동주의와 학습이론

제1 · 2차 세계대전 사이에 심리학 이론을 지배했던 매우 영향력 있는 심리학파이다.

행동주의이론은 인간행동의 대부분은 학습에 의해 형성 · 수정된다고 전제함으로써, 학습이론이라고도 부른다. 행동주의이론에서는 관찰 가능하고 수량화할 수 있는 인간의 행동만 연구대상에 포함하였다. 대신 인간의 인지나 정서, 성격, 본능은 관찰할 수 없기에 연구대상에서 제외하였다. 행동주의이론이 나오기 전까지 미국 심리학은 주로 유럽을 중심으로 한 정신분석이론이 주류였다. 그러나 왓슨을 통해 행동주의가 세상에 나오면서 미국 심리학의 주류는 정신분석에서 행동주의로 옮겨진다.

고전적 행동주의는 전적으로 측정할 수 있고 관찰할 수 있는 자료에만 관심을 두었으며, 사고 · 정서 및 내적인 정신적 경험과 활동을 연구대상에서 제외했다. 유기체는 외부 환경과 내부의 생물학적 과정에 의해 주어진 조건(자극)에 '반응하는' 존재로 여겨진다. 당시의 지배적인 학파였던 구성주의에서는 심리학을 의식 · 경험 또는 정신의 과학으로 여겼으며, 신체활동은 배제되지는 않았지만 그들의 최대 관심은 신체활동의 정신현상과의 관계라는 문제에 놓여 있다고 생각했다.

행동주의적 학습이론은 행동주의 심리학자들이 학습을 경험의 결과로 발생하는 행동의 변화로 정의한다는 점에서는 의견의 일치를 보인다. 그들은 경험이나 행동과 같은 용어보다는 자극stimulus/S과 반응response/R이라는 용어를 즐겨 사용한다. 자극과 반응이라는 용어를 이용하여 학습의 정의를 다시 표현하면 학습이란 'S-R연합'이다. 이러한 점을 강조하여 행동주의 학습심리학이론을 'S-R이론'이라고도 한다. S-R이론은 다음의 몇 가지 가정으로부터 출발한다. 첫째, S-R이론은 관찰 가능한 외적 행동만을 연구한다. 둘째, 인과론에 관한 가정이다. 모든 현상은 인과적인 관점에서 이해되어야 하기 때문에 원인으로서의 자극과 결과로서의 반응 간의 관계, 즉 학습현상은 S-R관계로 이해되어야 한다는 것이다. 셋째, 전체는 부분의 합이라는 가정을 한다. 따라서 복잡한 환경과 복잡한 행동 간의 관계는 수많은 S-R연합으로 여겨질 수 있다. 넷째, S-R이론에서는 인간의 학습과 동물의 학습 간에는 양적 차이만 있을 뿐 질적 차이는 없다고 가정한다. 구체적인 S-R이론의 학습 종류로는 연합학습 · 반응학습 · 근접학습 · 작동학습 등이 있다. 그러나 인간의 학습은 이것만으로는 설명할 수 없는 부분이 있으며, 이는 인간이 모방과 관찰을 통해 배운다는 점이다.

행동주의 심리학에서 나온 학습이론은 인간발달에 있어서 생물학적 요인보다 환경적 요인을 강조하였다. 초기 행동주의자들은 심리학이 과학이어야 한다는 것을 강조하고, 객관적 관찰이 가능한 것만 심리학의 연구대상으로 여겼다. 측정할 수 없는 사고, 의식, 감정과 같은 눈에 보이지 않는 내부적 행동, 무의식적 욕구 등은 심리학의 연구대상이 될 수 없다고 하여 철저히 배제하였다. 이러한 행동주의에 기초한 학습이론은 발달의 단계를 설정하지 않는 비단계이론으로 자극과 반응 간의 관계를 강조하면서 계속적인 반복, 연습 및 모방을 통해 배우고 또한 강화나 보상을 통해 학습이 촉진된다고 하였다. 학습이론에서는 영아발달을 이해할 때 질적으로 차이를 보이는 각각의 발달단계가 있다고 보지 않으며 연령의 구분도 짓지 않는다. 대표적 학자로는 파블로프, 왓슨, 스키너, 반두라 등이 있다.

(1) 왓슨

▲ 왓슨(1878~1958)

행동주의에서는 행동의 원인과 결과를 발견하고 원인이 되는 자극을 조정함으로써 인간의 행동을 통제할 수 있다고 생각한다. 따라서 행동주의에서의 아동관은 로크의 백지설과 유사하다. 행동주의이론에 의하면 아동은 타고난 기질적 성향이 없다. 오로지 환경에 달려 있다. 환경이 아동을 만든다는 행동주의이론은 부모들에게 자녀의 미래에 대한 큰 책임감을 부여하였다. 왓슨J. Watson은 부모에게 아주 어렸을 적부터 자녀를 훈련시켜야 하고(예 시간에 맞추어 수면과 수유), 아이의 응석을 받아주어서는 안 된다고 경고하였다. 그러나 이러한 그의 사고는 아이의 미래까지도 조작할 수 있다는 극단적 행동주의로 흐른다.

왓슨이 연구했던 앨버트 실험에서 흰쥐를 전혀 무서워하지 않았던 영아앨버트에게 큰소리를 내며 흰쥐를 여러 번 보여 주자 흰쥐에 대한 공포가 학습되었다. 앨버트는 흰쥐뿐 아니라 흰색 털코트, 흰 털실, 수염에까지 공포반응을 일반화시켰다. 왓슨의 앨버트실험연구는 인간의 행동 외에 정서까지도 학습될 수 있다는 것을 증명하였다. 또한 왓슨은 "건강한 아기 12명과 이들을 키우기 위해 내가 지정한 환경을 제공해 주면 나는 어떤 아기든지 그 아기의 재능이나 성향, 능력, 부모의 배경에 관계없이 내가 원하는 직업인으로 키울 수 있다"(Watson, 1925)고 말하였다.

▲ 손다이크(1874~1949)

(2) 손다이크

손다이크E. Thorndike는 학습의 과학적 연구에 초점을 맞춘 대표적 심리학자이다. 그는 여러 동물들을 대상으로 학습과 관련된 법칙을 만들기 위해 노력하였다. 그 결과 '결과의 법칙', '연습의 법칙', '준비도의 법칙'

등 학습과 관련된 여러 법칙을 발견하였다. 그리고 '세상에 존재하는 것은 모두 양量으로 존재한다.'는 손다이크의 유명한 말처럼 그와 제자들은 영유아의 수, 어휘, 읽기, 언어능력의 성취를 측정하는 척도를 개발하였고, 지능검사를 제작한 비네 역시 손다이크의 영향을 받았다. 손다이크는 영유아의 바람직한 습관형성을 위해 기본생활습관 및 행동변화를 각각 항목화하고 수치화하여 측정하였으며, 이는 미국 유치원교육과정에 영향을 미쳐 오늘날까지도 유치원에서는 기본생활습관지도(예 간식 먹기 전에 손 씻기, 차례 기다리기)를 주요 교육내용으로 삼고 있다.

(3) 스키너

스키너B. F. Skinner 역시 심리학은 동물과 사람의 외현적 행동을 연구하는 행동과학으로 생각하였다. 인간은 중립적이고 수동적인 존재이며, 인간발달의 방향은 본능, 욕구, 성숙과 같은 내적인 힘이 아닌 강화와 처벌이라는 외적인 자극에 의해 좌우된다. 따라서 스키너는 음식이나 칭찬, 장난감, 벌과 같은 강화로 긍정적인 행동의 빈도를 증가시키고 부정적인 행동은 감소시킬 수 있다고 생각하였다.

▲ 스키너(1904~1990)

행동주의가 영아발달에 미친 영향은 상당하다. 영아의 바람직한 습관과 행동형성을 위해 칭찬과 격려를 하고 보상물을 나누어 주는 것 역시 행동주의자인 스키너의 영향이라 할 수 있다.

철저한 행동주의자였던 스키너는 아내의 일손을 덜고 아기를 효과적으로 양육하기 위해 아기 상자를 직접 제작하고 자신의 둘째 딸(데보라 스키너)을 2년 반 동안 이곳에서 키웠다. 그러나 이 사건은 자신의 딸을 상자 안에 가두어 키운 비정한 아버지로 스키너를 낙인찍히게 하였다.

출처 : daddytypes.com/2008/11/21/before...ribs.php

스키너의 아기 상자

(4) 반두라

▲ 반두라(1925~)

반두라A. Bandura는 왓슨이나 손다이크, 스키너와 달리 인간은 자신의 행동과 행동결과에 대해 생각할 수 있는 인지적 존재임을 강조하였다. 만약 즉각적인 결과에 의해서만 행동이 학습되고 수정된다면, 중·고등학교 시절에 대학교를 들어가기 위해 자신의 모든 것을 희생하고 열심히 공부하는 학생은 거의 없을 것이다. 지금은 힘들어도 미래의 보다 나은 삶에 대해 생각할 수 있기 때문에 학생들은 지금 공부하는 것이다. 이러한 인지적 강조로 인해, 반두라의 이론을 '인지적 사회학습이론' 또는 '후기 행동주의'라 칭한다.

또한 반두라는 관찰학습과 모델링을 중요한 발달과정으로 인식하였다. 반두라의 보보인형실험은 이를 잘 입증하였다(Box 참조). 최근 반두라는 자신이 어떤 일을 잘 해낼 수 있다는 개인적 신념인 '자기효능감self-efficacy'을 발달의

반두라는 유아를 두 집단으로 나눈 후, 한 집단에게는 일반 유아용 비디오를 보여 주고 또 다른 집단에게는 교사가 보보인형을 때리는 장면을 녹화한 비디오를 보여주었다. 그리고 나서 유아를 보보인형이 있는 방으로 데리고 들어갔다. 유아용 비디오를 본 아이들은 보보인형에 대해 아무런 행동을 하지 않았지만, 교사의 공격적인 모습을 본 아이들은 모두 교사의 행동을 모방하여 보보인형을 똑같이 공격하였다.

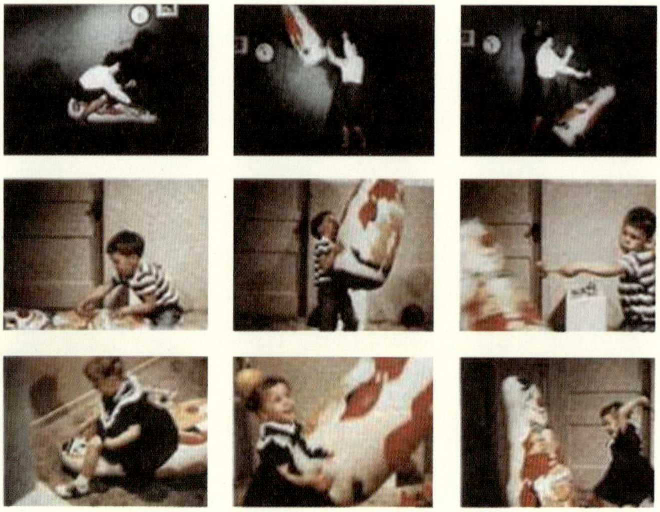

반두라의 보보인형실험

출처 : www.model236.net/elle-plus-size-...del.html

주요 매개로 강조하였다. 자기효능감은 상황이 요구하는 행동을 수행할 수 있다는 개인의 확신으로, 개인의 행동 여부를 결정한다. 이러한 자기효능감의 개념은 최근에 많은 연구자들의 주목을 받게 되었고 이에 관한 연구가 활발히 이루어지고 있다.

왓슨, 손다이크, 스키너, 반두라의 행동주의와 학습이론에서는 영아는 주로 외부환경에 의해 영향을 받아 발달한다고 봄으로써 발달에 있어서 경험의 중요성을 강조하였다.

3) 인지발달이론

인지발달이론認知發達理論, Theory of cognitive development은 인간의 인지발달을 유기체와 환경의 상호작용으로 파악한 피아제의 이론이며, 심리학의 인지이론에 있어 가장 영향력 있는 이론이다. 피아제의 이론뿐 아니라 비고츠키의 이론 등 다양한 인지적 발달이론들을 일반적으로 통칭하기도 한다. 현대 영아발달에 가장 큰 영향을 미친 이론은 인지발달이론이다. 인지발달이론의 대표적인 학자는 스위스의 인지심리학자인 피아제와 러시아의 비고츠키이다.

(1) 피아제

▲ 피아제(1896~1980)

피아제J. Piaget는 심리학자이면서 생물학자였다. 따라서 그의 이론은 생물학과 인식론에 그 뿌리를 두게 되는데, 여기서 인식론은 인간이 발생학적으로 인식하는 존재로 타고난다는 것이다. 인지발달이론 또한 생물학과 인식론에 그 뿌리를 두고 인간의 지적 능력은 유기체가 환경에 적응해 가는 것이라고 주장하였다. 피아제는 인지발달이론의 대표적인 학자로서, 그는 '아동은 어떻게 지식을 획득하는가?'라는 지식의 기원과 발생인식론을 파악하기 위해 노력하였다. 그 결과 피아제는 아동의 인지발달을 유전적 요인과 환경적 요인의 상호작용 결과로 인식하였다. 피아제에 의하면 아동은 능동적 존재로서 '동화'와 '조절'이라는 상호작용을 통해 적응해 간다. 피아제에 의하면, 영유아는 지식의 수동적 수용자가 아니다. 오히려 능동적 구성자이다. 따라서 인지발달이론을 '구성주의이론'이라고도 부른다. 인지발달에 대한 피아제의 개념은 지식이 모방과 연습, 상과 벌의 과정을 통해 습득한다는 행동주의이론과 차이가 있다. 행동주의에서는 영유아가 지식의 수동적 수용자이지만, 인지발달이론에서는 지식을 영유아가 능동적으로 구성해 가는 주체이다.

피아제는 인지발달이 인지구조의 계속적인 질적 변화라고 생각하고 이를 단계별로 제시하였다.

① 인지발달이론의 주요 개념

- 도식schema : 도식은 사물이나 사건에 대한 전체적인 윤곽을 말한다. 쉽게 말해, 사고의 틀이라고 생각할 수 있다. 이는 유사한 환경 안에서, 반복에 의해 변화되고 일반화된 행동의 구조 또는 조직화를 의미한다(Piaget & Inhelder, 1969).

  예를 들어, 5세 유아가 날아다니는 물체는 새라고 배웠다고 생각해 보자. 이를 통해 이 아이는 '날아다니는 물체는 새와 같다'는 도식을 보유하게 된다.

  몇 가지의 도식은 인간이 탄생하기 이전부터 이미 가지고 있다. 예를 들면, 빨기 도식이나 잡기 도식과 같은 것인데, 빨기 도식의 경우 숟가락을 사용하게 되면 형태가 변화하게 된다. 그러나 그 기능 면에서 변화된 것은 아니라서 적응의 과정을 통해 새로운 도식을 개발하고, 기존의 것을 변형시키면서 발전하게 된다.

- 적응adaptation : 적응은 환경과의 직접적인 상호작용을 통해 도식이 변화하는 과정을 말한다. 두 가지의 상호보완적인 과정을 통해 이루어지는데, 바로 동화와 조절이라는 수단이다.

  적응은 우리에게도, 또 동 · 식물에게도 흔히 찾을 수 있다. 홍관조의 수컷은 선명한 붉은색인 반면에 암컷은 눈에 띄지 않게 옅은 갈색을 띠면서 종의 생존에 대한 위협을 줄인다. 이런 식으로 환경에 적응하는 것을 말하는데, 인지적으로는 도식이 변화하는 것을 의미한다. 인간의 경우, 새로운 도식을 만들거나 기존의 도식을 변화시키는 것을 의미한다.

- 동화assimilation : 동화는 기존의 도식에 맞추어서 새로운 경험을 일반화하는 과정을 말한다. 쉽게 말해, 새로운 경험을 기존에 가지고 있는 도식에 맞추어 보는 것을 의미하는데, 만약 새로운 경험이 기존의 도식에 맞는다면 유기체는 인지적으로 평형상태가 된다.

위에서 날아다니는 모든 물체를 새라고 배운 아이는 날아다니는 비행기를 보면서도 새라고 부른다. 하지만 이 아이는 이것이 털도 없고, 날개도 펄럭이지 않는 등 기존에 알고 있던 새와는 다르다고 느끼게 되면서 불평형의 상태가 된다.

- 조절accommodation : 만약 새로운 경험이 기존에 가지고 있던 도식에 맞지 않을 때, 유기체는 불평형의 상태를 겪게 되는데, 이 상태에서 평형의 상태로 돌아가기 위해 기존에 가지고 있던 도식을 변경하거나 새롭게 만들게 된다.

  불평형의 상태가 되었던 아이는 이제 새가 아니라고 결론짓고, 그것에 대해 새로운 이름을 만들어 내게 된다. 이 과정을 조절이라고 한다. 혹은 누군가가 그것은 새가 아니라 비행기라고 일러줄 수도 있다. 이런 과정을 조절이라고 하는데, 조절의 과정에서는 도식의 형태에 질적인 변화가 나타난다.

조직화는 유기체가 현재 가지고 있는 도식을 새롭고, 더욱 복잡한 도식으로 변화시키는 과정을 말한다. 즉, 지금 가지고 있는 도식을 어떤 새롭고 복잡한 구조로 재구성하는 것이다. 아까 새와 비행기를 구분하게 되었던 아이는 이제 날아다니는 대상의 하위 범주로 새와 비행기를 조직하게 된다. 이런 식으로 조직화를 거듭함으로써 인지적인 발달이 이루어지는 것이다. 조직화는 인지적 발달의 핵심적인 요소이다.

② 인지발달의 단계

피아제는 인간의 인지발달은 네 단계를 통하게 되며, 질적으로 다른 이 단계들은 정해진 순서대로 진행되고 단계가 높아질수록 복잡성이 증가된다고 한다(Piaget, 1954).

- 감각운동기sensorimotor stage의 시기(출생 직후~2세) : 감각운동기에는 신생아의 단순한 반사들이 나타나는 출생에서 초기의 영유아적 언어가 나타나고, 상징적 사고가 시작되는 2세경에 끝난다. 이 단계에서 영유아의 행동은 자극에 의해 반응하는 것에 불과한데, 이는 언어가 발달하기 이전의 단계이기 때문이다. 따라서 영유아는 시각이나 청각 등의 감각과 운동기술을 사용해 외부 환경과 상호작용하게 된다.

  이 시기의 가장 중요한 특징으로 대상영속성object permanence을 보유하게 되는 것을 들 수 있다. 이는 대상이 보이지 않더라도 존재한다는 것을 알게 되는 것을

표 2-2 | 피아제의 인지발달단계 중 감각운동기의 하위 6단계

하위단계	연 령	적응행동
1. 반사단계	출생~1개월	영아는 타고난 반사행동을 한다.
2. 1차 순환반응단계	1~4개월	영아는 자신의 신체와 관련된 흥미로운 활동을 반복한다.
3. 2차 순환반응단계	4~8개월	영아는 외부 대상에 대해 학습하며 흥미로운 반복을 한다.
4. 2차 순환의 협응단계	8~12개월	영아는 목적을 이루기 위해 의도적인 행동이 시작된다.
5. 3차 순환반응단계	12~18개월	영아는 문제해결이나 흥미로운 결과를 위해 새로운 방식을 다양하게 시도한다.
6. 내적 표상 시작단계	18~24개월	상징을 사용하기 시작하며 행동하기 전에 사고한다.

말한다. 초기의 영유아는 어떤 대상이 눈앞에서 사라지면 세상에서 없어지는 것으로 이해한다. 그러나 이 시기가 지나게 되면 8개월 무렵부터 눈앞에서 사라져도 아예 없어지는 것은 아니라는 것을 이해하게 된다.

또 이 시기가 지나면 모방이나 기억이 가능한, 정신적 표상을 형성하게 되며 초기의 단순한 반사행동은 사라지고 점차 자신의 의도에 따라 계획된 목적행동으로 바뀌게 된다.

■ **전조작기**preoperational stage**의 시기(2~7세)** : 조작이란 어떤 논리적인 사고를 통해 조작하는 행위를 의미한다. 즉, 전조작기란 조작이 가능하지 않은 이전의 단계라는 의미이다. 이 시기에는 대략 언어를 사용하면서 자신이 내재적으로 가지고 있는 표상을 여러 형태의 상징으로 표현하게 된다. 전조작기 사고의 주요한 특징은 다음과 같이 요약할 수 있다.

- **상징적 사고** : 감각운동기까지의 인간은 자신의 행동이나 감각에 의존하여 생활한다. 그러나 감각운동기의 말기가 되면 점점 정신적 표상을 형성하기 시작한다. 여기서 정신적 표상은 언어의 발달이 가속화하는 특징이 있다. 전조작기 유아는 자신이 가지고 있는 표상들을 그림이나 언어 등의 형태로 표현한다.

  가장 대표적인 것으로 가상놀이라는 것이 있는데, 소꿉놀이나 병원놀이와 같은 것으로 가상적인 사물과 상황을 실제 사물이나 상황처럼 상징하곤 한다.
- **자기중심적 사고** : 아이들은 남을 배려하지 못한다. 피아제는 그 원인을 자기중심적 사고에서 찾는다. 전조작기의 아이들은 타인의 생각, 감정, 지각, 관점 등이 자신과 동일하리라고 생각하는 특성을 가지게 되는데, 유명한 세 산 실험의 결과에서 그 내용을 찾을 수 있다.

  유아들에게 비대칭적인 산 모양을 보여 준 후, 유아가 앉아 있는 위치와는

다른 위치에서 관찰자가 그 광경을 보았을 때 무엇을 볼 것인가를 물어보았다. 일반적으로 3, 4세의 유아는 타인도 자기가 보았던 것을 볼 것이라고 예상한다. 이런 실험을 통해 타인의 시각에서 보는 조망을 추론할 수 있는 조망수용능력$_{\text{perspective taking}}$을 가지고 있지 못하다는 것을 알 수 있다.

- **직관적 사고**$_{\text{intuitive thinking}}$: 크기, 모양, 색깔과 같은 한 가지 두드러진 속성에 근거하여 대상을 이해하려는 사고를 말한다. 즉, 지각적인 특성에만 의존하게 된다는 것인데, 이러한 사고의 특성으로 전조작기 유아는 보존 개념을 획득할 수 없게 된다. 예를 들어, A, B의 두 비커에 같은 양의 물을 담았다고 생각해 보자. A비커와 B비커는 모두 넓고 낮은 모양이므로 두 비커에 든 물의 양은 동일하다고 여긴다. 그러나 B비커의 물을 좁고 높은 모양의 C비커에 담는다면 물이 늘어났다고 여기게 된다. 즉, 눈에 보이는 모양만을 보고 물의 양을 판단하게 되는 직관적 사고가 나타나게 되는 것이다.
- **물활론적 사고** : 모든 사물에 모두 생명이 있다고 여기는 사고를 말한다.
- **인공론적 사고** : 모든 것을 사람이 만들었다고 생각하는 것과 나를 위해 만들어졌다고 생각하는 사고를 말한다.

■ **구체적 조작기(7~11, 12세) 보존 개념** : 보존 개념이란, 모양이 넓은 같은 모양의 컵에 같은 양의 우유를 보여 준 뒤, 한 컵의 우유를 모양이 다른 긴 컵에 부어도 긴 컵과 넓은 컵의 우유의 양은 같다는 것을 이해하는 것이다. 즉, 동일성, 보상, 역조작의 개념이 가능해지는 것이다. 또한 수의 개념에서도 달걀과 컵을 나란히 놓은 뒤 어느 것이 더 많으냐 하면 컵과 달걀의 수가 같다고 대답하지만 달걀이나 컵을 한쪽으로 모아놓으면 달걀과 컵의 수가 다르다고 생각했던 전조작기의 특성에서 벗어나게 된다. 전조작기 아동은 같은 양의 진흙으로 만든 두 개의 공을 보여 준 뒤 아동 앞에서 하나를 핫도그처럼 길게 만들면 어느새 양이 달라졌다고 생각하지만 보존 개념을 획득한 구체적 조작기에는 모양이 달라져도 그 양이나 수는 보존된다는 개념을 획득한다.

- **유목화** : 같은 모양의 구슬을 보고 쇠구슬과 유리구슬을 구분할 수 있게 된다.
- **서열화** : 연역적 사고가 가능하게 된다.

■ **형식적 조작기(11, 12세 이후)** : 새로운 상황에 직면했을 때 과거와 현재의 경험을 통해 가설적 상황을 설정하여 문제를 해결할 수 있게 된다.

- **과학적 사고** : 주어진 문제를 해결하기 위하여 사전에 일련의 계획을 세우고 체계적으로 시험하면서 해결책을 찾을 수 있게 된다.

표 2-3 | 피아제의 인지발달단계

발달단계	연 령	특 징
1. 감각운동기	0~2세	영아는 자신의 감각과 운동기능으로 주변 환경을 탐색하고, 이를 통해 인지구조를 형성해 간다.
2. 전조작기	2~7세	상징적 표현을 사용할 수 있다. 그러나 자기중심적인 사고로 인하여 보존 개념을 획득하지 못한다.
3. 구체적 조작기	7~11, 12세	보존 개념을 획득하고 아동의 추론이 논리적이 된다. 그러나 아직 추상적 사고는 어렵다.
4. 형식적 조작기	11, 12세 이후	여러 문제해결방법을 생각하고 정확한 답을 추론해 가는 체계적인 연역적 사고가 가능하다. 추상적으로 사고할 수 있다.

- **추상적 사고** : 현실 상황에는 없는 여러 가지 추상적 개념을 이해할 수 있다. 현실에는 없는 개념도 상상하고 그려 볼 수 있는 능력을 갖추게 된다.
- **체계적 사고** : 자신과 다른 사람이 이상적이라고 생각하는 것들에 대하여 생각할 수 있게 된다. 자신의 이상적인 기준에 따라 자신의 주장과 타인의 주장을 비교, 분석할 수 있는 능력도 생긴다.
- **명제적 사고** : 현실 상황을 고려하지 않고도 언어적 진술에 의한 명제의 논리를 평가할 수 있다.

인지발달이론에서는 아동을 독특한 인지구조를 지닌 전인적인 존재로 보고 있으며, 아동의 발달도 예측 가능한 불변적인 순서에 따라 점진적으로 진행하는 과정이라고 규정하고 있다. 피아제가 제시한 인지발달단계는 바로 생물학적으로 내재된 것으로, 이 순서는 모든 아동에게 보편적이며 결코 바뀌지 않는다. 이것은 환경뿐 아니라 인간의 내적인 성숙을 강조한 것으로 생각할 수 있다.

피아제의 인지발달이론은 영아발달에 많은 영향을 미쳤다. 특히, 1957년 소련이 쏘아올린 인공위성 스푸트니크로 인해 미국에서는 자국 내 교육에 대한 반성과 함께 교육의 인지적 기능을 강화하였고 영아는 학습에서 능동적 구성주의자라는 피아제의 주장은 여러 영아교육 프로그램High Scope, Lavatelli, Kamii-DeVries 프로그램 등의 이론적 기초로 활용되었다. 피아제이론을 기초로 한 프로그램에서는 영유아와 환경 간의 상호작용을 중요시하며 영유아의 학습속도 및 개인차를 존중하여 영유아의 적극적이고 구체적인 활동을 강조하고 있으며, 이들 프로그램은 지금까지도 사용되고 있다.

피아제의 인지발달을 토대로 한 프로그램에서는 공통적으로 교사 위주가 아닌 학습자 주도의 학습을 강조한다. 그러나 이것이 교사역할의 축소를 의미하는 것은 아니다. 오히려 이전의 지식전달자로서의 일방적인 교사역할에서 벗어나 학습자의 관심과 흥미, 발달 수준을 토대로 학습환경을 구성하는 교사와 학습자 간의 쌍방적이며 능동적인 역할을 지향한다.

(2) 비고츠키

본래 언어학자였던 비고츠키L. Vygotsky는 인간의 언어발달에 대해 연구하면서 영아기의 언어발달에도 주목하게 되어 영아의 언어 및 인지발달에 대해 관심을 가졌다. 비고츠키는 환경과 문화적 요소, 생물체 간의 상호작용을 통해 영아의 발달이 형성된다고 보았다 (Agbenyega, 2009).

▲ 비고츠키(1896~1934)

비고츠키가 생각한 문화는 도구와 가구와 같은 물리적인 것을 포함하여 인간이 생산하고 산출해 낸 모든 환경들을 말한다. 비고츠키는 관찰을 통해 이러한 문화 중에 영아의 인지발달에 상호 영향을 미치는 것이 언어라고 보았고 사고와 언어의 관계가 3단계를 거쳐 발달한다고 하였다.

비고츠키는 피아제와 달리 영아의 인지발달에서 생물학적인 발달단계 대신, 문화와 사회적 관계를 강조하였다. 따라서 그의 이론은 사회문화적 인지이론이라고도 불린다. 비고츠키는 아동이 성장하고 있는 문화를 이해하지 않고는 아동발달을 제대로 이해할 수 없다고 생각하였다. 즉, 피아제는 인지발달의 문화적 보편성을 강조한 반면에, 아동의 인지발달을 사회가 중재하기 때문에 모든 아동이 똑같은 인지발달단계를 거치지 않는다고 주장함으로써 인지발달의 문화적 특수성을 강조하였다.

또한 비고츠키는 아동의 지적 능력을 근접발달영역Zone of Proximal Development : ZPD으로 설명하였다. 도움 없이 하는 두 아동의 과제수행은 비슷하지만, 아동 B는 도움이 있는 경우 과제수행능력이 더 많이 향상된, 즉 더 넓은 근접발달영역을 갖게 되었다. 이처럼 피아제가 동화와 조절을 통한 개인과 환경 간의 상호작용을 통해 인지가 발달한다고 본 반면에, 비고츠키는 성인이나 유능한 또래와의 상호작용을 통해 자신이 할 수 있는 실제적 발달 수준보다 더 높은 수준의 발달단계를 이루어 갈 수 있다는 것이다. 따라서 비고츠키는 아동이 혼자 수업하는 것보다 성인과 유능한 또래의 도움이 필요하며, 이러한 도움과정을 비계scaffolding라 명하였다.

또한 비고츠키는 언어가 사고발달에 필수적이라고 생각하였다. 교사나 또래와의 언어적 상호작용은 아동의 현재 수준을 확장시킨다. 따라서 피아제가 아동의 혼잣말이 아동의 미성숙하고 자기중심적인 특성을 반영한다고 여긴 반면, 비고츠키는 아동의 사고발달에 중요한 도구로 인식하였다.

비고츠키의 주된 연구 관심은 사고, 언어, 유아의 학습과 발달에 관한 것이었다. 그는 세대를 거치면서 전수되는 가치관, 신념, 관습 그리고 사회관계의 기술들을 포함하는 사회의 문화적 · 역사적 맥락이 유아의 발달에 그 어떤 요인보다도 중요하게 작용한다고 주장한다. 한편, 비고츠키는 20세기에 특수교육이 더욱 접근 가능하도록 도왔다는 긍정적 평가를 받고 있다(Yan-bin, 2009).

영유아의 지적 능력에 대해 전통적인 지능이나 학습능력 개념과는 다른 시각을 요구한다. 예를 들어, 두 영유아가 지능지수나 학업성취도 등에서 동일한 수준을 보이고 있다 하더라도 근접발달영역은 서로 다를 수 있기 때문에 부모가 세심한 관찰을 함으로써 잠재적 발달 수준에 적합한 교육내용과 방법을 조정해 주어야 한다.

언어는 영유아의 인지발달에 결정적인 역할을 하며 문화적 활동에 효과적으로 참여하게 하고 타인과의 의사소통에 중요한 수단이 되므로 교사는 영유아의 언어 능력발달에 최대한 관심을 기울여야 한다. 또한 부모의 언어적 형태를 자녀가 똑같이 따라 하는 경향이 있으므로 부모는 자녀에게 언어역할의 모범이 되도록 주의를 기울여야 한다.

오늘날 많은 영아교육 프로그램 중에는 피아제의 인지발달이론을 토대로 구성주의 프로그램이라 부르는 곳이 많이 있다. 이들 구성주의 프로그램에서는 아동이 선택하는 능동적 활동을 매우 중요시하여 아동의 능동적 활동과 인지적 '갈등'을 유발하는 교육을 실시하고 있다. 구성주의 프로그램 외에도 피아제는 오늘날 영아교육에 매우 큰 영향을 미쳤다. 한편, 최근에는 비고츠키이론을 토대로 영아가 자신의 경험을 언어로 나타내도록 격려하고, 또래친구와 교사와의 협동적 · 언어적 상호작용을 강조한 영아교육 프로그램들이 많이 있다. 이들 프로그램에서는 연령별 반 운영 외에 통합연령으로 반을 운영하며 영아에게 비계를 제공하고 근접발달영역을 확장시키기 위해 노력한다.

3. 최근의 이론

1) 정보처리이론

정보처리이론information-processing theory은 인간의 마음을 정보를 처리하는 상징-조작체계로 보고 인간이 지각하는 정보를 어떻게 처리하는가를 컴퓨터와 비교하여 설명하는 이론이다. 정보처리이론에 의하면 컴퓨터와 인간의 사고과정에는 유사점이 있는데, 둘 다 논리와 규칙을 사용한다는 점이다(정옥분, 2007). 또한 새로운 기술로 인해 컴퓨터의 구조 및 프로그램이 점점 복잡해지듯이, 인간의 인지과정도 성장과 함께 점점 복잡해진다는 것이다. 예를 들어, 열 살짜리 아동은 여섯 살짜리 유아보다 더 많은 양의 단어를 암기할 수 있는데, 이는 열 살짜리 아동의 뇌와 신경계가 여섯 살짜리 유아보다 더 성숙해져 있기 때문인 것이다. 즉, 이것은 컴퓨터와 비교해서 물리적 장치인 하드웨어의 차이라고 설명할 수 있는 것이다. 반면에 유아기에 갖지 못하는 문제해결을 위한 계획이나 책략을 청소년기나 청년기에 습득할 수 있는데, 이것은 컴퓨터와 비교해서 프로그래밍에 해당하는 소프트웨어의 차이라고 설명할 수 있다.

정보처리이론은 아동이 외부세계로부터 들어오는 정보를 기억과정을 통해 저장하고 시간이 흐름에 따라 저장된 정보를 전환하며, 또한 정보를 효율적으로 인출하는 정보처리의 과정을 연구대상으로 한다(정옥분, 2007). 앳킨슨Atkinson과 쉬프린Shiffrin은 인간의 기억현상을 설명하기 위해 정보처리 모형을 제시하였는데, 이 모형은 인간의 정보처리체계를 서로 다른 기억장치, 즉 감각등록기, 단기기억, 장기기억 사이에서 유지되고 변환된다고 보았는데, 기억저장과 연합된 정보의 진행

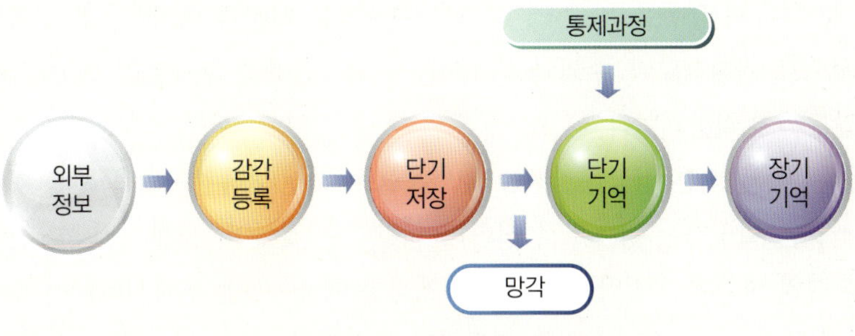

| 그림 2-2 | 정보처리 모형

과정을 도식으로 나타내면 |**그림 2-2**|와 같다.

|**그림 2-2**|의 모형을 설명하면 유아가 어떤 문제를 해결하고자 할 때, 먼저 감각기관을 통해 외부의 정보를 수용하게 된다. 감각을 통해 획득된 정보는 감각등록기에 잠깐 머물게 되며 감각기록기는 정보를 정확하게 기록한다. 여기서 감각등록기 내의 정보는 즉시 처리되지 않으면 곧 소실되거나 새로 유입된 정보로 대치되어 버린다. 감각등록기 내의 정보 중 특별한 주의를 기울이는 정보는 이제 단기기억으로 넘어간다. 단기기억은 소량의 정보만을 기억할 수 있고 약 20~30초가 지나면 단기기억 내의 정보는 잊혀지든지 아니면 장기기억으로 넘어가게 된다. 장기기억으로 넘어간 정보는 영구적으로 저장이 된다. 정보처리이론가들은 이러한 과정을 통해 인간이 지각하는 정보를 처리한다고 설명하였다.

유아는 성장해가면서 정보를 더욱 효율적으로 처리할 수 있도록 인지적 변화가 일어나고 보다 많은 정보를 습득함에 따라 지식기반이 확장된다. 가장 중요한 발달적 변화는 정보를 통제하고 분석하는 통제과정인데, 이는 어떤 정보에 주의를 기울이고 저장과 인출과정에서 어떤 전략을 사용할 것인지 등을 결정하는 과정이다. 이러한 과정은 유아가 성장하고 발달함에 따라 점점 효율적으로 잘 처리할 수 있게 되어 문제해결을 이전보다 효율적으로 할 수 있게 된다. 피아제의 이론과 마찬가지로 정보처리이론 또한 아동은 매우 능동적으로 정보를 탐색하고 처리한다고 본다. 그러나 피아제와는 달리 정보처리이론에서는 발달단계를 설정하지 않는데, 발달을 연속적이고 계속적인 과정으로 파악하기 때문이다.

2) 동물행동학적 이론

동물행동학은 다윈Darwin의 진화론 관점에서 동물이나 인간의 본능이나 습성, 의미 등 종 특유의 행동을 비교 · 분석하여 연구하는 학문을 말한다. 초기에 동물들을 대상으로 관찰연구가 수행되던 것이 사회적 · 문화적 동물로서 인간의 행동에 대한 연구까지 확장되었다.

동물행동학의 기본 입장은 첫째, 개별 종들은 자신의 유전자의 생존을 최대화시키고 적응을 확장하는 방향으로 진화되어 왔다는 것이며, 둘째, 그러한 진화과정에서 환경의 변화에 적절한 방식으로 구체적인 행동목록을 변화시킨다는 것이다.

이러한 입장으로 동물행동학은 인간발달에 있어서 생물학적 요인을 강조하는 학문으로 인간행동의 많은 부분을 유전적 측면에서 설명하고 있다. 예를 들면, 영아의 애착행동이나 울음과 같은 행동들은 진화적 중요성을 가지며 부모의 사랑과 보호를 유발하여 생존을 돕는 행동패턴으로 해석될 수 있다는 것이다(교육심리학용어사전, 2000).

동물행동학은 20세기가 되자 일반적으로 행동의 비교연구를 뜻하게 되었고 K. 로렌츠, N. 틴베르겐, W. H. 소프 등의 대표적인 학자들이 있으며, 대표적인 이론으로는 로렌츠의 각인이론과 1960년대 동물행동학적 이론을 본격적으로 인간의 발달에 적용시킨 보울비의 애착이론이 있다.

(1) 로렌츠의 각인이론

① 생애

로렌츠Konrad Lorenz는 오스트리아 동물학자로서 비교행동학의 창시자이다. 그는 정형외과 의사인 아버지의 뜻에 따라 빈 대학교에서 의학을 공부하여 박사학위를 받았다. 그러나 어려서 알텐베르크 별장에서 키워온 동물연구에 대한 본능을 일깨워 준 스승 슈트레제만의 권유에 따라 1934년 해부학 조교 자리를 박차고 동물학에 뛰어든 후 빈 대학교에서 동물학연구로 다시 박사학위를 받았다. 1937년 회색기러기를 키우면서 비교행동학의 기틀을 마련하며 그 유명한 '각인효과'를 발견하였고 다수의 수상경력과 함께 1973년 N. 틴베르겐Nikolaas Tinbergen, K. 프리쉬Karl von Frisch와 함께 노벨 생리 · 의학상을 수상하였다. 그의 저서로는 《솔로몬의 반지》, 《인간, 개를 만나다》, 《공격성에 대하여》, 《현대 문명의 여덟 가지 죄악》 등이 베스트셀러로 유명하다.

② 각인 imprinting

로렌츠Lorenz는 당대 학계를 주도했던 행동주의 대표 학자들인 왓슨Watson, 스키너Skinner와는 달리 실험실에서의 동물 관찰이 아닌 자연상태에서 동물을 관찰하면서 생존 가능성을 증진시키는 동물행동패턴을 발견하였다. 이들 중에서 가장 유명한 것이 바로 '각인현상'이다.

▲ 로렌츠(1903~1989)

'각인'은 새끼동물이 부화 직후 노출된 대상보통은 어미임을 추종하는 행동으로 어미 가까이에 있어 먹이를 얻고 위험으로부터 보호받을

▲ 로렌츠의 각인현상

수 있는 생존 가능성을 증진시키는 행동 패턴으로 비교적 영구적인 유대를 형성하는 현상을 의미한다. 각인은 생후 초기 특정한 시기에만 일어나며, 이 시기 동안 어미가 아닌 다른 대상물에 노출될 경우 그 대상물에 각인이 일어날 수 있다. 그리고 각인이 되는 대상의 범위는 종에 따라 각기 다르게 나타난다.

이 각인효과는 1937년 로렌츠가 회색기러기를 키운 지 3년째 되던 해 알에서 부화한 새끼 기러기를 어미에게 주려고 이동시켜 넘겨주는 가운데 발견되었다. 새끼 기러기를 어미에게 넘겨주려는 순간 새끼는 잠깐 고개를 갸웃거리고 살피더니 소리를 질러대며 그의 곁을 떠나지 않으려고 하였다. 새끼 기러기는 세상에 태어나서 맨 처음 본 로렌츠를 자신의 어미라고 '각인'해 버린 것이다.

로렌츠(1965)는 어미 오리가 낳은 알을 두 집단으로 나누어 실험을 하였다. 하나는 어미 오리가 직접 부화시킨 경우와 다른 하나는 부화기에 부화시켜 부화 직후 로렌츠를 보게 한 경우이다. 이 실험을 통하여 로렌츠는 새끼 오리들이 각각 부화 직후 본 어미와 로렌츠의 뒤로 나누어 서서 졸졸 따라다니는 것을 확인하였다. 로렌츠는 이러한 과정을 각인이라고 불렀다.

이러한 각인은 처음 접하는 대상에 대하여 추종반응으로 나타나고 이러한 반응은 생존유지 및 보호를 위한 본능적인 반응의 결과로서 대상과의 강한 애착관계를 형성하게 한다.

③ 결정적 시기 critical period

로렌츠는 각인이 생후 초기 특정한 시기에만 일어난다는 것을 발견하였다. 이 특정한 시기를 벗어나서 대상에 노출되면 대상에 대한 추종이 이루어지지 않고 애착이 형성되지 않는다. 이러한 특정한 시기를 '결정적 시기'라고 한다. 결정적 시기는 각인되는 대상의 범위와 종에 따라서 다르게 나타난다. 예를 들면, 새끼 오리가 어미를 인식하는 결정적 시간은 부화 후 36시간 이내이며, 고양이의 시각기제가 발달하는 결정적 시기는 단 몇 주 안에 끝난다(Sausa, 2009). 태어난 지 3~12주 사이에 접촉하지 않은 개는 인간을 두려워하며 야생견처럼 행동한다는 스코트Scott

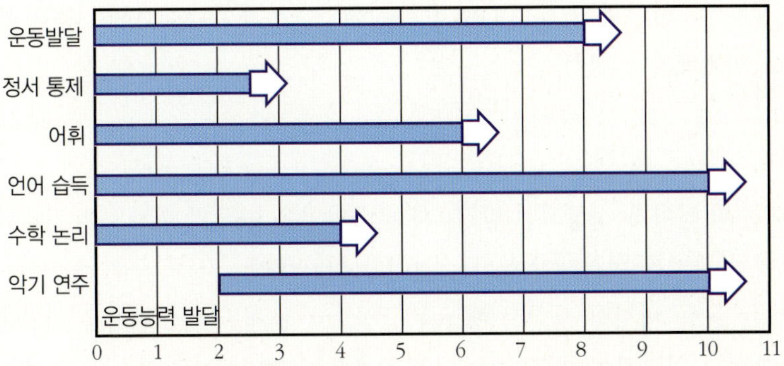

| 그림 2-3 | 각 기능을 습득하는 데 민감한 발달 시기

출처 : David A. Sausa(2011).

의 연구(우수경 외 5인, 2012) 등에서 나타난다.

따라서 '결정적 시기'는 유기체有機體에게 각인刻印이 일어나도록 하기 위해서 어떤 적절한 자극이 반드시 제시되어야 하는 시기로 몇 분에서 몇 주의 짧은 시기에 특정 발달이 일어난다. 각인에 의한 결정적 시기는 아동발달에 있어서도 폭넓게 적용되어 제한된 시기에 아동이 특정한 적응행동을 습득하도록 생물학적으로 준비되어 있는 기간이며, 그런 발현을 위해서 적절한 자극적인 환경을 필요로 하는 시기에 해당된다(Berk, 2000 ; 정옥분, 2007 재인용).

(2) 보울비의 애착이론

① 생애

▲ 보울비(1907~1990)

보울비John Bowlby는 영국에서 태어나 아버지의 뜻에 따라 케임브리지 대학에 입학하여 의학을 공부하다가 3년 후 포기하고 심리학 공부를 한 후 부적응적이고 일탈행동을 하는 아동을 다루는 일을 했다. 의학과 정신분석학에 관한 훈련도 받아 1937년에는 정신분석가로 인정을 받았으며 1938년에는 트리니티칼리지의 학장이 되었다. 1950년부터는 세계보건기구의 정신건강 자문위원을 역임했다. 그는 진화생물학, 대상관계이론, 제어 시스템이론, 동물학, 인지심리학 등의 다양한 분야의 지식을 융합하였으며, 런던의 아동돌봄병원Child Guidance Clinic에서 아동을 돌보면서 관찰한 자료를 바탕으로 인간의 발달과정에는 애착경험이 매우 중요하다는 자신의 이론을 그의 유명한 저서 《애착》

(1969), 《분리 : 불안과 공격성》(1972), 《상실 : 슬픔과 우울》(1980) 등을 통해 전개하였다(위키백과 ; 나남).

② 애착

애착이론은 영아가 정상적인 감정, 사회적 발달을 이루기 위해서는 하나 이상의 주 보호자와 관계를 형성해야 한다는 것이다(위키백과).

보울비는 동물 새끼의 사회적 행동을 중심으로 밝혀진 각인현상을 인간인 아기의 애착과정과 비교하여, 인간 유아의 애착행동이 발달하는 방식과 애착행동이 차별화된 인물들에게 집중되는 방식이 다른 포유류나 조류에서 발달하는 방식과 유사함을 밝혀 애착이 각인에 포함된다고 말하였다. 그는 '애착'을 어떤 사람이나 동물이 특정의 대상(대부분 최초의 대상자는 어머니임)에 대해 형성하는 애정적 결합이라고 말하면서 선천적으로 가지고 태어나는 행동체계로 보았다. 아기는 생존 보호반응으로 양육자와 가까이 있도록 하는 몸짓과 신호를 발달시키는데, 이것이 애착 기제로 발달한다는 것이다.

▲ 애착

애착행동을 유도하는 반응들로는 울기와 미소 짓기, 따라가기와 매달리기, 빨기, 부르기가 있다(Bowlby, 2009). 이러한 애착행동은 엄마와 유아가 서로간에 다가가고 가까이 있게 하는 효과가 있다.

애착은 보호자에 대한 근접성으로 보호자와의 상호작용을 통해서 발달하며 보울비는 애착의 발달을 다음과 같이 4단계로 나누고 있다.

- **1단계(출생~8주 혹은 12주)** : 유아는 후각과 청각이라는 제한된 자극으로 인물을 제한적으로 구별하는 지향성과 신호를 갖는다. 유아는 가까이 있는 사람에게 몸을 향하기, 눈의 움직임 추적하기, 붙잡기와 손 뻗기, 미소 짓기와 옹알이 등의 행동방식을 취하여 가까이 있는 사람의 행동에 영향을 주고 함께 있는 시간을 증가시킨다.
- **2단계(12주~6개월)** : 청각과 시각 자극에 대한 차별적 반응으로 한 사람 혹은 그 이상의 구별된 인물들에게 향하는 지향성과 신호를 갖는다. 이런 태도는 다른 사람들보다 엄마에게 더 두드러지게 나타난다.
- **3단계(6개월~2세 혹은 3세)** : 신호와 이동에 의해 유지되는 구별된 인물에 대한 근

접성을 보인다. 떠나가는 엄마 따라가기, 되돌아오는 엄마 반기기, 엄마를 탐색의 기지로 활용, 확대하며 타인에 대한 우호적이며 무차별적 반응이 약화된다. 특정 타인을 선택하여 하위 애착-인물로 삼으며 엄마-인물에 대한 애착이 분명해진다.

- 4단계(3세 이후) : 목표수정적 체계들을 이용하여 애착 인물에 대한 근접성을 유지하기 시작한다. 아이는 엄마의 행동이 무엇에 영향을 받는지에 대하여 엄마의 느낌과 동기에 대한 통찰력을 획득하게 되어 서로에 대해 복잡한 관계를 발전시킬 수 있는 동반자적 관계를 형성하는 단계이다.

보울비의 애착이론이 중요한 의미를 갖는 것은 그의 이론이 발달심리의 한 분야에만 국한되는 것이 아닌 상담, 정신의학, 가족학, 사회복지학 등 다양한 분야에서 널리 활용되는 이론이라는 것이다. 특히, 유아발달과의 연관성에 있어서는 메리 아인스워드가 애착이론을 토대로 '낯선 상황strange situation'이라는 방법을 사용하여 유아의 행동을 관찰해서 유아의 애착 유형을 3가지로 구별하여 애착이론 형성과 발전에 중대한 영향을 끼쳤다는 것이다. 또한 애착관계는 일생 동안 지속적으로 중대한 영향을 미친다는 보울비의 말대로 청소년기와 성인기의 애착 유형과 변인, 관련성 연구들의 활성화를 이끌었으며, 최근 인지과학 및 뇌과학의 관점에서 애착이론을 재확인하는 노력들이 이루어지고 있다(Bowlby, 2009).

(3) 윌슨의 사회생물학 이론

① 생애

윌슨Edward O. Wilson은 미국 앨라배마 주의 버밍엄에서 태어났으며 개미연구로 앨라배마 대학교 생물학 학사 및 석사학위, 하버드 대학교에서 생물학 박사학위를 받았다. 진화생물학자이자 20세기를 대표하는 과학 지성으로 손꼽히며 개미연구의 세계적인 권위자이다. 1956년부터 하버드 대학교 교수로 재직, 현재 하버드 대학교 펠레그리노 석좌교수이며 20여 권의 과학 명저를 저술하였다. 《인간본성에 대하여》와 《개미》로 퓰리처상을 두 번 수상하였으며, 생물학계의 노벨상으로 불리는 크러포드상 등을 수상하였다. 주요 저서로 《곤충의 사회들》(1971), 《사회생물학 :

▲ 윌슨(1929~)

새로운 종합》(1975), 《인간본성에 대하여》(1978)와 《개미》(1990) 등이 있다.

② 사회생물학

1960년대 말부터 영국과 미국을 중심으로 대두한 동물사회학의 새로운 조류로 집단유전학과 개체군생태학을 통합한 현대적인 자연선택이론에 따라 인간을 포함한 모든 생물의 사회행동이나 사회현상을 유전적 적응 측면에서 연구하는 학문분야이다. 이 분야는 이타행동이나 배우자 또는 가족 내에서 볼 수 있는 각종 대립적 관계 등을 유전적 적응의 산물로서 명시적으로 설명하는 길을 열어 주었다(생명과학대사전, 2008).

사회생물학의 대표학자인 윌슨은 《사회생물학 : 새로운 종합》(1975)에서 진화생물학에 입각해 모든 생명체의 사회적 행동은 유전자와 환경에 의해 규정되고 생명체는 유전자의 목적을 위해 존재한다는 주장을 펼쳤다.

윌슨(1978)은 인간 본성을 생물학적으로 탐구하는 연구를 하였다. 인간의 모든 사회적 행동은 생물학적 현상에 불과하며 집단생물학과 진화론적 방법론으로 분석될 수 있다고 주장하였다. 즉, 생물학을 인간 본성을 푸는 열쇠로 보았다. 발달과정에 간섭이 일어나는 점을 배제한다면, 인간은 유전자에 바탕을 둔 본능에 따라 인도된다고 하였다. 근친상간 기피의 자연선택을 유전적 성향의 세대 전이로 설명하는 것이나 조상에 따른 유아들의 행동의 차이를 행동 형질의 차이로 설명하는 것 등을 그 예로 들 수 있다.

인간의 정신발달은 동물이 본능적으로 살아가는 것에 비해 우회적이고 가변적인 것으로 보고 인간의 유전자들은 하나의 형질을 규정하기보다는 어떤 형질의 배열을 발달시키는 능력으로 규정한다. 정신 또한 생존과 번식을 위한 장치로 정신은 유전자에 의해 정해진 신축적인 계획표에 따라 육체에 특정한 행동을 하도록 촉구하는 하나의 자치적 의사결정기구로 본다. 이러한 정신발달을 '준비된 학습'이라고 말한다.

결국 모든 인간들이 지니는 성향은 유전자 가운데 특정한 것이 주어진 환경에 의해 발현되어 인간의 사회적 행동양식을 규정하며, 이러한 성향은 유전적 이익이라는 관점에서 평가될 때 완전히 이해할 수 있다고 말한다.

(4) 동물행동학적 이론에 대한 평가

동물행동학적 이론은 집단적으로 살아가는 동물대상의 연구에서 인간의 사회 ·

문화적 존재로서의 인간행동에 대한 연구까지 확장되었으며 실험실에서의 인위적 환경이 아닌 자연적인 관찰방법을 사용하여 자연적인 환경에서 아동을 관찰함으로써 아동의 애착행동이나 또래집단 등 유아의 생존을 돕는 행동패턴을 해석하는 데 긍정적 역할을 하였다는 평가를 할 수 있다. 그러나 자연관찰방법의 이점과 함께 방법적인 측면에서 많은 어려움이 있으며 아동발달을 연구할 때 물리적 · 사회적인 면과 함께 추상적인 면도 고려해야 하고, 현대 다윈의 진화에 대한 오류가 속속들이 밝혀지는 가운데 인간을 진화론적인 관점에서만 파악한다는 것은 많은 문제를 안고 있다.

▲ 제임스 앙소르의 가면에 둘러싸인 자화상

제임스 앙소르의 그림처럼 인간은 드러난 모습 속에 감추어진 수많은 얼굴들이 있다. 이것은 '가면을 쓴 인간은 그 가면의 특성을 띤다.'는 말처럼 인간은 환경에 적절한 방식으로 구체적인 행동으로 변화시킨다. 이러한 인간의 모든 행동들이 유전적으로 프로그램화되어 있어 하나의 유전적 성향이 특정한 사회적 행동양식에 깃들게 된다는 진화적 산물로 보는 윌슨의 사회생물학은 인간의 행동을 집단생물학과 진화적 방법론으로 분석할 수 있다는 점에서 사회과학의 새로운 방법을 제시했다는 평가(정옥분, 2007)를 받고 있지만 인간을 유전적 기계로만 보아 고도로 복잡한 인간의 사회적 행동 속성들을 온전히 설명해 주지 못하고 있다는 비판을 인문 사회학자들로부터 받고 있다. 예를 들면, 생존적 본능의 진화와는 상관없는 예술활동과 같은 문화적 활동 등을 무시하는 것이며 인간을 평가 절하한다는 비판을 받고 있다(프란츠 부케티츠, 2002).

3) 생태학적 체계이론

생태학적 이론은 인간발달이 성장하고 있는 인간 유기체와 환경 간의 상호작용의 산물이라는 행동과학적 기본원리를 취하고 있다. 이 이론은 인간의 유전적인 요소뿐만 아니라 가족, 경제적 지위, 사회적 기관이나 시설, 정부정책 등 직 · 간접적으로 영향을 주며 인간을 둘러싸고 있는 다양한 환경적 요인들이 발달에 영향을 준다고 보아 실제 삶의 맥락 내에서 인간발달이 이루어지고 있다고 본다. 이것은 환경적 상호연결성과 그 상호연결성이 심리학적 성장에 직접적으로 영향을 끼치는 힘에 대한 하나의 이론으로 대표적으로는 브론펜브레너Bronfenbrenner의 생태학적 체계이론과 엘더Elder의 생애이론이 있다.

(1) 브론펜브레너의 생태학적 체계이론

① 생애

▲ 브론펜브레너(1917~2005)

브론펜브레너Urie Bronfenbrenner는 1917년 러시아의 모스코바에서 태어났고, 6세 때 미국으로 가게 되었다. 1938년 코넬 대학교에서 음악과 심리학을 복수 전공하였으며, 하버드 대학교에서 심리학 석사학위 취득, 1942년 미시간 대학교에서 발달심리학으로 박사학위를 취득했다. 1948년 코넬 대학교 교수가 되었으며 인간발달과 가족학을 연구하였다. 그의 저서로는 《인간발달 생태학》(1979), 《아동기의 두 세계 : 미국과 소련》(1975) 등 15편에 이르는 저서와 300여 편의 논문을 발표하였다.

② 생태학적 체계이론

브론펜브레너Bronfenbrenner는 《인간발달 생태학》(1979)에서 발달하고 있는 개인에 대한 개념과 환경에 대한 개념에 대해 새로운 관점을 제시하는데, 특히 개인과 환경 사이에 발생하고 있는 상호작용에 대한 개념에 대해 새로운 이론적 관점을 제시하고 있다. 그는 인간발달을 인간이 자신의 환경을 지각하고 다루는 방식에 있어서의 지속적인 변화라고 정의하였다. 환경을 개념화하는 데 있어서는 개인의 행동을 초월하여 환경 내의 기능적 체계와 환경 간의 기능적 체계들을 포함시키고, 수정되고 확장될 수 있는 체계로까지 확장시켰다.

인간을 둘러싼 생태적 환경은 러시아 인형 세트처럼 일련의 겹 구조로 상상될 수 있다고 한다. 가장 내부 수준에는 발달하고 있는 개인을 포함하고 있는 즉각적인 장면setting으로 가정, 교실, 실험실 등이 속한다. 다음 단계부터는 단일한 장면에서 벗어나 환경과 환경 간의 관계를 보는 것으로 상호관계들이 주어진 환경 내에서 일어나는 사건과 마찬가지로 발달에 결정적일 수 있다는 것을 주장한다. 여기에는 학교의 가르침과 동시에 학교와 가정의 유대감이 중요하다는 것이다. 세 번째 단계는 개인의 발달은 그 개인이 존재하지 않는 장면 내에서 일어나고 있는 사건들에 의해 심각하게 영향을 받는다는 것으로 부모의 취업조건과 같은 환경을 들 수 있다. 마지막 단계는 생태학적 환경의 세 가지 단계에 있는 모든 환경에 포괄적으로 적용되는 뚜렷한 현상으로 사회나 문화적 환경들의 영향을 말한다.

여기서 발달하는 개인은 단순히 환경의 영향을 받는 백지상태로 간주하는 것이 아니라 성장하는 역동적 실체로 간주한다. 즉, 개인은 환경을 재구성하는 존재라고 보는 것이다. 환경은 개인과 환경 간의 상호작용은 상호호혜성의 특성을 지니며, 즉각적인 장면에 국한되는 것이 아니라 장면들 간의 통합된 상호연결성은 물론이고 더 넓은 환경에서 전달되는 외적 영향까지도 포함한다. 이러한 생태학적 환경 구조는 동심원적 구조로 표현된다.

브론펜브레너(1979)는 이러한 생태학적 환경구조를 미시체계, 중간체계, 외체계, 거시체계의 네 가지 체계로 제시하였다. 그러나 환경에서 발생하는 사건들이 한 시점에만 영향을 주는 것이 아니라 시간의 경과에 따라 그 영향력이 달라진다. 따라서 환경과 상호작용하는 아동을 이해하는 데 있어 시간이라는 중요한 변인을 하나의 체계로 추가하는(정옥분, 2007 ; 임규혁 외, 1996 ; 성영혜 외, 2005) 입장을 지지하여 이 책에서는 생태학적 환경구조를 다섯 가지의 체계로 살펴보고자 한다.

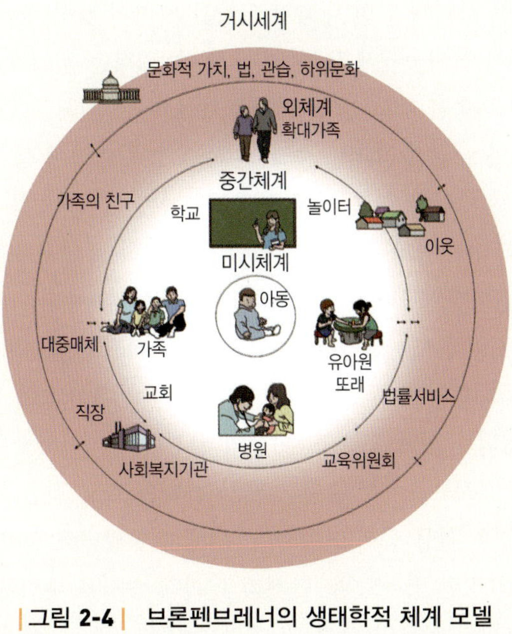

|그림 2-4| 브론펜브레너의 생태학적 체계 모델

출처 : shaffer, D. R.(1999). Developmental psychology : Childhood and adolescence(5th ed.). Brooks/Cole.

■ 미시체계microsystem : 미시체계는 발달하는 개인이 독특한 물리적인 특성을 가진 환경 내에서 경험하는 활동, 역할 및 대인관계의 유형이다. 예를 들면, 가족, 보육시설, 놀이터 등과 같이 아동이 쉽게 얼굴을 마주 대하는 상호작용에 참여할 수 있는 환경 속에서 아동은 활동을 하고 환경과 상호교류함으로써 역할과 자아 정체감을 획득한다. 또한 이러한 환경 속에서 언어, 비언어적으로 아동은 사람들과 서로 반응하면서 친숙한 대인관계를 형성해 나가게 된다. 유아의 발달은 그들의 활동과 역할, 대인관계를 어떻게 해석하고 지각하는가에 따라 달라진다. 브론펜브레너는 생태학적인 전이를 발달적 과정의 결과이자 시작이라고 본다. 전이는 생물학적인 변화와 변화된 환경적 상황의 공동 기능으로 미시체계에서의 전이는 집에서 보육기관으로 가는 아동이나 동생의 출현으로 새로운 역할을 갖게 되는 아동이 이에 해당된다.

■ 중간체계mesosystem : 중간체계는 미시체계들로 구성된 하나의 체계로 발달하는 개인이 적극적으로 참여하는 둘 이상의 환경들 간의 상호관계로 이루어진다. 중간체계는 발달하는 개인이 새로운 환경으로 이동할 때마다 형성되거나 확대된다. 예를 들면, 아동의 경우는 가정, 학교와 이웃, 동료집단 사이의 관계들이며, 성인의 경우는 가족, 직장, 사회생활 사이의 관계이다. 아동의 발달이 순조롭게 이루어지는 데는 중간체계에서의 전이와 상호연결성이 중요한 역할을 한다. 예를 들어, 친근한 장면에 있던 대상이 아동을 따라서 낯선 장면으로 온다면 다른 장면으로의 전이가 아동에게 덜 상처가 될 수 있다는 것이다. 이것은 유치원에서의 성공적인 적응을 위한 방법 모색을 가능하게 한다. 또한 아동과 청소년의 소외와 파괴적인 발달적 결과는 중간체계현상으로 아동이 생활에 있어 가족, 학교, 또래집단 등 다양한 부분 간의 상호연결성이 파괴되었음을 반영한다. 따라서 이것은 사회적 책임과 함께 인간발달연구를 하는 연구자들에게 상호연결성의 문제에 대한 현장연구나 실험연구의 과제들을 던져준다.

■ 외체계exosystem : 외체계는 발달하는 개인이 적극적으로 참여자로 관여하지는 않으나 발달하는 개인이 속한 환경에서 일어나는 일에 영향을 주거나 영향을 받는 사건이 발생되는 하나 또는 그 이상의 환경을 의미한다. 예를 들면, 어린 아동의 경우에는 부모의 직장, 손위 형제가 다니는 학교 학급, 부모의 친구 조직망, 지방 교육청의 활동 등이 포함된다. 외체계가 발달에 영향을 미치는 하나의 맥락으로 작용하려면 적어도 두 단계의 인과적 순서를 수립할 필요가 있다. 첫째 단계는 외부상황에서 일어나는 사건을 발달해 가는 사람의 미시체계에서 일

어나는 과정들과 연결시키고, 둘째 단계에서 미시체계의 과정들을 그 환경 내에 있는 개인의 발달적 변화와 연결시키는 것이다. 외체계가 아동의 발달적 영향에 끼치는 예는 저소득층의 아동학대나 방임에서 볼 수 있는데, 이것은 부모의 개인적 병리뿐만 아니라 사회적 문제와 연결되어 있어 조직망의 존재와 교회 다니기라는 환경적 요인으로 예방적 효과를 볼 수 있다(Giovanoni & Billingsley, 1970 ; 브론펜브레너, 1979 재인용).

■ 거시체계macrosystem : 거시체계는 주어진 문화 또는 하위문화 내에서 그것을 구성하는 미시체계, 중간체계 그리고 외체계의 형태와 내용이 나타내는 일관성을 의미하며, 동시에 그런 일관성에 기초가 되는 신념체계 또는 이념을 의미한다. 사회, 문화적 차이는 바로 이 거시체계가 다르기 때문에 나타나는 것이다. 거시체계는 개인과 직접적인 관련은 거의 없지만 가장 근본적이고 중대한 변화를 초래한다. 대공황시대를 사는 아동에 대한 엘더와 록웰(Elder & Rockwell, 1978) 연구에서 그들이 성장한 후의 직업관과 결혼관계의 질, 남아와 여아의 발달적 차이 등을 보이는 것은 거시체계가 아동의 발달에 영향을 미친다는 것을 잘 보여 주고 있다. 또한 거시체계가 가지는 시대정신과 가치관은 아동의 신념과 행동에 영향을 미치는데, 예를 들면 물질만능주의를 사는 현대 아동들은 그들의 가치관의 기준이 물질 중심적이라는 것이다.

■ 시간체계 혹은 연대체계chronosystem : 시간체계는 전 생애에 걸쳐 일어나는 변화와 사회, 역사적인 환경을 의미한다(정옥분, 2007). 가족제도의 변화, 결혼관의 변화, 직업관의 변화 등을 말한다. 예를 들면, 부모의 이혼이 아동에게 미치는 영향에 관한 연구에서 이혼의 부정적인 영향은 이혼 첫해에 최고조로 달하며, 딸보다 아들에게 더 부정적인 영향을 미치고 이를 극복하는 데 걸리는 시간은 거의 1년 이상이 필요하다고 본다. 그리고 이혼 후 2년쯤 되면 가족 간의 상호작용은 안정을 되찾는다는 것을 발견했다. 이렇듯 사건은 시간에 따라서도 아동발달에 중요한 영향을 미친다(임규혁, 1996 ; 성영혜 외, 2005).

이렇듯 아동의 발달을 이해하는 데는 아동 개인에만 초점을 맞추는 것이 아니라 아동을 둘러싸고 있는 생태학적 환경으로의 확대적 관점을 필요로 한다. 또한 아동발달은 개인의 문제가 아닌 가정과 학교 그리고 지역사회의 상호협력을 통해서 가능하다는 점을 시사해 주고 있다.

(2) 엘더의 생애이론

① 생애

▲ 엘더(1934~)

엘더Glen Edler는 1934년 미국 오하이오 주의 클리블랜드에서 출생하였다. 1957년 펜실베이니아 주립대학을 졸업하고 1958년 오하이오 켄트 주립대학에서 석사학위 취득, 1961년 노스캐롤라이나 대학에서 박사학위를 받았다. 1962~1963년까지 버클리 대학의 인간발달연구소 사회학 조교수와 연구원으로 재직하면서 1920년대 캘리포니아 사람들을 대상으로 한 종단연구에 참여하였으며 현재 노스캐롤라이나 사회학, 심리학 연구 전문 교수로 활동하고 있다.

② 생애이론

엘더는 인간의 전 생애발달을 강조하며 급변하는 사회에서의 각기 다른 연령대의 사람들이 각기 다른 역사적 환경의 영향을 받게 된다는 점에 중점을 두고 다양한 장기종단연구를 통해 분석하였다.

엘더는 록웰(Rockwell, 1978)과의 연구에서 경제공황이 빈곤계층의 아동발달에 어떤 영향을 미치는지 분석하였다. 연구결과 대공황기가 막 시작될 무렵에 출생한 아동들은 취학 전에 경제공황을 경험한 아동들에 비해 역경을 딛고 책임과 독립심을 고취시켜 더 확고한 직업적 야망을 갖게 되었고 더 나아가 전 생애발달에 있어서 책임감 있고 긍정적인 사람으로 성공하게 되었다. 반면에 취학 전에 경제공황을 경험한 아동들의 경우는 학교 성적의 저하, 직업의 부적응, 정서적 문제 등 발달에 저해받을 정도로 상당히 부정적인 결과들이 나타났다. 즉, 한 환경 내에서 일어난 사건들이 수십 년 이후 전혀 다른 환경에서 타인들과의 관계와 개인의 능력에 영향을 발휘한다는 것은 아동기의 사회적 요인이 그 당시에만 영향을 미치는 것이 아니라 생애를 걸쳐서 영향을 미친다는 것을 의미하며 이와 같이 전 생애발달은 사회적 시간대의 영향을 크게 받는다는 것이다.

전 생애발달이론에 있어 중요한 개념은 '상호의존'으로 이것은 일생 동안 가족, 친구, 그 외 다른 사회적인 관계에 의해 이루어진다는 사실을 전제로 이해된다. 그 대표적인 예로 부모와 자녀와의 관계에 있어 부모와 자녀의 일생에서 발생하는 사건(예 이혼한 자녀가 다시 집으로 들어올 경우 부모들의 생활에 영향을 미치는 일

등)이나 중대한 결정은 세대와 세대 간의 차이를 연결시키는 요소가 된다(정옥분, 2007). 이러한 상호의존적 관계 속에서 아동들은 아동을 둘러싼 환경적 맥락에 영향을 미치게 되고 또한 그들 자신에게 돌아오는 피드백을 만드는 생성자로서의 역할을 하게 된다. 따라서 개인을 이해하기 위해서는 각 개인을 둘러싸고 있는 제반 환경들을 살펴보아야 한다. 즉, 개인이 살고 있는 역사적 시기와 장소, 개인의 사회적 역할과 일어난 중요한 사건 등 이러한 요소들의 상호관계성을 이해해야 한다는 것이다.

엘더는 인간은 전 생애를 통해서 발달을 이루며 발달단계별로 독특한 가치와 특성이 있다는 것을 보여 준다. 특히, 아동이 새로운 역할에 참여하고 새로운 형태의 원자적 활동에 참여하는 일의 발달적 중요성만이 아닌 가족 외의 성인과의 초기 접촉발달의 중요성을 강조함으로써 생태학적 체계 중 미시체계 이상의 거시체계와 시간체계 같은 다양한 가족 외적 환경이 아동발달에 미치는 영향을 보여 주고 있다.

그림 2-5 인간의 생애주기

생각해 보기

1. 영아발달에 있어서 기초이론의 시사점은 무엇인가?

2. 정신분석이론의 기본원리에 대해서 토론해 보자.

3. 행동주의와 사회학습이론에서 공감하는 부분의 경험을 나누어 보자.

4. 인지발달이론의 의미와 중요성은 무엇인가?

5. 인간발달에 있어서 생태학적 이론의 기본원리는 무엇인가?

6. 브론펜브레너의 생태학적 체계는 무엇이며, 그것이 아동발달에 주는 시사점은 무엇인가?

7. 엘더의 생애이론에서 중요한 개념인 '상호의존'이 아동발달에 갖는 의미와 그 중요성은 무엇인가?

PART 2

초기 발달

CHAPTER·**3**

발달과 유전

1. 유전의 기제
2. 유전의 법칙
3. 유전인자와 염색체의 이상

학습목표

- 유전인자, 정자와 난자, 염색체 등 다양한 유전의 기제들을 살펴본다.
- 인간의 발달과정에 나타나는 유전의 법칙을 이해한다.
- 유전인자와 염색체의 이상으로 나타나는 다양한 유전성 질환들을 생각해 보고, 유전이 인간의 초기 발달에 미치는 영향을 이해한다.

핵심개념

- 유전인자
- DNA
- 염색체
- 우성과 열성
- 유전성 질환

CHAPTER · 3

유전遺傳은 부모의 특징이 자손에게 전달되는 것을 말한다. 새롭게 태어나는 자녀 세대는 부모로부터 유전형질을 물려받는데, 유전형질에는 홍채나 피부, 머리카락의 색 같은 것들로부터 혈액형과 같은 특성 및 혈우병과 같은 유전병 등이 있다. 따라서 인간은 이러한 유전형질이 전달됨으로써 이전 세대로부터 다음 세대로까지 그 존재를 이어가는 것이다.

이 장에서는 인간의 발달에서 유전이 어떻게 이루어지는지 살펴보고자 한다. 또한 최근 크게 주목을 받고 있는 유전자 이상에 대해 알아봄으로써 유전이 인간의 초기 발달에 어떠한 영향을 미치는지 살펴보고자 한다.

1. 유전의 기제

1) 유전인자 : DNA

유전인자는 유전형질을 나타내는 원인이 되는 인자로서, 부모의 염색체 속에 일정 순서로 배열되어 있으며 생식세포를 통하여 자손에게 부모의 유전형질이 전해지는 것이다. 생물의 유전 정보가 담겨 있는 것은 DNA이다. 생물은 세포의 분열과정에서 DNA를 복제하여 자신의 유전 정보를 자손에게 넘겨 주게 된다. 이때 암 · 수 각자의 감수분열에 의해 정자와 난자가 만들어지며, 이 정자와 난자가 수정되는 생식을 통해 유전형질이 전달됨으로써 유전되는 것이다.

DNADeoxyribonucleic acid는 주로 세포 내에서 생물의 유전 정보를 장기간 보관하는 물질이다. 1869년 스위스의 프리드리히 미셔Friedrich Miescher가 처음 DNA를 발견한 이래 많은 연구자들이 DNA의 기능을 밝혀내었고, 이후 1953년에 제임스 왓슨James Watson과 프란시스 크릭Francis Crick이 DNA 분자의 이중나선구조를 발견하였다. 이것은 유전인자의 구조를 이해할 수 있게 해준 현대과학의 개가였다. DNA에 관한 흥미로운 사실은 DNA에 저장되어 있는 정보의 양이 브리태니커 백과사전의 모든 판에 실려 있는 양과 비슷하다는 점이다. 그리고 DNA의 길이는 지구에서 태양까지의 거리에 해당하며, 무게는 1/2g 정도이다(정옥분, 2012).

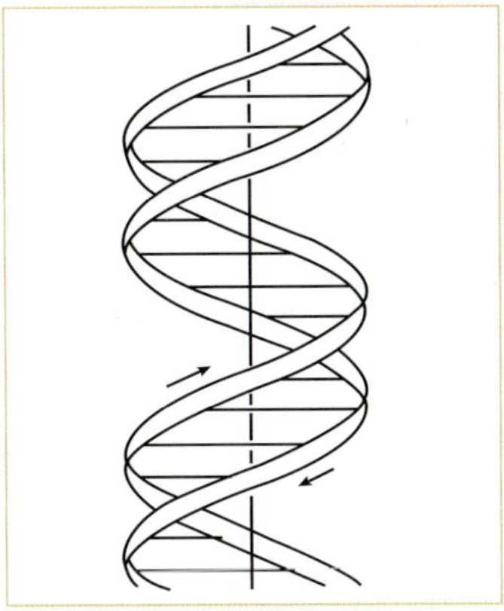

| 그림 3-1 | 1953년 《NATURE》에 실린 DNA 분자구조

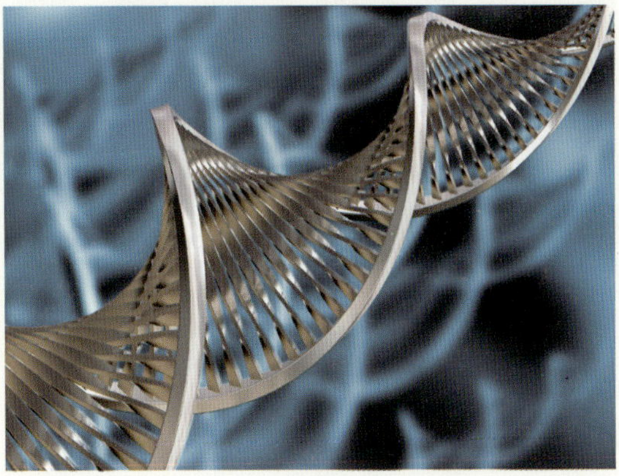

| 그림 3-2 | DNA의 구조

알아두기 **감수분열**

수정 후 인간의 성장과 발달은 두 종류의 세포분열에 의해 진행이 된다. 하나는 신체세포body cells로서 유사분열有絲分裂, mitosis에 의해 생산되며 골격, 신경, 근육, 소화기관 등을 형성한다. 다른 하나는 난자와 정자를 만드는 생식세포germ cells로서 감수분열減數分裂, meiosis에 의해 재생산된다.

2) 정자와 난자

정자는 남성의 생식세포로서, 여성의 난자와 달리 스스로 운동하는 능력이 있다. 정액에 포함되어 여성의 질을 통해 체내로 이동하며, 크기는 난자의 1/40 정도이다. 난자는 여성의 생식세포로서 인체에서 가장 큰 세포이다. 난자를 나타내는 ovum은 '알'을 의미하는 라틴어인 ovum으로부터 유래하였다.

인간의 생식과정은 난자와 정자가 만나 수정이 이루어지면서 시작된다. 수정은 먼저 정자가 운동을 하여 난자에 접근하여 난자 속으로 침입해 들어가서 이루어진다. 이때 정자가 난자 속으로 들어가면, 난자 표면에 화학 변화가 생겨 다른 정자의 침입을 막는다. 인간의 난자는 정자와 결합하여 체내에서 수정되고, 이 수정을 통해 배반포를 형성하며 태어날 때까지 자궁 속에서 자라게 된다.

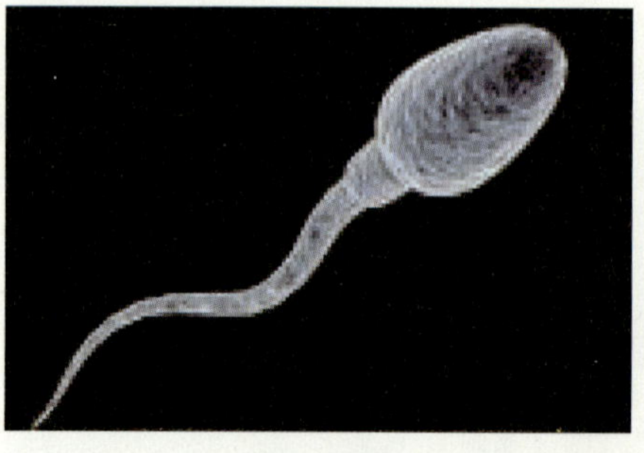

정자의 모습

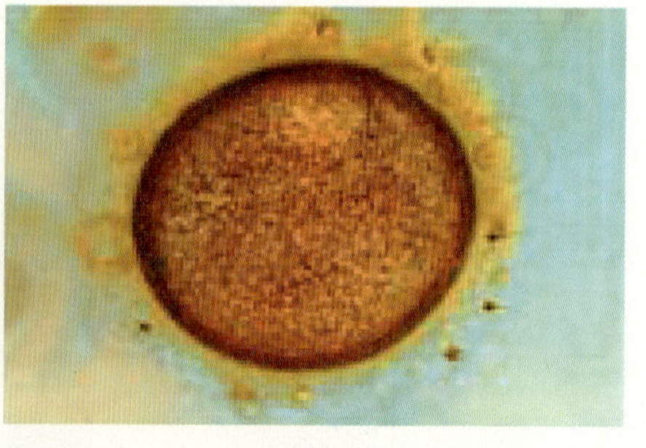

난자의 모습

그림 3-3 정자와 난자의 모습

3) 염색체

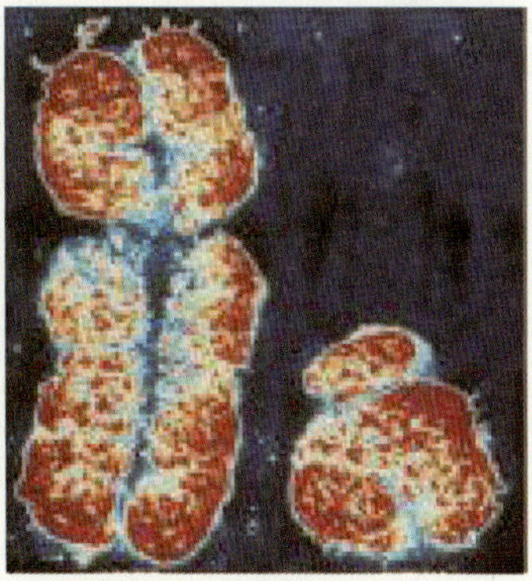

|그림 3-4| X염색체와 Y염색체

염색체는 모양과 크기가 같은 염색체가 2개씩 존재하는데, 이는 부모로부터 각각 하나씩 받았기 때문이다. 이러한 2개의 염색체를 '상동염색체'라고 한다. 따라서 모든 생물의 염색체 수는 짝수이다. 만약 염색체 수가 홀수가 되면 다운증후군, 터너증후군, 야콥증후군, 클라인펠터 증후군과 같은 병에 걸린다.

정자와 난자가 결합하는 순간 정자와 난자로부터 각각 23개의 염색체가 방출되어 새로운 46개의 염색체 배합이 형성된다. 인간의 모든 유전적 잠재성은 이 46개의 염색체에 의해 결정된다. 23쌍의 염색체 중 22쌍은 상염색체autosome이며, 23번째 쌍이 성염색체sex chromosome이다. 정상적인 여성의 성염색체는 XX이고, 정상적인 남성의 성염색체는 XY이다. 즉, 이 염색체 속에 유전의 기본 단위인 유전인자gene가 들어 있으며, 이 유전인자는 DNA라고 하는 화학물질로 구성되어 있다.

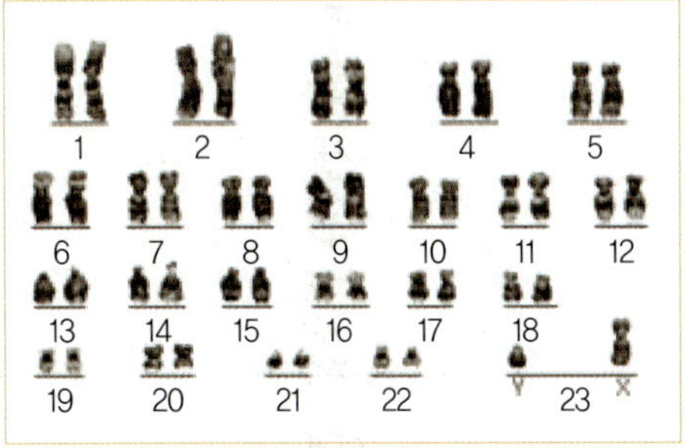

|그림 3-5| 남성의 염색체 배열

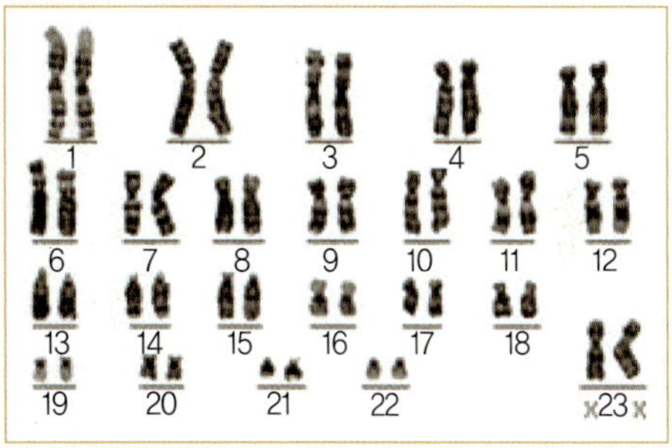

|그림 3-6| 여성의 염색체 배열

2. 유전의 법칙

오스트리아의 성직자 그레고르 멘델Gregor Mendel은 유전인자나 염색체에 관해 아

▲ 멘델(1822~1884)

무것도 알려진 것이 없는 1800년대 중반에 완두콩을 이용하여 7년간 잡종실험을 계속한 끝에 유전과 관련된 몇 가지 법칙을 발견하였다. 멘델은 1865년 이러한 유전실험의 결과를 《식물잡종에 관한 실험》이라는 제목으로 발표하였다.

멘델은 노란색 완두콩과 초록색 완두콩을 혼성 재배하였는데, 그 결과 다음 세대의 완두콩은 두 가지 색이 섞이지 않고 오로지 노란색만 띠었다. 이처럼 제1대 잡종에서 나타난 노란색 완두콩의 형질을 '우성dominant'이라고 하고, 나타나지 않은 초록색 완두콩의 형질을 '열성recessive'이라고 하였다. 두 형질 중 우성형질만이 나타나므로 이를 '우성의 법칙'이라고 하였다. 멘델이 제1대 잡종완두콩을 다시 교배하자 제2대 잡종에서는 노란색 완두콩과 초록색 완두콩이 3 : 1의 비율로 생겼다. 이를 '분리의 법칙'이라고 하였다. 이후 또 다른 실험인 둥글고 노란색인 완두콩과 주름지고 초록색인 완두콩을 교배했을 때, 제2대 잡종에서 9 : 3 : 3 : 1의 비율로 나타났는데, 이를 '독립분리의 법칙'이라고 하였다.

멘델은 생물학에 대해서 일대 사고의 전환과 그의 연구방법으로 유전학의 새로운 장을 여는 위대한 발견을 이룩하였다. 멘델의 뒤를 이어 생물학자들은 유전자가 염색체상에 존재하며, 염색체는 세포의 핵 안에서 발견된다는 사실을 밝혔다.

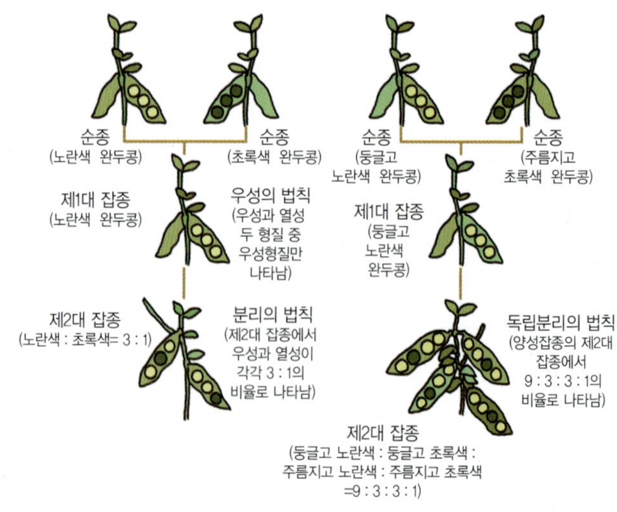

|그림 3-7| 멘델의 유전법칙

알아두기 **게놈**

게놈은 한 생명체가 가지고 있는 전체 DNA를 말하는 것이다. 게놈이란 용어는 유전자 'gene'과 염색체 'chromosome'의 합성어인 'genome'을 독일식으로 발음한 것으로서, '게놈 프로젝트'란 생명체의 DNA 서열을 해독하려는 것이며 이러한 게놈 해독을 통해 유전자와 병과의 관계도 밝혀지고 있다.

1940년대에 이르러서는 유전자 정보들이 핵산인 DNA에 들어 있다는 사실을 알았고, 1950년대가 되자 DNA상의 유전암호를 해석할 수 있게 되었다. 오늘날에는 이 유전암호를 이용해서 인간의 유전병의 기원을 알아내고 있으며, 이미 인간의 게놈genome 분석을 완성하는 단계까지 이르렀다.

이러한 멘델의 유전법칙에서 정립된 우성의 법칙은 대표적으로 ABO 혈액형에서 나타난다. 즉, A형 인자와 B형 인자는 우성이고, O형 인자는 열성이다. 그 결과 표 3-1 과 같이 양쪽 부모로부터 O형 인자를 물려받는 경우에만 O형 혈액형이 발현하고, AA와 AO는 모두 A형으로 그리고 BB와 BO는 모두 B형으로, AB는 AB형으로 발현한다(최현석, 2006).

표 3-1 | ABO 혈액형

구분		부		
		A	B	O
모	A	AA	AB	AO
		A형	AB형	A형
	B	AB	BB	BO
		AB형	B형	B형
	O	AO	BO	OO
		A형	B형	O형

알아두기 **다지증**

손가락이나 발가락이 한쪽에 6개 이상 존재하는 경우를 다지증이라고 한다.

표 3-2 | 인간에게 나타나는 우성과 열성

우 성	열 성	우 성	열 성
흑발	금발	귓불 분리	귓불 부착
곱슬머리	생머리	습한 귀지	건조한 귀지
대머리	정상	보조개 있음	보조개 없음
이마선 곡선	이마선 직선	갈라진 턱선	둥근 턱선
갈색 눈	푸른색 눈	혀 말기 됨	혀 말기 안 됨
눈 쌍꺼풀	눈 외까풀	다지증	정상
주근깨 있음	주근깨 없음	오른손잡이	왼손잡이

우성의 법칙과 관련하여 우성은 우월한 성질이고 열성은 열등한 성질이라고 생각하는 경향이 있는데, 이와 달리 이로운 열성도 있고 해로운 우성도 있다. 즉, 쌍꺼풀, 보조개 등은 갖고 싶은 우성이지만 대머리와 다지증은 갖고 싶지 않은 우성이다. 또한 금발과 푸른색 눈은 갖고 싶은 열성이다. 표 3-2 는 인간에게 나타나는 우성과 열성의 예이다.

3. 유전인자와 염색체의 이상

유전성 질환genetic disorder은 유전자나 염색체에 있는 해로운 변이로 인해 생기는 질병이다. 1953년 제임스 왓슨과 프란시스 크릭이 DNA의 분자구조를 밝힌 이후 이루어진 유전학의 성과로 유전자 이상으로 인한 질병연구가 활발히 이루어지고 있다.

1) 유전인자의 이상

유전인자의 이상에는 우성인자에 의한 결함과 열성인자에 의한 결함이 있다.

(1) 우성인자에 의한 결함

유전자 이상으로 인한 대부분의 유전병은 열성인자에 의한 것으로, 우성인자에 의한 유전병은 매우 드물다. 그러나 우성인자에 의한 유전병은 반드시 발병하며, 발병하게 되면 오래 살지 못하게 되는데, 헌팅턴병이 그러한 경우이다.

▲ 헌팅턴 무도병 : 운동선수였던 한 청년이 중년기에 헌팅턴병이 발병한 모습

헌팅턴 무도병Huntington's chorea이라고도 알려져 있는 헌팅턴병Huntington's disease은 드물게 발병하는 우성 유전병이다. 어린 시절부터 노년 사이의 어느 때라도 발병할 수 있지만, 보통은 30~50세 사이에 발병한다. 헌팅턴병의 증상은 신경세포가 손상되기 시작하면서 환각, 망상, 우울증, 성격변화를 포함한 정신장애와 근육이 무력해지는 운동기능장애가 나타난다. 헌팅턴병 환자는 근육의 수축으로 인해 환자의 의사와 상관없이 비틀리는 운동장애를 나타내는데, 이 모습이 마치 사람이 춤을 추는 듯한 움직임을 연상시킨다 하여 헌팅턴 무도병이라고도 부른다. 헌팅턴병은 매우 서서히 진행되지만 점차로 신체적 · 정신적으로 자신을 돌볼 수 없게 되고, 걷는 것이 불가능하며, 음식물을 삼키지도 못하게 되는 등 인지적 기능을 완전히 상실하게 되어 결국에는 사망하게 된다(Berkow, 1987).

(2) 열성인자에 의한 결함

열성인자는 좋지 않은 비정상적인 유전인자이다. 대부분의 사람들은 열성인자를 가지고 있지만, 정상적인 우성인자에 의해서 지배당하고 있기 때문에 나타나지 않는다. 그러나 열성인자는 유전형질이 잠복되어 있다가 양쪽 부모가 모두 같은 열성 유전인자를 가지고 있으면 서로 만나 태아에게 기형을 일으키게 된다. 만일 부모 중 한쪽만 열성인자를 가지고 있으면 태아에게 기형을 유발시키지 않는데, 근친혼일 경우 나쁜 열성인자끼리 만나기가 쉽다. 부모 모두가 나쁜 열성인자를 동시에 가지고 있다면 25%의 확률로 기형이 나타나고, 50%는 보유자, 25%는 정상으로 태어난다(김정휘, 1996).

① 페닐케톤뇨증

페닐케톤뇨증Phenylketonuria : PKU은 아미노산의 하나인 페닐알라닌이 체내에 과도하게 축적되어 발생하는 유전병이다. 페닐알라닌은 뇌혈관장벽blood brain barrier을 통과하여 중추신경계를 손상시키며, 뇌에 축적되어 경련과 지능장애를 일으킨다. 출생 시에는 증상이 없지만, 체내에 페닐알라닌이 서서히 축적되면서 여러 증상이 영아기에 나타난다. 즉, 구토, 습진과 비슷한 발진이 생기며 소변과 땀에서 냄새가 난다.

페닐케톤뇨증이 있는 영아는 진단 후 페닐알라닌 섭취를 줄이는 것만으로도 정상생활이 가능하다. 그러나 조기에 발견하지 못하면 영구적인 지능장애가 초래된다.

② 겸상적혈구 빈혈

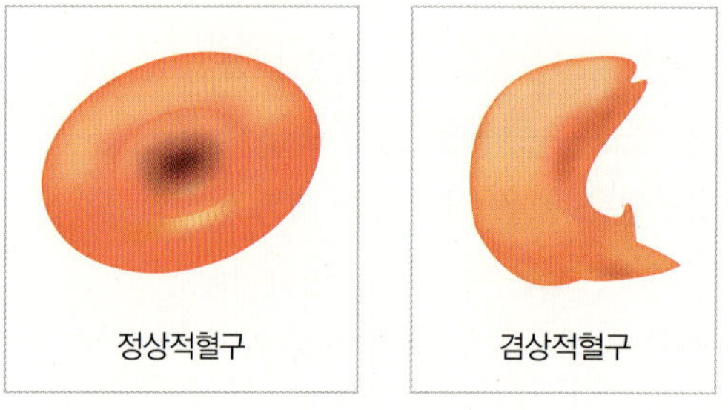

| 그림 3-8 | 정상적혈구와 겸상적혈구

겸상적혈구 빈혈증Sickle-Cell Anemia은 유전자 이상으로 적혈구가 낫모양으로 변하여 악성 빈혈을 유발하는 유전병이며, 아프리카의 흑인들에서 흔히 나타난다. 말라리아에 저항성이 있어 이 이상 유전자를 가진 사람은 말라리아에는 잘 걸리지 않지만 적혈구가 쉽게 파괴되어 심각한 빈혈을 유발하는 질병이다. 만성적인 빈혈 및 재생 불량성 빈혈이 초래되면 생명이 위독하게 되거나 신장과 폐, 뼈, 간 그리고 중추신경계에 손상을 준다. 겸상적혈구 빈혈이 있는 경우 아동기에 심장병이나 신장병으로 죽게 되고, 특히 폐렴이나 호흡기 질환에 걸리기 쉽다(정옥분, 2012).

③ 테이삭스병

테이삭스병Tay-sacks은 주로 동유럽의 후손인 유대인에게서 발견되는 유전병으로 흑내장성 가족성치매amaurotic family idiocy라고도 불린다. 출생 후 초기 몇 달간은 정상적인 발달을 보이나 생후 2~6개월이 경과하면서 소음에 대해 과장된 반응을 보이거나 점차 운동신경의 약화가 나타나 발달지연이 나타난다. 손을 뻗는 것과 앉기와 같은 동작은 가능하지만, 생후 1년이 되기 전 점차 이전에 습득한 운동능력을 잃어버리게 된다. 또한 질병의 초기에는 불규칙한 안구운동과 시각 주의력이

저하되는 증상이 나타난다. 생후 2년 동안 대두증이 나타나며, 대부분의 경우 흡인성 폐렴 등으로 2~5세 사이에 사망한다.

④ 낭포성 섬유증

낭포성 섬유증은 유전자에 결함이 생겨 나타나는 질환으로 주로 폐와 소화기관에 영향을 미치는 질환이다. 기관지 안에 있는 점액 분비선에 영향을 주어 비정상적으로 진하고 끈적끈적한 점액이 만들어지며, 이로 인하여 기도 폐쇄와 기관지의 만성적 폐쇄가 야기되고 세균 번식을 촉진시켜 염증을 유발한다. 또한 음식물을 분해하고 흡수하는 췌장 소화효소의 분비를 방해하여 소화를 어렵게 하고 영양분의 흡수에 장애를 일으킨다.

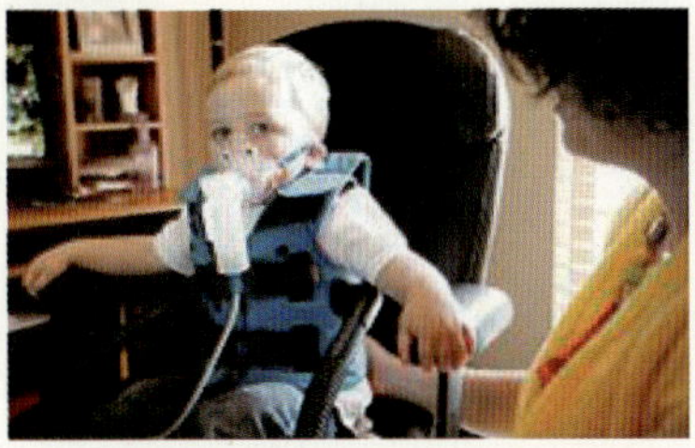

▲ 낭포성 섬유증을 앓고 있는 남아

현재 미국의 경우 이 질병에 걸린 환자는 3만 명 정도 되며, 매년 1만 명씩 새로운 환자들이 발생하고 있다. 이 질병은 백인에게서 주로 발생되며, 동양인에게는 드물어 우리나라에서는 몇 차례 보고된 바 있다.

2) 성염색체 이상

정상적인 사람은 23쌍으로 이루어진 46개의 염색체를 가지고 있다. 이 염색체 쌍들은 크기와 모습에 따라 편의상 번호가 정해져 있는데, 그중 1~22번까지의 22쌍은 상염색체이고 마지막 쌍인 23번 염색체는 성염색체이다. 일반적으로 정상적인 여성은 2개의 X염색체를 가지고 있으며, 남성은 X와 Y염색체를 가지고 있다. 그러나 성염색체의 비정상적인 형태 변화는 터너증후군, 클라인펠터증후군, 초웅증후군 등과 같은 결함을 야기한다.

(1) 클라인펠터증후군

클라인펠터증후군은 성염색체 비분리에 의해 발생하는 유전병의 일종으로 XXY 등 여분의 X 염색체가 많을수록 더욱 현저하다. 주요 증상은 작은 고환, 여성형 유방증, 무정자증, 불임, 지능 저하 등이다. 성호르몬이 활발해지는 사춘기가 오기 이전에는 진단이 어려우며, 염색체 배열이 정상적이지 않기에 또래에 비해 정신발

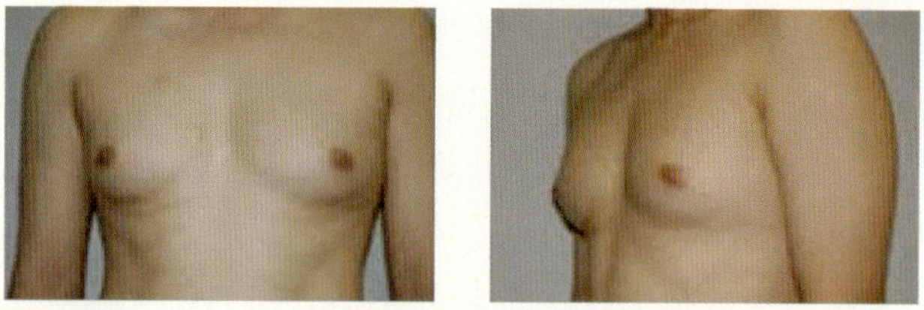

▲ 클라인펠터증후군

달이 느린 편이다.

(2) 초웅증후군

초웅증후군은 남성의 성염색체 중 Y염색체가 정상적인 개수(1개)보다 하나 더 많은 것으로 정상 남성보다 키가 훨씬 크고, 특히 치아가 큰 것이 특징이며, 사춘기에 여드름이 심하게 난다. Y염색체가 하나 더 있는 사람은 보통 사람보다 공격적이어서 범죄행동을 하기 쉬운 것으로 여겨왔는데, 연구결과 이러한 가정은 잘못된 것으로 판명되었다.

(3) 터너증후군

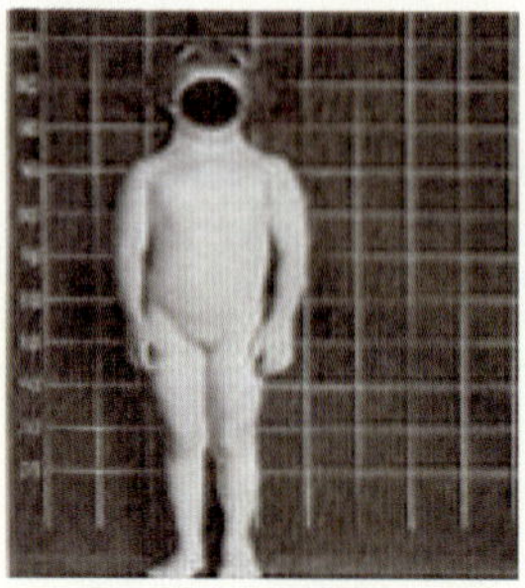

▲ 터너증후군

터너증후군은 정상 여성의 성염색체가 XX 두 개인 데 반해, X 염색체가 하나밖에 없기 때문에 발생하는 증후군이다. 따라서 난소가 기능을 제대로 하지 못해 여성호르몬이 부족하고 여성호르몬의 부족으로 사춘기가 되어도 2차 성징이 나타나지 않으며 생식능력이 없다. 키가 작고 목이 두꺼우며 짧은 것과 같이 여러 가지 신체의 기형들이 나타나며, 골다공증, 당뇨병 그리고 갑상선기능저하증이 잘 생긴다.

(4) 초자증후군

초자증후군은 외형상으로는 정상적인 여성의 외모를 갖추고 있으며, 생식능력도 가지고 있다. 그러나 지능이 낮고, 특히 언어적 추론능력이 떨어진다. 이러한 결함은 2세 때에 나타나기 시작하며, 여분의 X 염색체가 많을수록 더욱 현저하다(정옥분, 2012).

(5) X 염색체 결함증후군

X 염색체 결함증후군의 신체적 특징은 얼굴이 길고, 귀가 당나귀 귀 모양을 하고 있으며, 고환이 비대하다. 정신지체, 언어장애, 자폐증 등의 장애가 나타나기도 한다. X 염색체 결함증후군은 여성보다 남성에게서 발병률이 높다. 그 이유는 남성의 성염색체는 XY이고, 여성의 성염색체는 XX로 X가 두 개이다. 따라서 여성의 경우 결함 있는 X 염색체가 다른 하나의 건강한 X 염색체에 의해 수정 · 보완될 가능성이 있기 때문이다(정옥분, 2012).

3) 상염색체 이상

상염색체autosomes는 성염색체를 제외한 22쌍의 염색체를 지칭하며, 이 상염색체의 결함에서 오는 대표적인 장애가 다운증후군이다. 다운증후군은 21번 염색체가 정상보다 많은 경우에 나타나는 질병으로 천사병으로도 불리는데, 이는 이 질병이 있는 아이는 천사처럼 봉사정신과 인내심이 강하기 때문에 붙여진 별명이다. 1862년 영국의 의사인 존 다운John Down에 의해 발견되었기 때문에 다운증후군Down's Syndrome이라 불린다.

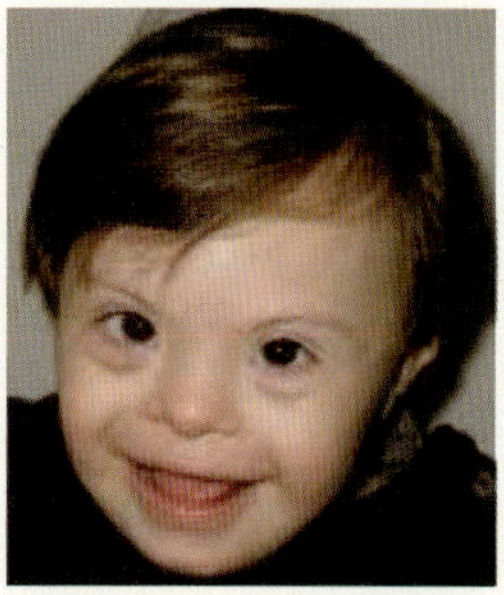

▲ 다운증후군

다운증후군은 신체적 장애와 지적 장애를 동반한다. 신체적 장애로는 뒷머리가 납작하고, 목이 짧으며, 작은 머리, 쭉 찢어진 눈, 납작한 코, 삐죽 나온 혀, 짧고 통통한 사지 등이 그 특징이다. 다운증후군의 아동은 평균 지능지수가 50 정도로 심한 정신지체현상을 보인다. 지적 장애가 있음에도 불구하고 다운증후군의 아동은 속도가 느리기는 해도 정상아동과 비슷한 발달양상을 보인다. 특히, 성격이 밝고 사람을 좋아하기 때문에 사교성이 좋다. 백혈병이나 알츠하이머병에 걸릴 확률이 높은데, 흥미롭게도 21번 염색체는 알츠하이머병과 관련이 있는 것으로 밝혀졌다.

다운증후군은 산모의 연령과 관련이 있다. 즉, 다운증후군의 발생률은 어머니의 연령이 증가함에 따라 급격하게 증가한다. 산모가 40대 후반일 경우 20대 초반 산모에 비해 무려 1,000배 이상의 빈도를 보인다. 그리고 다운증후군의 자녀를 출산한 경험이 있는 경우는 발생률이 더욱 증가한다(정옥분, 2012).

생각해 보기

1. 지금까지 살면서 유전의 경이로움을 느꼈던 적은 언제인지 생각해 보자.

2. 내가 부모님으로부터 물려받은 우성과 열성은 각각 무엇인지 생각해 보고 함께 이야기해 보자.

3. 인간 게놈 프로젝트는 암과 같은 질병을 치료하고 유전병을 예방할 수 있으며, 대머리나 이상비만과 같은 외모를 조기에 치료할 수 있는 등 인간이 가진 무병장수의 꿈을 이룰 수 있도록 도울 수 있기에 활발히 진행되고 있다. 반면 이러한 유전정보가 사람을 차별하는 방법으로도 사용될 수 있는데, 실제로 미국에서 신입사원 채용이나 보험가입 시 유전적으로 간암을 일으킬 요인이 많은 사람에 대해 회사가 고용 및 접수를 거부한 사례도 있었다. 이처럼 유전자에 대한 간섭은 생명윤리 및 인간의 보편윤리에 대한 심각한 도전이 될 수 있다. 이러한 인간 게놈 프로젝트에 대해 좀 더 알아보고 자신의 생각을 정리하여 함께 논의해 보자.

CHAPTER·4

태내발달

1. 생명의 시작
2. 태내발달의 단계
3. 태내환경과 영향요인
4. 태내진단검사

학습목표

- 수정 및 성의 결정과정을 살펴본다.
- 배종기, 배아기, 태아기에 이르는 태내발달의 3단계를 살펴본다.
- 태내환경에 영향을 미치는 주요 요인들을 생각해 보고, 다양한 종류의 태내진단검사를 살펴본다.

핵심개념

- 수정
- 배종기
- 배아기
- 태아기
- 조산
- 태아알코올증후군
- 영아돌연사증후군
- 태내진단검사

CHAPTER · 4

태내기란 난자와 정자가 만나 수정된 순간부터 출산에 이르기까지 약 38주의 기간을 말한다. 이 기간 동안에 태내에서는 인간의 초기 발달이 극적으로 이루어지며, 전 생애발달의 기초가 형성된다.

1. 생명의 시작

인간의 생명은 남성의 정자와 여성의 난자의 결합으로 시작된다. 이 과정을 수정 또는 임신이라고 한다. 인간은 그 생명의 시작부터 치열한 경쟁에 돌입하게 되는데, 10만대 1의 경쟁률을 뚫어야 할 뿐만 아니라 정자에 비해 매우 큰 난자의 단단한 보호벽을 뚫어야 하기 때문이다.

1) 수정

수정은 남성의 생식기에서 생산되는 정자와 여성의 생식기에서 생산되는 난자가 만나 하나의 세포, 즉 수정란을 만드는 과정이다. 여성은 태어나면서 일정한 수의 난세포를 난소에 가지고 태어나는데, 2차 성징이 발현되는 시기부터 월경주기의 중간쯤에 양쪽 난소에서 한 달에 한 번씩 번갈아 난자를 배출하게 된다. 이것을 배란이라고 한다.

배란기를 전후해서 질 속에 사정된 정액 속의 정자가 긴 꼬리로 헤엄쳐서 나팔관까지 올라가면 난소에서 내려오고 있던 난자와 만나게 된다. 일단 한 개의 정자가 난자의 세포막을 뚫고 들어가게 되면 정자의 끝부분에 달린 꼬리는 잘리고, 정자의 핵과 난자의 핵이 결합하여 하나의 새로운 세포체를 형성하게 된다. 이러한 과정을 수정이라 하고, 새로 생긴 단일세포를 수정란이라고 한다. 이 수정란은 접합체라고 불리는데, 이것이 곧 새로운 생명의 시작이다(정옥분, 2012). 이 수정란은 세포분열을 하면서 수란관을 따라 자궁 쪽으로 이동하게 되는데, 그 기간은 대

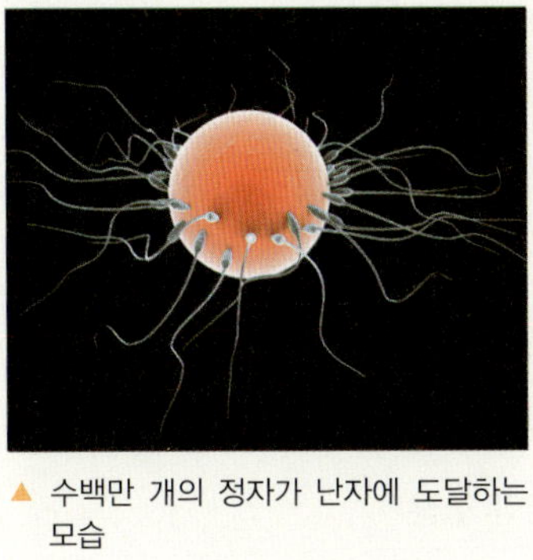

▲ 수백만 개의 정자가 난자에 도달하는 모습

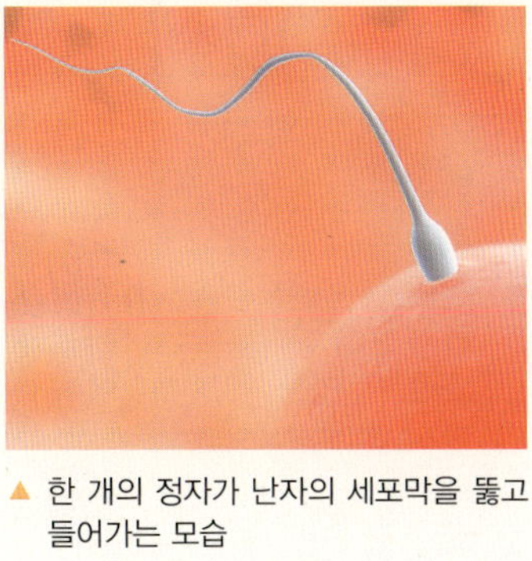

▲ 한 개의 정자가 난자의 세포막을 뚫고 들어가는 모습

략 일주일 정도이다. 자궁에 도착한 수정란은 자궁벽에 파고들어가 묻히게 되며(착상), 이때부터 임신으로 본다. 배출된 난자의 생존기간은 약 24시간이며 정자의 생존기간은 약 72시간이다. 이 기간 내에 수정이 이루어지지 않으면 정자와 난자는 수정능력을 잃게 된다.

일반적으로 수정은 한 개의 정자와 한 개의 난자의 결합으로 이루어진다. 그러나 한 개의 난자가 이분되어 일란성 쌍생아로 성장하거나 매우 짧은 기간에 두 개의 난자가 방출되어 두 개의 정자와 만나 이란성 쌍생아가 되기도 한다.

2) 성의 결정

23쌍의 염색체 중 마지막 1쌍은 성염색체인데, 이 성염색체에 의해 태아의 성이 결정된다. 여성의 난자는 X 염색체만 가지고 있으나 남성의 정자는 약 반수가 X 염색체, 나머지 반수는 Y 염색체를 가지고 있다. 따라서 난자와 만나는 정자의 종류에 따라 태아의 성이 결정된다. 즉, 정자와 난자가 결합할 때 X 염색체를 가진 정자가 난자와 만나면 여자아이가 태어나고, Y 염색체를 가진 정자가 난자와 짝지어지면 남자아이가 태어난다. 정자의 절반은 X 염색체를 가지고 있고, 나머지 절반은 Y 염색체를 가지고 있으므로 이론적으로는 남아 또는 여아로 성이 결정될 확률은 50 : 50이다. 그런데 Y 염색체를 가진 정자가 X 염색체를 가진 정자보다 쉽게 난자와 결합하므로, 수정 시에는 남녀의 비율이 130 : 100 정도이다. 그러나 유전자의 결합이나 자연유산의 위험이 남아의 경우가 더 높기 때문에 출생 시 남녀의 비율은 106 : 100 정도가 된다(정옥분, 2012).

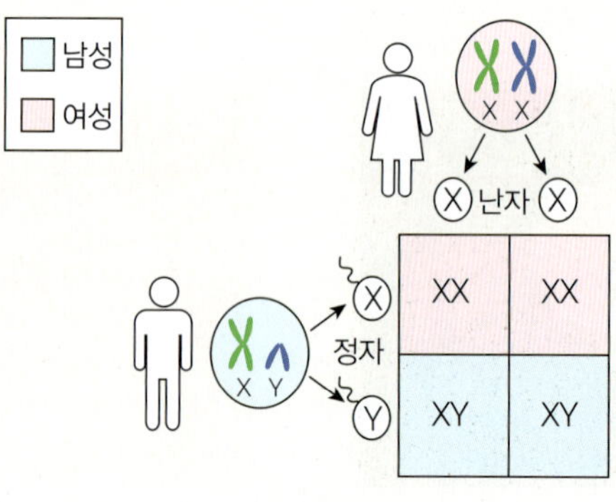

그림 4-1 성의 결정

2. 태내발달의 단계

수정에서 분만에 이르기까지 태내기의 발달은 배종기, 배아기, 태아기의 3단계로 나누어 진행된다.

1) 배종기

정자와 난자가 결합한 수정란이 자궁벽에 착상하는 2주까지의 기간을 배종기라고 한다. 배란에서부터 난자와 정자가 만나 수정하기까지는 24시간 정도가 걸리는데, 이렇게 수정된 수정란은 0.2mm 정도의 크기로 세포분열을 하면서 자궁을 향해 이동한다. 이때 수정란은 급속하게 세포분열을 하게 되는데, 2일 후에는 4개의 세포로, 3일 후에는 32개의 세포로 그리고 수정 후 1주일이 지나면 약 100~150개의 세포로 분열한다.

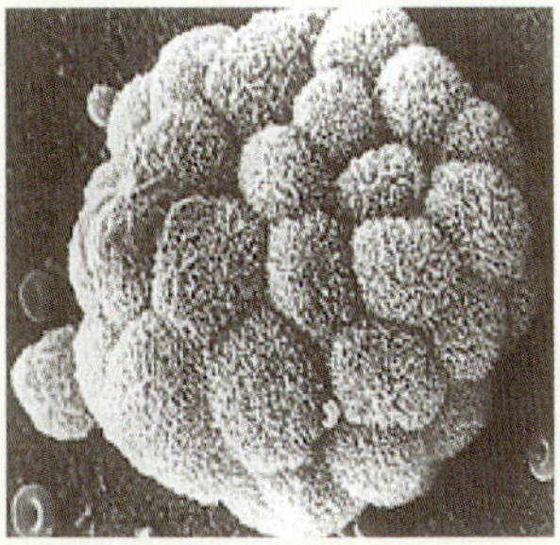

▲ 수정란기

출처 : Whitnety EN · Roles SR(2002).

수정란은 세포분열을 하는 동안 난관 내부의 섬모운동과 난관의 수축작용으로 3~4일 후에 자궁에 이르게 된다. 자궁에 도달할 때쯤에 수정란은 작은 공 모양의 배반포로 변해 1~2일 동안 자궁 속을 자유롭

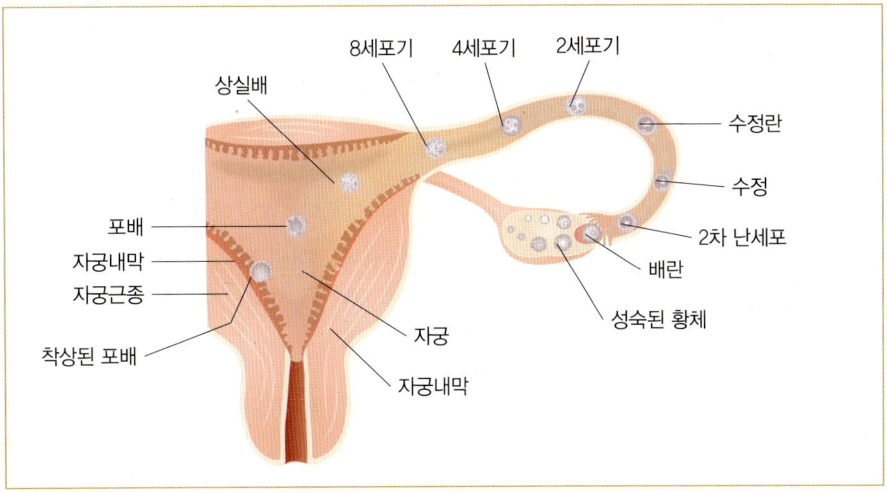

| 그림 4-2 | 수정에서 착상까지의 과정

게 떠다닌다.

수정 후 착상되기까지 약 1주일 정도의 시간이 걸리는데, 이때 모든 수정란이 자궁에 착상하는 것은 아니다. 임신의 약 58%가 착상에 실패하고 자궁 이외의 난관, 난소, 복강, 자궁근육, 자궁입구에 착상하기도 한다. 이것을 자궁 외 임신이라고 한다. 이러한 경우 10주 이전에 파열되어 태아도 반드시 사망하고 모체도 생명의 위협을 받게 되므로 착상된 배아를 제거하게 된다.

2) 배아기

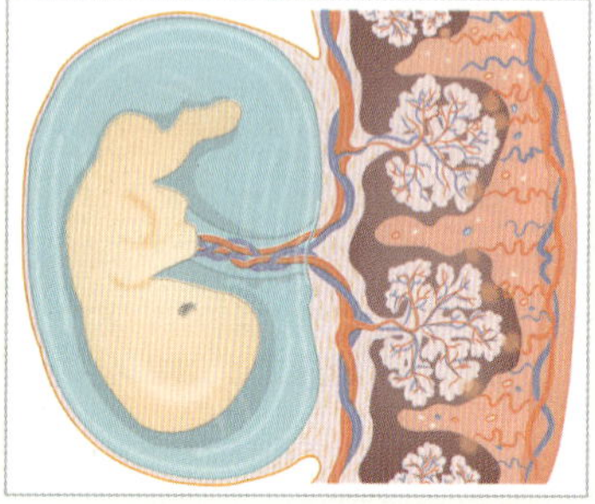

|그림 4-3| 8주 된 태아

수정 후 약 2~8주까지를 배아기라고 한다. 배아기가 되면 자유롭게 떠다니던 수정란이 자궁벽에 착상하여 어머니와 의존적인 관계를 형성하게 되며, 이때부터 발달은 매우 빠른 속도로 이루어진다.

배아기 동안 수정란의 내세포 덩어리는 외배엽, 중배엽, 내배엽의 세 개의 분리된 층으로 분화하기 시작한다. 외배엽은 감각세포 · 신경계로 발달하고, 중배엽은 근육 · 골격 · 순환기관 · 배설기관으로 발달하며, 내배엽은 소화기관 · 호흡기관으로 발달하게 된다. 배아기에는 인간이 갖추어야 할 신체기관과 기본조직을 모두 갖추게 되므로 모체의 질병, 영양 결핍, 약물 등의 영향을 민감하게 받는 시기이다.

내세포 덩어리가 분화하는 동안 외세포 덩어리는 융모막과 양막이라는 두 개의 막을 형성하게 되는데, 자궁벽에서 형성된 막과 함께 태아를 감싸게 된다. 양막 속은 양수로 가득차게 되며, 양수는 외부의 충격으로부터 태아를 보호하고, 적절한 온도를 유지해 주는 기능을 한다. 이와 동시에 탯줄이 발달하여 태아를 자궁벽의 태반과 연결시켜 준다. 탯줄은 2개의 배꼽 동맥과 1개의 배꼽정맥으로 구성된다. 이를 통해 어머니 혈액 속의 영양분이 태반을 통해 태아에게 전달되고, 태아로부터 만들어진 배설물도 태반을 통해 어머니에게로 와서 배출된다. 뿐만 아니라 태아에게 나쁜 영향을 줄 수 있는 약물니코틴과 알코올 등, 백신, 병균디프테리아, 장티푸스, 풍진 등 등도 태반을 통해 태아에게 전달되기도 한다(정옥분, 2012).

배아기는 여성의 신체가 태아의 존재에 대해 적응하는 시기이다. 특히, 임신한

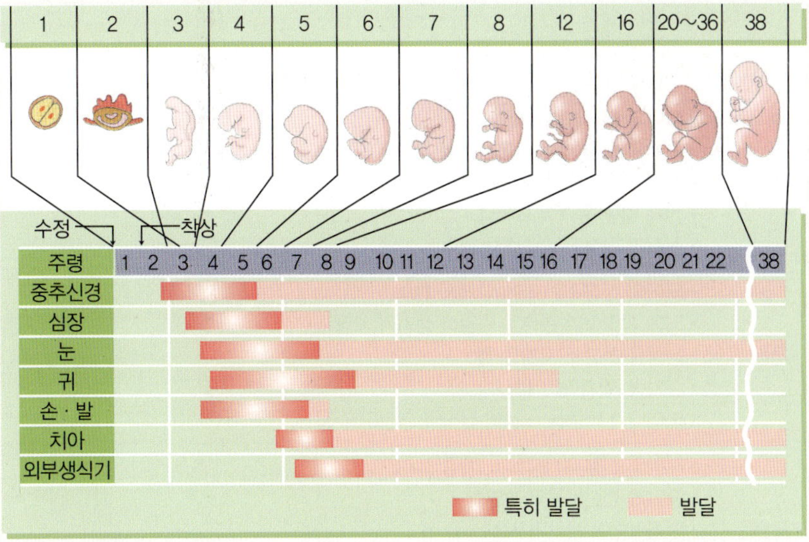

| 그림 4-4 | **태내발달**

출처 : www.d-newdle.edupia.com

여성들 중 상당수는 입덧을 경험하는데, 아침에 메슥거림과 구토가 심하기 때문에 영어로 '모닝 시크니스morning sickness'라고 한다. 입덧은 그 원인이 명확하게 알려져 있지 않으나 태반에서 나오는 물질에 대한 일종의 거부반응으로 설명할 수 있다. 보통 임신 5~6주 사이에 시작되며, 임신 16~18주가 되면 거의 호전된다.

3) 태아기

8주 이후 출생까지의 시기를 태아기라고 한다. 이 시기는 새로운 기관의 형성보다는 성장이 가속화되는 시기이다. 전 단계에서 기본적으로 형성된 여러 신체조직이 급격히 발달하고 기능하기 시작한다. 지금까지의 태아는 양수에 떠 있는 비교적 수동적인 존재였으나, 태아기에 이르러서는 촉각적 자극에 대해 반응을 하며, 운동기능이 점차 분화되고 복잡해진다. 또한 태아는 신생아와 유사한 수면과 각성의 사이클을 가지게 되며 소음을 들을 수 있고, 큰 소리나 음악은 태아의 움직임을 촉발시킨다.

표 4-1 | 태아의 발달과정

월 령	태아의 발달
3개월	• 태아의 신장 9cm, 체중 20g • 손발의 모양이나 머리 부위와 몸통의 구별이 확실해짐 • 성기가 형성되어 남녀구별이 확실함 • 전체 얼굴 윤곽이 드러남 • 신장이 형성되어 소변을 양수로 보냄
4개월	• 태아의 신장 16~18cm, 체중 110g • 뇌에 기억력과 관련된 기관이 생기기 시작 • 하품을 하고 기지개를 켬 • 손가락, 발가락이 생김 • 어머니가 태동을 느끼며 애착을 형성하게 됨
5개월	• 태아의 신장 20~25cm, 체중 300g • 손발과 전신운동이 활발함 • 머리카락이 자라기 시작 • 청각이 완성되고 엄마, 아빠의 소리를 기억 • 근육과 뼈 발달
6개월	• 태아의 신장 28~30cm, 체중 650g • 머리카락 색이 짙어지고 속눈썹, 눈썹도 분명해짐 • 손가락을 빨기 시작 • 6개월쯤 눈꺼풀을 움직이기 시작하여 눈을 뜸 • 뼈와 근육이 발달, 튼튼해짐
7개월	• 태아의 신장 35cm, 체중 1,000g • 차츰 머리를 아래로 향한 자세를 취하기 시작 • 엄마가 말을 하면 태아의 심장박동수가 빨라짐
8개월	• 태아의 신장 40cm, 체중 1,500g • 위치와 자세를 일정하게 잡음 • 엄마가 슬퍼하는 것, 기뻐하는 것을 알아차림
9개월	• 태아의 신장 45~46cm, 체중 2,300~2,600g • 성숙한 태아의 모습
10개월	• 태아의 신장 50cm, 체중 3,000g • 태아의 머리는 몸의 1/4을 차지하고, 몸 전체에 근육이 생김 • 머리뼈가 굳어짐

3. 태내환경과 영향요인

태내환경은 외부로부터의 자극이 어느 정도 차단되는 비교적 안전한 곳이라고 볼 수 있다. 그러나 태내환경이 적절하지 못한 경우 그 영향은 태아에게 치명적인 것이 될 수 있다. 1997년 과학전문지 〈NATURE〉에 보도된 피츠버그 대학의 연구 내용에 의하면 인간의 지능지수IQ를 결정하는 데 있어서 유전자의 역할이 48%이고, 나머지 52%는 태내환경이 차지한다고 한다. 태내에서의 충분한 영양 공급과 평안한 마음, 유해물질 차단 등의 태교요인들이 영아의 지능지수에 큰 영향을 미친다(박순경, 2012).

1) 영양

모성 영양은 정상적인 임신, 분만, 산욕, 경과 및 유지에 직접적으로 영향을 미치며, 모체 건강을 위한 기본요인이 되고 있다. 또한 영아의 정상 발육에도 모성 영양은 지대한 관련이 있다. 임신 기간에 태아 발육은 급속하게 이루어지며, 수정 착상과 동시에 태아는 10개월간에 걸쳐 3kg으로 성장한다. 태아 발육은 외부와는 완전히 차단된 자궁 내에서 제대, 태반을 통해 발육에 필요한 모든 것을 모체의 영양에 의존하고 있다. 모체의 영양소 섭취량이 부족하면 태아는 그의 발육에 필요한 필수영양소를 모체 내에 축적되어 있는 것까지 흡수하게 되므로 모체의 건강은 약해지고, 치아가 나빠지며, 빈혈 등을 일으킬 수 있다.

임신 중에는 태아와 모체의 새로운 조직 합성을 위하여 모든 영양소의 필요량이 증가된다. 임신기에 필요한 총 에너지는 비임신기에 비해 약 20% 정도 증가되는데, 그 증가량의 80%는 태아 때문에 필요하다. 열량의 섭취는 특히 모체의 체중 증가와 매우 밀접한 관계가 있다. 임신 초기 3개월 동안에는 태아와 태반 형성 시기이므로 정상적인 체중 증가가 없으면 조산의 위험성이 크다(홍주희, 2008). 우리나라에서는 임신 전반기에는 150kcal, 후반기는 350kcal 정도 증가시키는 것을 권장한다. 표 4-2 는 임부들에게 필요한 영양소이다.

오스트레일리아에서 186명의 임부를 대상으로 연구한 결과, 부적합한 식사를 섭취하는 그룹에서는 임신중독증 35%, 조산 19%로 나타났다. 한편, 균형된 식사를

표 4-2 임부들에게 필요한 영양소

영양소	내 용
칼슘	태아 체조직의 생성 및 발육에 필수이며, 적게 섭취할 경우 골다공증이 나타나기 쉽다.
마그네슘	칼슘, 인과 함께 골격의 구성성분을 이루기 때문에 견과류, 우유, 정제되지 않은 곡류, 콩, 채소, 과일, 육류 등의 섭취로 얻을 수 있다.
철	태반의 형성이나 태아와 모체의 헤모글로빈 생성에 필요한 필수영양소이다. 식품을 통한 섭취만으로 어렵기 때문에 철분의 영양제로 보충을 해야 한다.
아연	아연 결핍 시 선천성 기형이나 뇌발달장애가 초래될 수 있다.
요오드	요오드가 부족한 모체에서 태어난 경우 크레틴병 현상이 흔히 나타난다. 신체적인 성장부진과 지능이 떨어지게 된다.
각종 비타민	비타민 A는 저항력과 시력에 관계되며, 비타민 K는 신생아 출혈과 황달을 예방하고, 비타민 B는 수분대사 및 모유분비에 중요하다. 또한 비타민 C는 호르몬 분비기능에 중요하다.

하는 그룹에서는 단 4%의 임신중독증과 0%의 조산이 나타났다. 개인에 따라 차이가 있지만 임신 말기에 임부의 체중은 11~12kg 정도 증가하게 된다. 일반적으로 십대 임신, 노산, 교육 수준이 낮은 경우 다소 적게 증가하는 경향을 보이며, 사회계층이 낮은 여성의 영양결핍은 다른 여러 가지 문제를 동시에 수반하므로 문제가 더욱 심각하다.

2) 약물복용

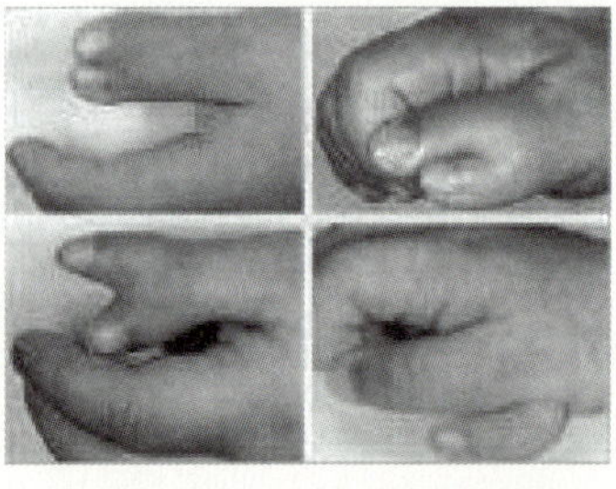

▲ 탈리도마이드 복용으로 인한 기형

임신 초기에 가장 주의할 점은 약물 복용이다. 수정 후 자궁에 착상이 되어 산모와 순환이 시작되는 2주까지는 산모의 혈액 속 약물이 태아에게 전달되지 않지만, 이 기간 이후에는 태아의 중추신경계와 심장, 눈, 귀, 팔다리 등이 완성되므로 외부의 어떤 물질에도 노출되지 않는 것이 좋다.

임신 중 복용할 수 있는 약물이 태아에게 미치는 영향을 살펴보면 항생제는 태아 기형을 유발시키며, 지나친 비타민의 복용도 태아의 기형을 유발한다. 신진대사를 위해 소비하고 남은 비타민이 몸에 축적될 경우 소두증을 유발할 수 있다. 진통제의 경우 임신 말기 또는 장기 투여할 경우 태아에게 해로우며, 소화제는 큰 지장은 없으나 습관적으로 장기간 사용하는 것은 피해야 한다. 감기약에 들어 있는 일부 성분은 자궁 수축을 촉진시켜 태아 기형을 일으킬 수 있으므로 주의해야 하고, 입덧이나 멀미를 멎게 하는 진정제 등은 중추신경계에 영향을 미친다. 또한, 임신 사실을 모르고 피임약을 복용한 경우뿐만 아니라 피임약의 복용을 중단한 지 6개월 이내에 유산된 태아에 대한 조사 결과, 복용하지 않은 집단에 비해 태아가 염색체 이상을 보이는 비율이 높은 것으로 나타났다. 신경안정제인 탈리도마이드를 복용한 경우에는 신체적 기형이 유발된다.

한편, 카페인이 태아에게 미치는 영향에 대해서도 어머니가 임신 기간 중에 커피를 습관적으로 마신 경우 저체중아 출산율이 증가했다는 연구결과가 있는가 하면, 카페인의 해로운 영향이 유의하게 나타나지 않았다는 상반된 연구결과도 제시되고 있다. 이러한 결과들을 볼 때 임신 중에는 가능한 한 약물복용을 자제하는 것이 바람직하다(Dworetzky, 1990).

3) 질병

모체의 질병도 태내결함을 유발하는 중요한 원인으로 작용한다(정옥분, 2012). 그 가운데 풍진은 태내결함을 유발하는 대표적인 질병이다. 특히, 임신 3개월 이전에 모체가 풍진에 감염된 경우, 시각장애나 청각장애 및 정신지체 등을 유발하는 확률이 높다.

임부가 매독이나 임질 등의 성병에 감염된 경우에도 태아에게 심각한 영향을 미치게 된다. 감염된 태아의 30%는 출산 이전에 사망하며, 그렇지 않은 경우에도 기형아 출산이나 시각장애를 초래하기도 한다.

후천성 면역결핍증AIDS의 원인이 되는 인체 면역결핍 바이러스Human Immunodeficiency Virus : HIV도 태아에게 감염되는 비율이 점차 증가하고 있다. 이는 감염된 어머니로부터 태반이나 출산과정에서의 접촉을 통해 태아에게 감염된다. 감염된 태아는 비정상적으로 작은 두개골과 얼굴기형을 보이게 되며, 이러한 결함은 임신 초기에 감염되었을 경우에 더욱 심하게 나타난다. 에이즈는 성인의 경우 5년 정도의 잠복기를 가지므로, 이들 여성 가운데 상당수는 태아가 출생 후 에이즈로 진단을 받기 전까지는 자신이 보균자인 줄도 모르지만, 감염된 태아는 대부분 1년 이내에 증세를 보인다.

그 외에도 B형 간염, 심장질환이나 당뇨병도 태아에게 영향을 미친다. 어머니가 당뇨병이 있는 경우, 일반적으로 자궁 내 환경은 혈당이 높고, 이에 따라 인슐린 분비 수준이 높기 때문에 출생 후 신생아의 신체는 재적응을 해야 하는 문제를 갖는다. 이들은 자극에 대해 덜 민감한 반응을 보이며, 사람의 얼굴을 주시하는 데 어려움이 있었고, 운동능력도 지체된 것으로 나타났다. 이러한 결함의 정도는 어머니의 당뇨병의 정도와도 관련이 있다.

4) 어머니의 연령

일반적으로 여성은 13세경에 생리를 시작하여 폐경이 되는 50세 전후까지 출산능력이 있는데, 태아나 어머니에게 특별한 문제를 일으키지 않는 최적의 연령은 23~28세까지라고 한다. 임산부의 연령이 35세를 넘을 경우 의학적으로 이를 노산이라고 한다. 최근에는 대부분의 여성들이 첫 아이를 갖는 시기가 점점 늦어지고 있는 추세에 있다. 임산부의 연령이 많아질수록 난소와 난자가 노화되어 염색체 이상으로 기형아 발생률이 높으며, 특히 다운증후군이 대표적인 예이다. 따라서 노산의 경우, 임신 전부터 필요한 검사와 예방접종을 미리 받고 임신 3개월 전부터는 엽산을 꾸준히 복용하여 신경관 결손과 기형아 출산을 예방해야 한다.

한편, 노산뿐만 아니라 임산부의 연령이 20세 이하인 경우에도 자궁의 미성숙이나 호르몬 분비로 인해 조산아나 다운증후군의 아이를 출산할 가능성이 높다(정옥분, 2012).

5) 음주

임신 중 과도하게 술을 마신 임부에게서 태어난 신생아는 알코올과 관련된 선천성 기형이기 쉽다. 알코올은 분자가 작아서 태반을 쉽게 통과하기 때문에 태아의 알코올 수치도 모체와 같아진다. 특히, 모체의 영양상태가 좋지 않거나 스트레스가 심할 때, 흡연을 하면서 술을 마신 경우 태아에게 더 심각한 영향을 준다(Dehart Sroufe & Cooper, 2000).

알코올 중독현상을 보이는 임부의 태아는 태아알코올증후군Fetal Alcohol Syndrome을 보이게 된다(Jeon, 2008). 정신지체나 주의집중력의 결핍, 과잉행동은 이들 아동의 특징이며, 동시에 이들은 출생 전후의 성장지체, 비정상적인 두개골 모양, 눈이나 심장, 사지, 관절의 결함을 갖고 태어나기도 한다. 최근 연구에 의하면 태아알코올증후군은 서양에서 정신지체를 일으키는 첫 번째 원인으로 꼽히고 있다.

태아알코올증후군에 걸린 아동은 머리가 작고(소두증), 안면기형, 얼굴은 눈꺼풀 틈새가 짧고, 콧등이 주저앉으며, 코가 짧고, 인중이 매끈하며 길게 나타난다.

6) 흡연

임신 중 모성 흡연은 출생 시 체중이 2,500g인 유아로 정의되는 저체중아 출산에 영향을 미치는 가장 대표적인 요인이다. 흡연을 한 어머니의 태아는 일반적으로 체중이 150~320g 정도 감소하며, 흡연 여성은 비흡연 여성에 비해 저체중아 출산율이 2배 정도 높게 나타난다. 또한 흡연은 뇌결함, 구개파열, 조산아가 태어날 확률, 영아돌연사증후군SIDS, 주의력결핍 및 과잉행동장애ADHD의 확률을 증가시킨다. 최근 임신 중 흡연이 모체와 태아를 연결하는 태반의 DNA를 손상시킨다는 연구결과가 나왔다. 태반세포의 DNA가 손상된 여성은 DNA의 손상을 수리하는 메커니즘도 손상되어 태아의 영양과 성장에 핵심적인 역할을 수행하는 단백질의 생산이 감소한다는 사실도 밝혀졌다.

직접적인 흡연뿐만 아니라 간접흡연도 태아의 발달에 영향을 미치며, 흡연을 하는 어머니의 심리상태도 태아에게 영향을 미치는 한 가지 요인으로 지적될 수 있다. 외부로부터 받는 스트레스나 어머니의 불안한 상태가 어머니로 하여금 담배를 피우게 하고, 흡연의 악영향에 기여하게 된다. 어머니가 음주나 흡연을 할 경우, 태아가 지체를 보일 확률은 2배 정도 높아지며, 두 가지를 모두 할 경우 4배로 증가한다(Dworetzky, 1990).

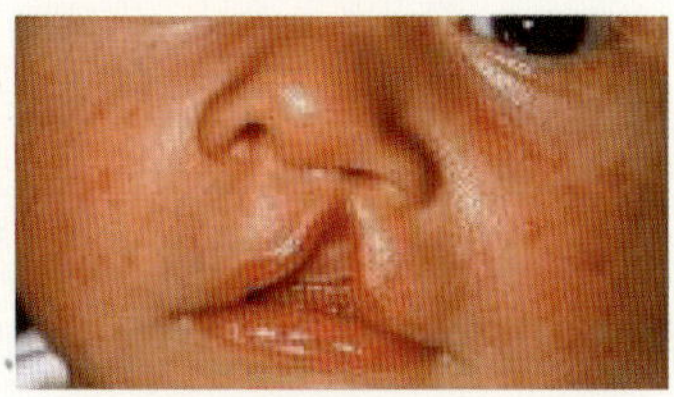

▲ 모성 흡연으로 인한 기형

출처 : 영국 BBC 방송

7) 어머니의 정서상태

1982년 이스라엘에서 실시한 실험을 통해 임산부의 감정상태가 태아에게 어떤 영향을 미치는지가 밝혀졌다. 연구자들은 임산부들에게 헤드폰을 씌우고 음악을 들려준 후 초음파로 태아의 움직임을 관찰했다. 대부분의 태아들은 고전음악과 대중음악을 가리지 않고 임산부가 좋아하는 음악이라면 모두 활발하게 움직였다. 태아는 음악을 들을 수 없었으므로 연구자들은 태아가 임산부의 감정 변화에 반응한다고 결론지었다. 이처럼 임산부의 호르몬은 태아의 생리와 행동에 영향을 준다.

임부가 과도한 스트레스를 받게 되면 부신 호르몬이 탯줄을 통해서 배 속 태아의 뇌에 전달되어 신경을 자극하고 혈관을 수축시키는 작용을 한다. 이렇게 되면 태아에게 갈 혈류가 감소하여 영양분과 산소가 부족해지기 때문에 발달을 지연시킬 수 있고, 태아도 역시 스트레스를 느끼게 되어 엄마보다 더 큰 영향을 받게 된다. 스트레스가 더 심해지면 임부는 자궁수축운동까지 일으켜 탯줄이 압박받는 현상까지 일어나므로 배 속 아기의 생명까지 위험해질 수 있다. 임신 기간 중 엄마의 우울증이 아이의 기질에 영향을 미친다는 연구결과도 있다. 즉, 엄마의 우울 수치가 높을수록 아이의 까다로운 기질 수치가 증가한다는 것이다.

엄마가 행복해야 아이도 행복하다. 임신으로 인한 감정 변화를 예민하게 받아들이기보다는 자연스러운 과정으로 여기며, 과도한 스트레스에 노출되지 않도록 가족들의 협조가 필요하다.

8) 아버지의 영향요인

최근에 와서 아버지의 연령, 흡연, 음주 등 아버지의 요인이 태내환경에 많은 영향을 미칠 수 있다는 사실이 밝혀졌다. 아버지의 연령이 태아에게 미치는 영향과 관련하여 나이가 많은 아버지에게서 태어난 아기는 다운증후군이나 다른 종류의 질환을 가지고 태어날 가능성이 높은 것으로 나타났다. 난자뿐 아니라 정자도 나이가 들수록 유전적인 돌연변이 현상을 일으킨다고 밝혀진 것이다. 50세 이상의 남성은 4배 이상 다운증후군 아기를 생산할 확률이 높다. 2002년 워싱턴 대학의 연구자들은 22~60세까지 60명의 정자의 질에 대한 연구를 하였다. 연구자들은 35세 이상의 남성은 DNA의 가닥이 파괴되어 있으며 덜 활동적이라는 사실을 발견했다.

아버지의 흡연은 임산부에게 간접적으로 영향을 미치게 되며, 흡연 남성의 정자는 비흡연 남성의 정자에 비해 기형이 더 많이 나타난다. 또한 남성의 흡연은 방출되는 정자의 수를 감소시켜 생산능력을 떨어뜨리는 대표적인 요인이 된다. 흡연 남성의 자녀는 비흡연 남성의 자녀에 비해 뇌수종, 안면마비 등의 결함이 생길 확률이 배로 증가하며 뇌암, 임파종, 백혈병에 걸릴 확률이 20% 증가하는 것으로 나타났다. 미국의학협회는 '임신 중의 수유기, 그리고 생후 1년 안에 영아가 담배 연기에 노출되는 것은 영아돌연사증후군SIDS을 일으키는 중대한 요인'이며, 'SIDS 발생률은 집 안에서 아버지가 담배를 피우면 3.46배, 어머니가 담배를 피우면 2.28배'라고 하였다. 수정 전 남성의 음주습관도 영향을 미친다. 심한 음주는 남성 호르몬인 테스토스테론의 수준을 낮추며, 결과적으로 불임과 관련이 있다.

여성은 출생 시부터 난자를 가지고 태어나지만 남성은 매일 수백만 개의 정자를 만들어 낸다. 한번 만들어진 정자는 80일 정도 체내에 머물게 되며, 이 기간 동안 유해물질에 노출되면 손상을 입게 된다. 건강한 아기를 출산하는 것은 전적으로 여성만의 책임이 아니기 때문에 남성도 건강한 아기를 출산하기 위한 노력을 하는 것이 필요하다(정옥분, 2012).

4. 태내진단검사

양수검사amniocentesis, 융모검사Chorionic Villus Sampling : CVS, 초음파검사ultrasound 등을 통해 태아의 유전적 결함을 출산 전에 미리 알아볼 수 있다.

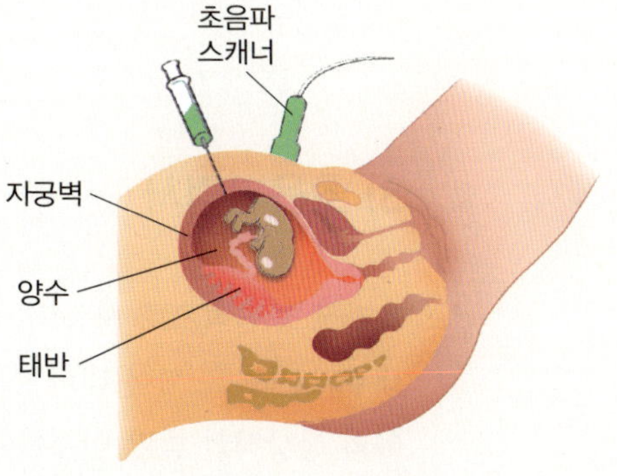

| 그림 4-5 | 양수검사

1) 양수검사

양수검사는 임신 16~18주 사이에 초음파를 보면서 산모의 배를 통하여 얇은 바늘을 찔러 태아의 양수를 얻은 후에 유전검사를 하는 방법이다. 양수검사의 대상은 35세 이상의 임부이거나 기형아 검사에서 위험도가 높게 나온 경우 등이다. 양수는 태아의 세포를 포함하고 있으므로 세포의 염색체를 분석하여 200여 종의 유전적 결함을 판별해 낼 수 있다(Whittle & Connor, 1995).

2) 융모검사

융모검사는 임신 10~13주 사이에 복부 또는 자궁경관을 통해 태반조직을 채취하여 염색체를 분석하거나 기타 질환을 검사하는 방법이다. 융모검사는 양수검사에 비해 임신 초기에 시행하기 때문에 태아에 이상이 있는 경우 조기에 발견할 수 있다는 장점이 있다. 그러나 융모검사는 결과가 확실하지 않은 경우가 많고, 유산의 위험이 훨씬 높다는 단점이 있다.

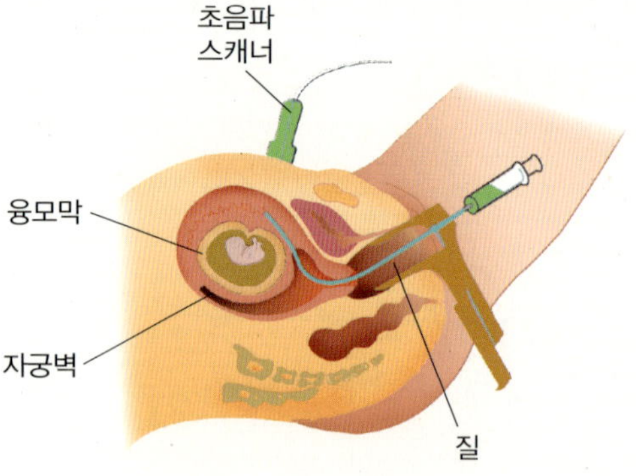

| 그림 4-6 | 융모검사

3) 초음파검사

가장 보편적으로 사용되는 초음파검사는 자궁을 통해 고주파 음파를 보내 자궁 내부의 사진을 찍어 태아의 영상을 보는 검사이다. 초음파 검사의 주된 목적은 태아의 정상적인 발달 여부를 확인하는 것으로 정확한 임신 기간, 쌍생아 출산의 가능성, 탯줄이나 태반의 위치, 자궁 내 이상이나 태아의 사망 여부를 알 수 있다.

초음파검사에 대한 밝혀진 부작용은 없지만, 임신 초기를 비롯하여 너무 자주 받지 않는 것이 좋다.

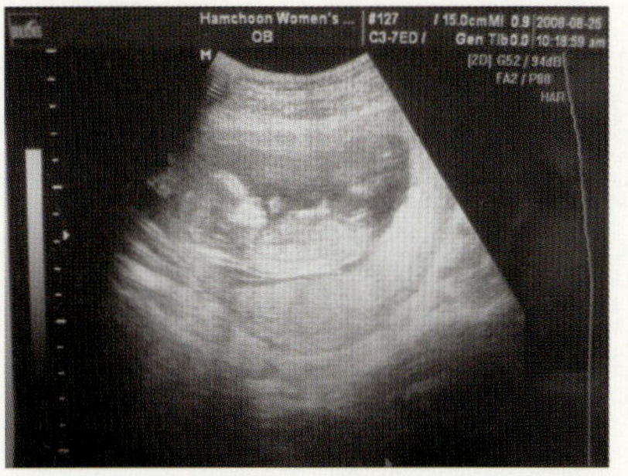

▲ 일반 초음파 영상

생각해 보기

1. 현재 우리나라의 남녀 성비 불균형이 심화되고 있다. 그 원인이 무엇인지 살펴보고, 이를 해소할 수 있는 방안에 대해 토론해 보자.

2. 태내발달에 미치는 유전 및 환경요인을 살펴보고, 건강한 아이를 낳기 위한 예비부모의 태도에 대해 생각해 보자.

CHAPTER · 5

출산

학습목표

- 개구기, 출산기, 후산기의 분만단계를 살펴본다.
- 다양한 종류의 대안분만법을 살펴본다.
- 제왕절개, 산소결핍증, 조산 등 출산 시의 문제점을 살펴본다.

핵심개념

- 개구기
- 출산기
- 후산기
- 대안분만

CHAPTER · 5

출산은 아기를 낳는 일로써 의학적으로는 모체의 자궁 속에서 자란 태아와 태반을 모체 밖으로 만출하는 현상으로 다른 말로는 분만 혹은 해산이라고도 한다. 모체와 태아가 건강하고 그 밖의 이상이 없으면 정상분만(자연분만)이라 하며 어느 한쪽에 이상이 있으면 난산(이상분만)이라고 한다.

임신 말기에 태아가 골반으로 내려와 어머니의 아랫배가 불러오면 분만일이 임박했다는 징후로 볼 수 있다. 또한 분만이 멀지 않았다는 징후로 가벼운 진통과 요통을 느낄 수도 있다. 이러한 증상이 나타나고 일주일 정도가 지나면 혈액이 섞인 이슬이 비치며 분만이 시작된다.

1. 분만의 단계

분만의 과정은 개구기, 출산기, 후산기의 세 단계로 구분할 수 있다.

1) 1단계 : 개구기

개구기는 진통이 시작되어 자궁경부가 태아의 머리를 통과할 수 있는 정도10~12cm까지 열리는 기간이다. 이 단계는 분만의 단계 중 가장 긴 시기로 소요되는 시간은 초산부의 경우 12시간 정도이며, 경산부의 경우에는 그 절반인 6시간 정도가 소요된다. 진통은 자궁이 수축되면서 나타나는 것으로 밤에 시작되는 경우가 많다. 처음에는 15~20분 간격으로 25~30초 동안 경미한 진통이 시작되다가 점차 2~5분 간격으로 강하게 나타난다(정옥분, 2012). 강한 자궁의 수축은 태아의 머리에 압력을 가하게 되고 태반과 탯줄을 반복적으로 쥐어짜기 때문에 자궁수축이 일어날 때마다 산소의 공급이 일시적으로 감소된다. 산모는 진통이 이루어지는 동안 몸의 힘을 빼고 긴장을 푸는 것이 좋으며, 흉식호흡을 통해 태아에게 충분한 산소 공급을 할 수 있도록 하는 것이 좋다.

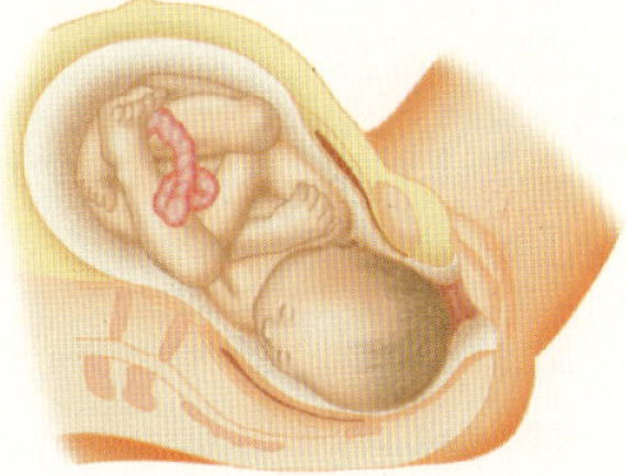

| 그림 5-1 | 개구기

2) 2단계 : 출산기

출산기는 자궁구가 열려 태아가 산도를 통해 밖으로 나오는 시기이다. 이때 자궁이 열리면서 양막이 터져 양수가 나오게 되고, 산모는 자궁의 수축이 계속됨에 따라 힘을 주어 아기를 밀어내게 된다. 산모의 '힘주기'를 통해 태아의 머리가 자궁의 입구에 도달하게 되면, 태아의 머리를 옆으로 돌려주어 어깨와 신체 나머지 부분이 자궁을 쉽게 나올 수 있게 한다. 이 단계는 20~90분 정도 걸리는데, 태아가 산도에

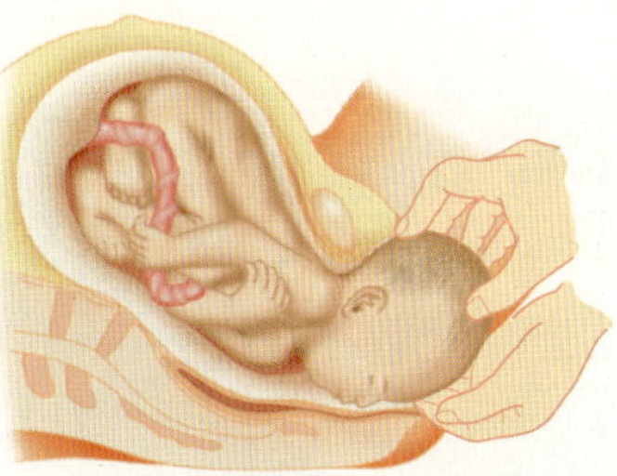

| 그림 5-2 | 출산기

오래 머물러 있으면 산소가 부족하게 되어 뇌손상을 입을 수 있다. 출산 직후 대부분의 아기가 큰 소리로 우는데, 울지 않을 경우에는 의사가 아기의 등을 부드럽게 문질러 주어 폐가 활동할 수 있게 해준다. 탯줄을 자르고 나면 비로소 아기는 독자적인 삶을 시작하게 된다.

3) 3단계 : 후산기

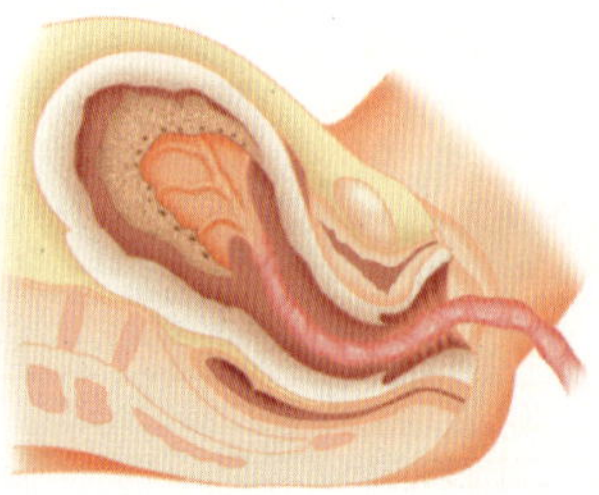

|그림 5-3| 후산기

후산기는 태아가 출산한 이후 자궁이 수축되면서 태반이 자궁벽에서 떨어져 나와 양막과 함께 배출되는 것을 말한다. 소요시간은 5~15분 정도이며, 자궁 속에 태반의 일부가 남아 있으면 세균의 감염 우려가 있으므로 각별히 주의를 해야 한다. 분만이 종료된 이후에도 자궁이 예전의 크기로 되돌아가기 위해 수축하면서 다소의 진통을 경험하게 된다. 이를 훗배앓이라고 하며 약 6주 정도가 소요된다.

2. 대안분만법

분만을 신속하게 끝내고 출산과정에서 경험하는 모체의 고통을 경감시키기 위해 다양한 분만법이 시도되고 있다.

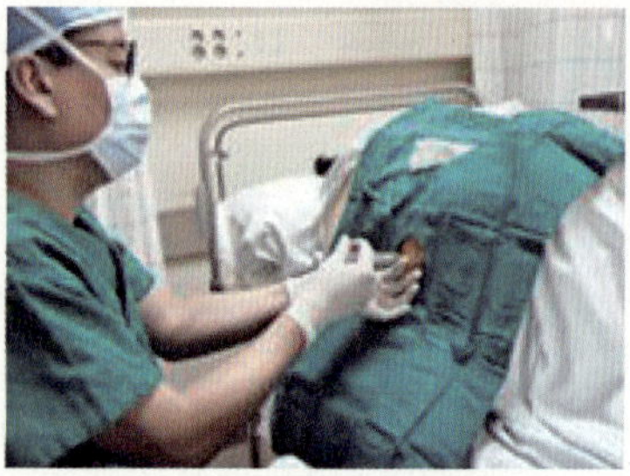

▲ 무통분만 시술

1) 무통분만

분만 시의 자궁수축에 따른 공포와 고통을 감소시키기 위해 마취제를 사용하여 무통분만을 하거나, 분만시간을 단축시키기 위해 촉진제를 사용하기도 한다. 진통 시 마취를 시행받은 산모에서 태어난 신생아를 대상으로 연구한 결과 신생아의 예후와는 관련이 없다고 보고되고 있다. 그러나 저혈압, 혈액응고 장애, 폐 고혈압, 대동맥 협착증을 앓고 있는 산모에게는 시행할 수 없다. 만약 무통분만 시 출산 진행이 늦어질 경우에는 흡인분만이나 겸자분만으로 출산을 돕기도 한다.

2) 라마즈분만

라마즈분만법은 페르낭 라마즈(Fernand Lamaze, 1970) 박사가 개발한 것으로 진통 시 연상법, 이완법, 호흡법을 사용하여 진통 중인 산모의 통증을 완화시키는 방법이다.

연상법이란 일생 중 즐거웠던 순간이나 기분 좋은 상황을 머릿속에 그려봄으로써 엔도르핀의 분비를 증가시켜 통증에 대한 민감성을 줄이는 방법이며, 이완법이란 말 그대로 신체의 모든 부위의 힘을 빼는 것으로 의식적인 근육이완훈련을 통하여 출산의 고통을 감소시키고자 하는 방법이다. 호흡법은 라마즈분만법에서 가장 중요한 훈련인데, 흉식호흡이 그 기본이다. 흉식호흡은 산소를 체내에 충분히 공급하여 근육이완을 돕고, 태아에게도 산소공급을 원활하게 해준다. 자궁수축에 따른 진통이 올 때마다 통증의 리듬에 맞춰 호흡함으로써 진통에만 집중되던 관심을 호흡 쪽으로 분산시켜 통증을 덜 느끼게 된다(정옥분, 2012).

라마즈분만법은 산모의 신체와 정신을 능동적으로 활용해 진통의 강도를 줄이는 분만법이며, 또한 남편이 분만에 참여함으로써 산모는 심리적인 안정을 얻을 수 있다.

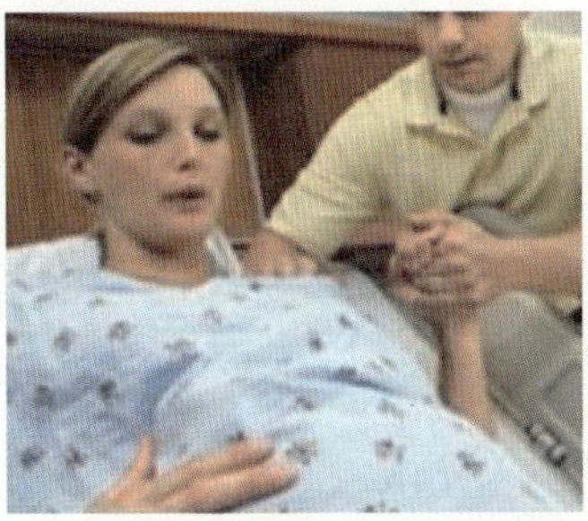

▲ 라마즈호흡을 하고 있는 산모

▲ 라마즈출산 준비교실

3) 르봐이예분만

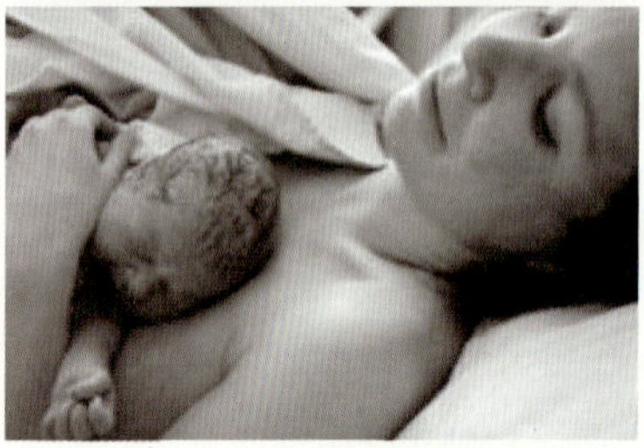

▲ 르봐이예분만

프랑스의 산부인과 의사인 르봐이예(Leboyer, 1975)가 주창한 분만법으로, 그는 《폭력 없는 탄생》이라는 저서를 통해 산모의 고통뿐만 아니라 산도를 통해 모체 밖으로 나오는 태아의 고통에 대해서도 관심을 가져야 한다고 주장하였다. 태아는 모체에서 태반으로부터 산소를 공급받다가 출산과 더불어 폐로 숨을 쉬어야 하고, 어둠 속에 있다가 강렬한 불빛을 받게 되며, 액체상태(양수)에 있다가 공기 중으로 나오는 극적인 변화를 경험하게 된다.

르봐이예는 9,000여 명에 달하는 신생아를 받아내는 동안 공포와 겁에 질려 울부짖는 아기들의 모습을 보고, 출산과정이 조금이라도 덜 충격적인 경험이 되도록 태내환경과 유사한 환경을 조성해 줄 것을 권고하고 있다. 즉, 아기는 어둡고 따뜻한 방에서 조용하고 부드럽게 받아야 하며, 즉시 탯줄을 자르지 말고 아기를 어머니의 배 위에 5분 정도 두었다가 탯줄을 자른 다음 따뜻한 물속에 넣어주어야 한다고 한다. 엄마 · 아빠가 아기를 목욕시키고 물속에서 부드럽게 마사지를 해주면 아기는 긴장을 풀고 새로운 세계를 맞이하게 된다.

4) 수중분만

대부분의 사람들은 물속에서 편안함을 느끼는데, 그 이유는 인간이 태초에 자궁의 양수라는 물속에서 살아왔기 때문이다. 수중분만은 여기에서 착안하여 양수와 동일한 조건으로 물속에서 아기를 낳는 방법으로 고대로부터 내려오던 자연분만법 중 하나이다. 수중분만은 물 자체가 갖고 있는 진통억제효과로 인해 통증을 덜 느끼게 되고, 따뜻한 물이 근육을 이완시키기 때문에 산모가 편안한 느낌을 가질 수 있으며, 진통과 분만시간이 단축된다는 장점이 있다.

수중분만은 태아에게도 탄생의 스트레스를 줄여 주는 효과가 있다. 태아가 양수 속에서 양수와 똑같은 따뜻한 물로 이동하기 때문에 환경변화에 따른 충격이 적

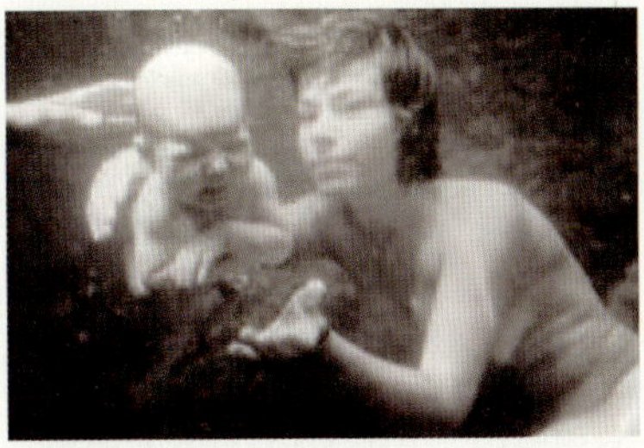

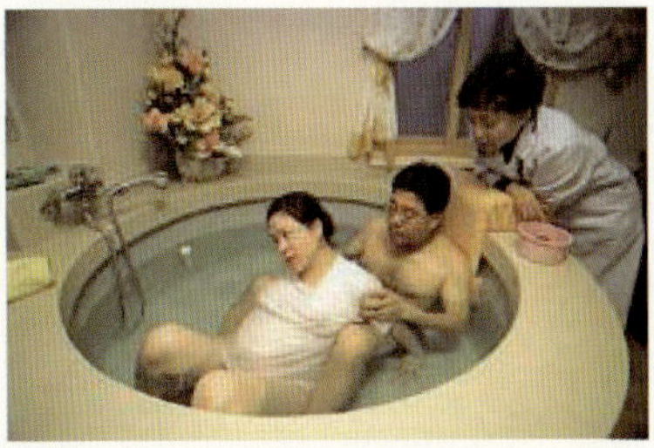

▲ 수중분만

다. 그러나 물의 상태가 청결하지 못하거나 산모가 출산 시 배출하는 각종 분비물로 인해 태아와 산모가 병균에 감염될 위험이 있다.

5) 그네분만

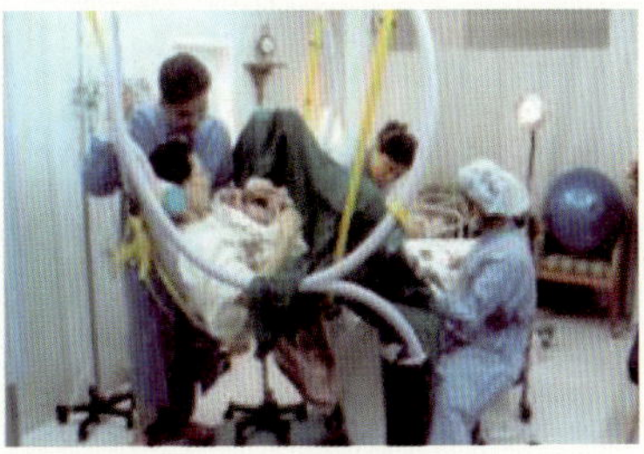

▲ 그네분만

그네분만은 앉아서 아이를 낳는 좌식분만의 일종으로 분만대에 반듯하게 누워서 가족들과 격리된 채 혼자 진통을 겪어야 하는 일반적인 분만법과는 달리 산모가 자유롭게 자세를 취할 수 있는 분만법이다. 진통이 올 때마다 산모를 흔들어 주면서 진통을 경감시켜 주고 몸이 더 가벼움을 느끼므로 공중에 뜬 듯한 편안함을 느낄 수 있어 분만 진행이 순조롭고 일반 분만에 비해 산모의 통증도 덜한 편이다. 또한 남편과 가족이 분만과정에 참여할 수 있어 심리적으로도 안정될 수 있고 주위 환경도 편안하다.

3. 출산 시의 문제점

1) 제왕절개

제왕절개분만은 임부의 복부를 절개해서 자궁으로부터 아기를 꺼내는 것으로,

태아가 산도를 통과하는 과정에서 구조적 또는 기능적 이상이 생겨 분만이 순조롭게 진행되지 않는 난산의 경우에 시행하게 된다.

산모의 골반이 태아의 머리 크기보다 작거나 임신중독증, 출산 전에 양수가 터져 아기의 감염이 우려되는 때, 태아를 밀어내는 자궁의 힘이 약할 때, 유도분만에 실패했을 때, 성병으로 자궁경부나 질에 균이 있을 때, 그 외에 산모의 혈액형이 RH－일 경우와 산모에게 당뇨, 심장병, 고혈압이 있어 자연분만이 어려운 때 그리고 기존에 제왕절개술을 한 경험이 있는 산모에게도 시행한다. 또한 산모와 반대로 태아가 너무 커 골반을 못 빠져 나올 때와 태아가 거꾸로 선 경우나 옆으로 누워 있을 때, 분만 전이나 분만 중에라도 맥박이 정상이 아니거나 태아의 상태가 나빠져 사산의 위험이 있을 때, 제대 탈출 시 태아가 생존한 때 시행한다.

제왕절개분만은 수술 후의 후유증, 세포감염의 위험성 외에도 비용이 많이 들고 자연분만보다 회복기가 길기 때문에, 정상적 출산이 불가능한 경우가 아니면 제왕절개분만은 삼가는 것이 좋다. 세계보건기구WHO는 "세계 어떤 국가도 제왕절개분만율이 10~15%가 넘을 합당한 이유가 없다"라고 강조하고 있다. 현재 유럽의 제왕절개분만율은 10~15%, 미국은 20~25%에 이르며, 우리나라의 경우 제왕절개분만율은 30~35%에 이르러 세계에서 가장 높은 편이다(보건복지부, 2007).

2) 산소결핍증

신생아는 성인보다 산소결핍상태를 더 오래 견딜 수 있지만, 그 상태가 3분 이상 경과되면 영구적인 뇌손상을 입게 된다. 이 경우 신경세포가 죽게 되므로 신체적 · 심리적 결함을 초래한다. 만약 신경세포가 너무 많이 죽게 되면 영아는 심각한 뇌손상을 입게 되고뇌성마비, 심한 경우 사망하게 된다. 가벼운 산소결핍증을 경험한 영아는 3세까지는 운동발달이나 지적 발달이 평균 이하이지만, 정상아와의 차이는 점점 적어져서 7세가 되면 거의 차이가 없다(정옥분, 2012).

3) 조산

임신 28~37주 사이에 아기가 태어나는 경우를 조산이라고 하며, 조산인 경우에는 대체로 체중이 2.5kg 미만인 경우가 미숙아이다. 그러나 임신 40주를 다 채운 신생아도 2.5kg 미만이면 미숙아로 간주된다. 조산의 주된 원인은 가난으로 인한 산모의 영양부족이다. 따라서 경제적으로 부유한 계층보다 가난한 계층의 조산율이 높다. 그 외 산모의 질환 및 생식기관 미숙(10대 임신), 쌍생아 임신, 임신 기간 중의 흡연, 음주, 약물복용 등도 조산의 가능성을 증가시킨다(정옥분, 2012).

조산아의 가장 큰 문제는 호흡장애증후군respiratory distress syndrome과 뇌출혈brain hemorrhage이다. 호흡장애증후군은 신체에서 폐를 보호해 주는 물질을 생성하지 못한 결과 호흡이 불규칙하거나 호흡이 정지되는 현상을 말한다(이준호, 2007). 이와 같은 문제를 해결하기 위해 미숙아는 온도와 산소량이 조절되는 인큐베이터에 들어간다.

최근 결혼 시기가 늦어지면서 고령 임산부가 늘어나고 있다. 또한 일하는 여성이 늘어나면서 스트레스를 받는 임산부가 많아지다 보니 조산도 늘어나고 있는 상황이다. 조산을 완전히 예방할 수 있는 방법은 없지만, 보통 조산이 산모가 무리했을 경우에 생길 수 있으므로, 평소 충분한 휴식과 수면을 취하는 것이 좋다. 이 외에도 임신 중 심한 운동을 하면 자궁수축이 일어날 수 있으므로 피곤할 정도로 운동을 심하게 하지 않으며, 산모와 태아를 고려해 영양분이 충분한 음식을 골고루 섭취하는 것이 좋다.

생각해 보기

1. 우리나라에서 선호되는 대안분만법에 대해 생각해 보고, 그 이유가 무엇인지 논의해 보자.

2. 산모가 처음으로 출산하기에 가장 적절한 연령은 언제일까? 10대 임신 혹은 고령 임신으로 야기되는 문제가 무엇일지 생각해 보자.

P·A·R·T·3

영아기발달

CHAPTER **6** 1~12개월 영아

CHAPTER **7** 13~24개월 영아

CHAPTER **8** 25~36개월 영아

CHAPTER·6

1~12개월 영아

1. 감각 및 지각발달
2. 신체 및 운동발달
3. 인지발달
4. 사회정서발달
5. 언어발달
6. 교사 및 부모의 역할

학습목표

- 1~12개월 영아의 발달영역별 특징을 이해한다.
- 1~12개월 영아의 발달적 요구를 충족해 줄 수 있는 교사 및 부모의 역할을 이해한다.
- 1~12개월 영아의 발달에 적합한 놀이 및 놀잇감에 대해 알 수 있다.

핵심개념

- 감각
- 지각
- 반사
- 두뇌성장
- 운동발달
- 대근육발달
- 미세근육발달
- 음성언어발달
- 정서
- 파울러의 신앙발달단계

CHAPTER · 6

본 장에서 살펴볼 1~12개월의 영아는 신생아기에서 영아기 전기로 일컫는다.

이 시기에는 초기 반사능력에서 출발하여 돌보는 이의 세밀한 보살핌과 상호작용이 요청되는 시기라고 할 수 있다. 또한 주변 환경에 대한 호기심과 탐색 등을 통해 다음 단계로의 발달을 위한 점진적인 변화를 보인다.

1. 감각 및 지각발달

신생아는 모든 감각체계를 가지고 세상에 태어난다. 신생아가 사물을 응시하거나 소리에 반응을 하며 맛을 알고 냄새를 구별하며 아플 때 울음을 터뜨리는 것은 감각능력이 있다는 것을 보여 준다. 지각이란 감각으로 들어오는 정보, 즉 보이는 것, 들리는 것, 냄새 등이 무엇인지에 대해 아는 것을 의미한다. 감각이 자극에 대한 감각기관의 반응이라면 지각은 그 자극에 대한 해석이라 볼 수 있다.

영아기의 지각발달은 다른 발달과정을 이해하는 데 중요하다. 영아는 자신의 경험을 언어로 설명할 수 없기 때문에 응시하거나 빠는 행동, 고개 돌리기, 얼굴 표정, 놀람 등의 다양한 반응과 호흡 및 심장박동의 변화 등을 이용하여 표현한다. 영아들의 지각능력은 1~12개월에 거의 성인 수준에 도달한다.

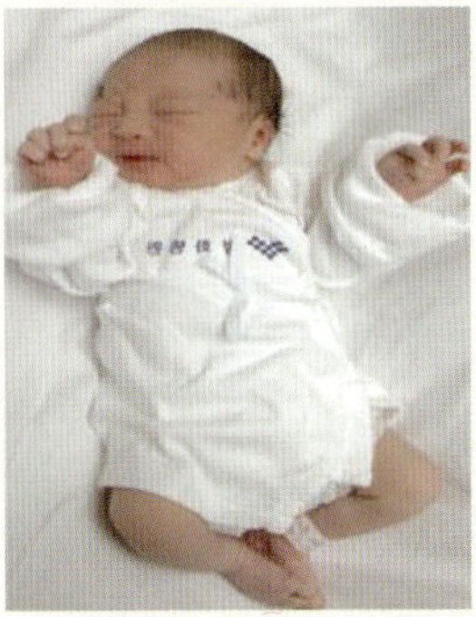

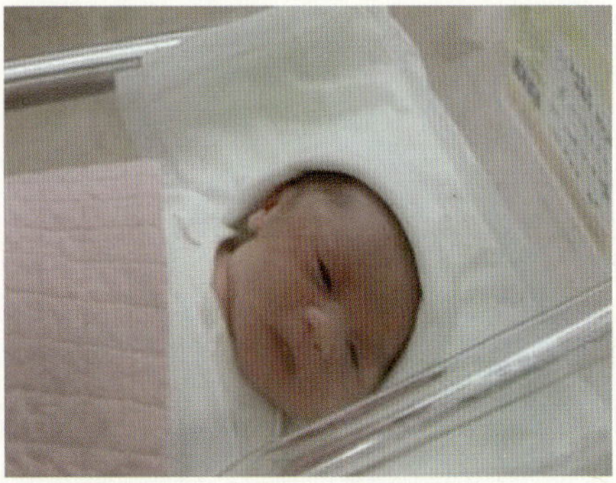

▲ 신생아의 모습

1) 시각발달

신생아는 시각 조절에 필요한 뇌회로가 충분히 성숙해 있지 않아 시력이 약한 편이며 출생 시 이미 최소한의 시감각이 발달하지만 시각적 정확성과 시각적 조절 능력이 성인에 비하여 현저히 떨어져 물체를 명확하게 구분하지 못하며 눈 근육의 협응이 잘 이루어지지 않는다. 6개월이 되면 대상을 응시하는 거리조절능력이 성인의 수준에 이르는데, 이때 아기들은 물체가 얼굴 가까이나 멀리서 움직여도 물체에 따라서 초점을 맞출 수 있다.

표 6-1 | 1~12개월 영아 시력발달

연 령	발달 특성
출생 후	• 동공은 빛에 반응한다. • 각막반사가 나타난다. • 빛 자극을 주면 깜박인다. • 물건을 보기 위해 초점을 가운데로 모을 수 있다.
2~4주	빛에 응시하며 눈의 초점을 가운데로 모을 수 있다.
4~12주	• 움직이는 물체에 관심을 가진다. • 움직이는 물체에 시선을 옮겨가기 위해 머리와 눈을 움직인다.
12~20주	• 눈에서 60cm 떨어진 곳에 있는 1인치(2.5cm) 크기의 물건을 응시할 수 있다. • 시력은 20/200 정도(0.1)
20~44주	• 물건의 모양에 대해 조절반사가 나타난다. • 손과 눈의 협응이 이루어진다.
44주~12개월	• 간단한 형태를 구별하고 얼굴의 표정을 응시한다. • 완전한 영안의 시력기능이 발달한다. • 약시가 발생할 수 있다.

시각은 영아의 감각능력 중 가장 늦게 발달하지만 정보의 80%를 시각으로 얻기 때문에 중요한 역할을 한다(김수희 외, 2011).

(1) 색 지각

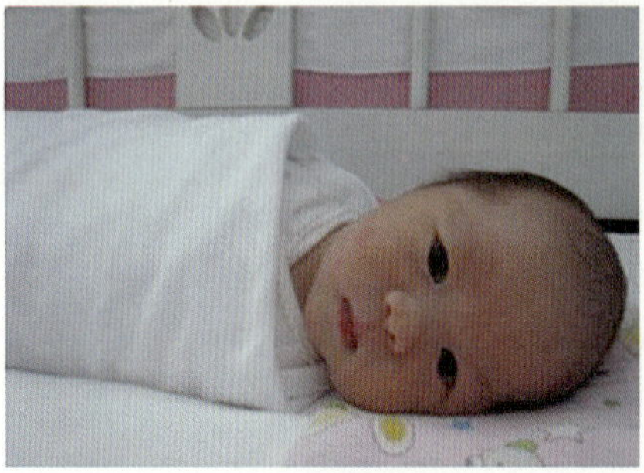

▲ 영아가 응시하는 모습

영아는 색깔의 이름을 알기 전부터 이미 색을 지각할 수 있으며 색채를 구별할 수 있다. 색채변별능력은 한두 달이 지나면 향상되는데, 이는 색깔 정보를 처리하는 뇌 회로가 급속하게 성숙해짐에 따라 생후 1~2개월 영아는 모든 스펙트럼에 따라 색깔을 변별한다. 출생 시 녹색과 적색의 구분이 가능하며 생후 2개월경에는 삼원색의 기본 색깔의 구분이 가능해진다. 생후 3개월에는 푸른색이나 초록색보다는 빨간색과 노란색을 더 좋아하는 것으로 나타났다. 양육자는 기본 삼원색을 중심으로 다양한 색상을 접할 수 있도록 해야 한다.

(2) 형태 지각

영아는 전체보다는 부분을, 정지된 것보다는 움직이는 물체를, 흑백보다는 컬러를, 직선보다는 곡선을 더 선호하는데, 이러한 선호를 충족시키는 것이 사람의 얼굴이다. 다른 어떤 대상보다 사람의 얼굴을 좋아하는 것은 어머니 또는 양육자와의 사회적 상호작용을 촉진하는 중요한 역할을 한다고 할 수 있다.

6개월이 되면 영아는 눈과 입이 움직이는 얼굴을 좋아하게 되는데, 이것은 얼굴의 표정을 인식하도록 돕는 변화이다. 형태의 내부 특징들을 탐지할 수 있게 됨에 따라 3개월경에는 얼굴을 구별할 수 있게 되며 비슷한 얼굴 사진도 구별해 낸다. 3~4개월 무렵에는 얼굴의 정서적 표정 차이도 지각하기 시작하지만 정서적 의미는 아직 모른다. 생후 7~10개월 사이에는 얼굴 표정을 보면서 슬픈 얼굴과 기쁜 얼굴에 다른 반응을 나타낸다.

사람의 얼굴 표정을 지각할 수 있게 됨에 따라 영아는 낯선 얼굴과 낯익은 얼굴을 구분하고 주변사람들에게 더 적절한 반응을 하게 되므로 영아의 얼굴 지각은 초기 사회적 관계에 중요한 역할을 한다.

(3) 깊이 지각

깊이 지각은 평면적 표면을 가진 망막이 입체적 구조를 가진 대상물의 거리나 깊이를 인지하는 능력이다. 깊이에 대한 지각은 주변 환경의 배치를 이해하고 운동활동을 지배하는 데 필요하다. 사물을 잡기 위해서는 영아가 깊이에 대한 어떤 생각을 가지고 있어야 한다. 깊이 지각은 나중에 영아가 기는 것을 배울 때 가구에 부딪치거나 계단에서 떨어지는 것을 막는 데 도움이 된다.

영아의 깊이 지각을 알아보기 위한 깁슨과 워크(Gibson & Walk, 1960)의 시각절벽실험에서 가운데 통로를 중심으로 한쪽은 체크무늬의 나무판이 유리판 바로 밑에 있고, 다른 한편의 절벽 쪽은 체크무늬의 나무판을 아래에 놓고 유리판을 깔아서 두 개의 동일한 평면이 시각적으로 깊게 보이도록 만들었다. 실험을 위해 생후 6개월된 영아를 이 시각절벽 위에 올려놓고 반대편의 엄마에게로 오도록 했다. 그 결과, 영아는 엄마가 낮은 면에서 부르면 기어갔으나, 절벽 쪽 깊은 곳에서 부르면 뒤돌아 가거나 유리판 위에서 울기만 하였다. 이러한 현상은 기어 다닐 수 있는 영아도 깊이 지각이 있다는 사실이 증명된 것이다. 같은 연령에서도 기어 다닐 수 있는 영아가 그렇지 못한 영아보다 시각절벽실험에서 더 많이 두려움을 표현했는데, 이는 영아가 기어 다니면서 떨어져 본 경험에 의해서 학습된 것으로 설명하고

▲ 시각절벽 실험

있다. 이처럼 생후 6개월경 발달하는 것으로 보이는 깊이 지각은 영아가 높은 곳에서 굴러 떨어지거나 넘어지는 것을 방지할 수 있기 때문에 영아의 활동이 증가하는 시기에 맞추어서 함께 발달하게 된다.

2) 청각발달

청각은 이미 태아기에도 지니고 있는데, 규칙적인 심장박동소리는 태아에게 강한 자극을 주어 태아에게 각인된다. 그러므로 신생아에게 심장박동소리와 유사한 소리를 들려 주면 영아들은 안정감을 느낀다.

청각은 언어발달에 가장 중요한 소리지각능력이다. 아기는 태어나면서부터 청각능력을 갖고 있으며, 시각과 동시에 발달하면서 상호협응을 통해 반응하게 된다. 아기는 출생 후 3일만에 이미 엄마의 음성과 낯선 사람의 음성을 구별하기 시작해서 생후 2~3주가 되면 엄마의 목소리를 확실하게 인식할 수 있게 된다. 또한 1개월경에는 '바'음과 '파'음의 구별이 가능하고, 2개월이 되면 서로 다른 목소리에 다르게 반응할 뿐만 아니라 한 사람이 내는 다른 음색의 목소리 구분도 가능하다. 생후 4~6개월이 되면 소리가 나는 방향을 정확하게 알 수 있으며, 음악을 들려주면 좋아한다. 생후 6~8개월 된 영아는 소리의 높고 낮음에 따라 반응이 다르며, 비교적 높은 소리에 민감하게 반응하고, 특히 여성의 높은 목소리를 좋아하는 것으로 나타났다. 또한 이 시기에는 현존하는 언어에서 사용되는 모든 음소의 변별이 가능해지면서 생후 1년 정도가 되면 모국어의 음소만 구별할 수 있게 되고, 청감각의 성숙과 함께 언어가 발달하기 시작한다. 출생 직후에는 귓속에 양수 등 점액질이 들어 있기 때문에 청각기관은 양호하나 기능은 잘 하지 못하는 상태이다. 그러나 양수가 제거되고 잔설이 중이에서 없어지면 청력은 출생 후 수일 내에 예민해진다.

3) 후각발달

후각은 태어나면서부터 잘 발달되어 있어서 신생아의 경우 젖 냄새를 구별할 수 있다. 모유 수유를 하는 영아는 엄마가 가까이 왔다는 것을 엄마의 젖 냄새로 알아차린다. 생후 4~5일이 지나면 냄새로 모유 방향을 감지할 수 있고, 1개월이 지나면 자기 엄마와 다른 사람의 모유를 냄새로 구별할 수 있다. 영아들이 엄마의 젖 냄새를 구분해 내는 것을 통해 후각능력이 발달되어 있음이 입증되는 것이다.

미각과 마찬가지로 어떤 냄새에 대한 신생아의 반응이 성인과 유사하다는 사실은 냄새에 대한 선호가 본능적이라는 것을 시사한다. 가령, 신생아가 바나나나 초콜릿과 같이 달콤한 향을 맡으면 유쾌한 표정을 짓고, 썩은 달걀 냄새를 맡으면 얼굴을 찡그린다. 신생아는 냄새의 위치를 추적할 수 있어서 불유쾌한 냄새를 맡으면 다른 방향으로 머리를 돌린다.

4) 미각발달

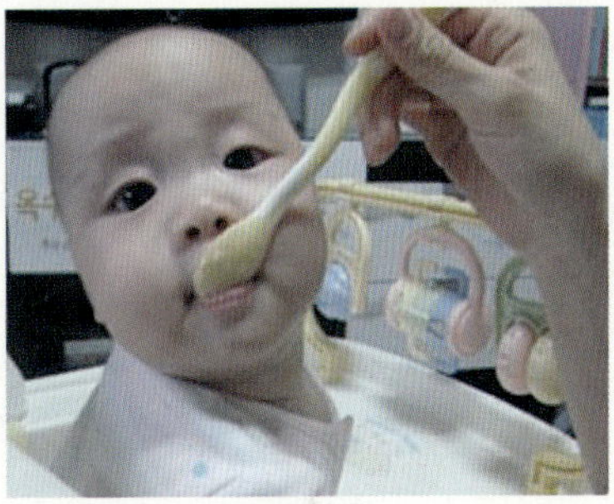

▲ 이유식을 먹는 아기

신생아는 단맛을 좋아하여 설탕을 묻힌 장난감 젖꼭지를 빨게 했을 때는 떼를 쓰지 않는다. 이는 엄마의 젖이 달기 때문으로 생존 욕구에 아주 잘 적응되어 있다는 것을 의미한다. 하지만 쓴맛이나 떫은맛은 태어난 지 얼마 되지 않아서부터 거부하여, 쓴맛이 입에 들어가면 바로 뱉어낸다. 이처럼 생후 3~4개월이 되면 영아들 개개인마다 좋아하는 맛이 생길 정도로 미각이 발달해 있지만, 맛에 따라 다른 발달단계를 보인다. 가령 신생아는 달거나 시거나 쓴맛이 나는 자극에는 반응을 하지만 짠맛에 대해서는 반응을 보이지 않는다. 짠맛에 대한 반응은 4~6개월이 지나야 나타난다. 6개월이 지나면 보통 이유식을 시작한다. 이 시기가 향후 음식 선호에 많은 영향을 미치는데, 사실 음식에 대한 기호형성은 그 이전 시기부터 영향을 받는다. 아기는 어머니의 배 속에 있을 때 어머니가 섭취한 음식을 좋아한다. 한 실험에 의하면 하루 한 번씩 당근 주스를 마신 임산부가 낳은 아이는 그렇지 않은 아이보다 생후 6개월 때부터 당근 맛이 나는 이유식을 선호하는 경향을 보였다. 또 모유를 먹는 아기 중 상당수가 마늘, 알코올과 바닐라 맛을 엄마의 모유에서 식별해 내는 것으로 나타났다. 따라서 여러 가지 음식을 가리지 않고 섭취하는 어머니의 젖을 먹고 자란 아이는 편식할 가능성이 줄어든다(최현석, 2009).

출생 전 엄마가 먹은 음식이나 출생 후 수유 기간에 경험한 특정한 맛이 향후 아기의 입맛에 영향을 미치므로 이유식을 하는 시기에 균형적인 맛을 제공하는 것이 매우 중요하다.

5) 촉각발달

촉각은 출생 이전부터 상당히 발달되어 있다. 영아들은 촉각을 통해 주변 사물을 이해할 뿐 아니라 사회관계를 넓혀간다. 영아들은 자신의 신체를 활용하여 물체를 탐색하면서 지식을 형성하고 양육자와의 눈맞춤, 입맞춤 등 신체접촉을 통하여 안정감과 신뢰감을 형성한다.

생후 6개월경이 되면 영아는 주변의 사람과 사물에 관심을 나타내기 시작하면서 초기에는 입술을 사용하고 나중에는 손을 사용해서 사물을 탐색하는데, 이는 동시에 환경에 대한 지식을 습득하게 되는 것이다.

피부 접촉은 초기 신체적 성장을 촉진하고 정서발달에도 영향을 미친다. 아기를 안아주거나 부드럽게 마사지를 해주면 부모-자녀 간의 의사소통이 원활해질 뿐 아니라 면역체계도 강화되는 등 긍정적인 효과가 있다.

출생 때부터 아기들은 고통에 아주 민감하다. 신생아는 고통을 느끼며 연령이 높아짐에 따라 신경조직이 발달하여 통증에 대해 더욱 민감해진다.

2. 신체 및 운동발달

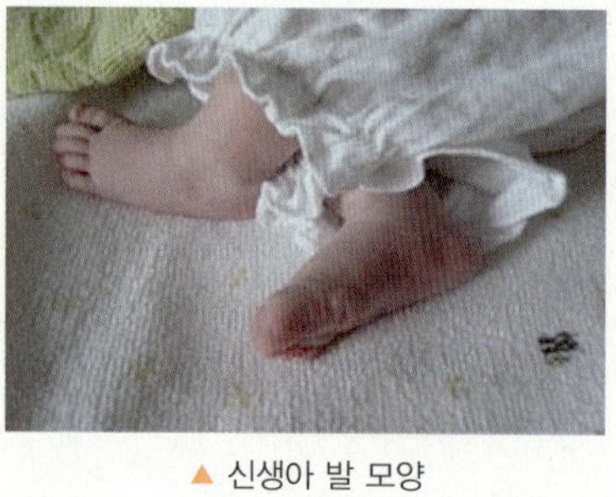

▲ 신생아 발 모양

영아들이 성장함에 따라 신체형태가 빠르게 변화하는데, 신체발달은 개인차가 있지만 동일한 순서를 거친다.

1) 신체발달

영아들은 출생 시 보통 몸무게는 3.3kg, 키는 약 50cm

표 6-2 | 1~12개월 영아 신체크기발달

남자아기		표준 수치	여자아기	
표준 몸무게(kg)	표준 키(cm)		표준 몸무게(kg)	표준 키(cm)
3.40	50.8	출생 시	3.30	50.1
4.56	55.2	1~(1~2)개월	4.36	54.2
5.82	59.0	2~(2~3)개월	5.49	58.0
6.81	62.5	3~(3~4)개월	6.32	61.1
7.56	65.2	4~(4~5)개월	7.09	63.8
7.93	66.8	5~(5~6)개월	7.51	65.7
8.52	69.0	6~(6~7)개월	7.95	67.5
8.74	70.4	7~(7~8)개월	8.25	69.1
9.03	71.9	8~(8~9)개월	8.48	70.5
9.42	73.5	9~(9~10)개월	8.85	72.2
9.68	74.6	10~(10~11)개월	9.24	73.5
9.77	76.5	11~(11~12)개월	9.28	75.6

출처 : 대한소아과학회(2007), 한국소아발육표준치.

정도이다. 첫 1년간 급격한 뇌의 성장으로 인해 머리는 다른 신체 부위에 비해 큰 편이다. 1~12개월 영아들의 신체발달은 중추신경계, 골격, 근육의 성숙 정도에 따라 영향을 받으며 개인차가 있고 일정한 순서가 있다.

(1) 신체 크기의 변화

생후 1년 동안 신체는 매우 급격하게 발육하고 성장한다. 신체 크기가 커지면서 신체 각 부분의 비율도 달라진다. 즉, 키 및 체중의 증가와 신체 구성의 변화가 함께 일어난다. 가장 단적인 예는 머리 크기인데, 임신 2개월에는 머리가 전체 몸 크기의 절반이고 출생 때는 몸 전체의 1/4이었다가 한 살이 되면 1/5이 된다. 그리고 출생 시에는 머리둘레가 가슴둘레보다 큰데, 6개월이 되면 서로 비슷해지고 1년이 되면 가슴둘레보다 작아진다.

(2) 근육과 뼈의 성장

신체 지방은 태내기의 마지막 몇 주 동안 증가하며 출생 후에도 지속적으로 증가하여 9개월에는 절정에 이르게 된다. 지방이 초기에 증가하는 현상은 신체 온도를 일정하게 유지하는 데 도움이 된다. 인간은 모든 근육섬유를 가지고 태어나기 때문에 출생 후에는 새로운 근육세포가 형성되지는 않으나 이미 존재하는 근육섬유에 변화가 일어난다. 즉, 근육의 길이와 두께가 변하는데, 이러한 변화는 아동기와 청년기 말에 걸쳐 진행된다. 섬유조직 속에 있는 수분의 비율이 감소하고 염분과 단백질이 증가하게 되어 힘이 세진다. 영아기에 근육이 커지는 것은 혼자 서고 걸을 수 있는 능력의 배양과 밀접한 관련이 있다.

두개골의 뼈는 봉합이 채 이루어지지 않아 머리에는 6개의 숫구멍이 남아 있다. 숫구멍은 피부막으로 덮어져 있는데, 이 피부막은 출산과정에서 머리가 눌려도 상처를 입지 않게 보호해 주고, 출생 후에도 뇌를 상해로부터 보호해 준다. 두개골이 단단해지면서 두 돌이 되기 전에 숫구멍은 무기물로 채워진다. 신생아의 뼈는 연골조직으로 구성되어 있어 부드럽고 뼈와 뼈 사이의 공간이 매우 넓다. 그러나 출생 후 여러 달 동안 무기질이 체내에 축적됨에 따라 뼈가 단단해지고 뼈 사이의 공간도 좁아진다. 손과 손목의 뼈가 가장 먼저 경화되는데, 생후 1년이 되면 사물을 잡고 집어 올릴 수 있을 정도로 단단해진다. 뼈가 자라고 튼튼해짐에 따라 뼈의 지지구조도 변하여 마침내 걸음마를 배울 수 있게 된다.

(3) 치아발달

치아에는 젖니와 영구치가 있다. 젖니의 수는 모두 20개이고 영구치의 수는 모두 32개이다. 치아는 생후 6개월경에 젖니가 아래 앞니부터 나기 시작하여 1년이 되면 6~8개의 앞니가 난다. 그 다음 첫째 어금니, 송곳니, 둘째 어금니 순서로 난다.

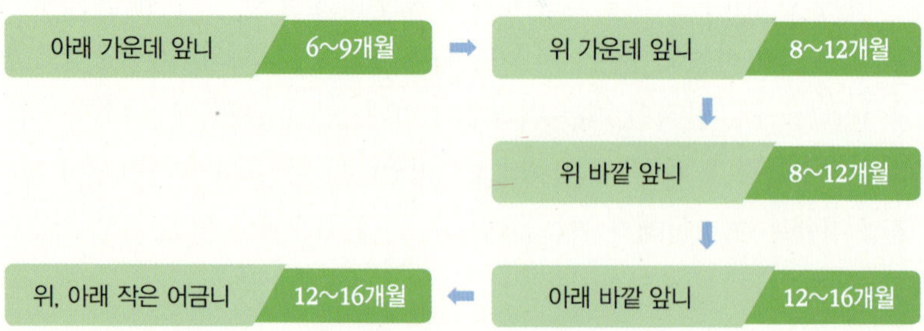

그림 6-1 유치의 발생순서

2) 뇌 신경계 발달

출생 전부터 두뇌 성장은 급속하게 일어난다. 뇌의 무게는 임신 5개월에 성인 뇌 무게의 4%, 출생 때에는 25%, 만 2세가 되면 75%에 이른다. 출생 때부터 뇌는 다른 어떤 신체 구조보다도 성인의 뇌 크기에 가까울 정도로 발달되어 있고, 영아기에 발달이 급속하게 진행된다.

(1) 시냅스

신생아는 태어날 때 약 1,000억 개의 신경세포와 이들 신경세포의 결합으로 형성되는 50조 개 이상의 시냅스를 가지고 있다. 이때 두뇌의 기본적인 신경회로는 부모에게서 물려받은 유전자에 의해 이미 결정돼 있다. 출생 초기 몇 달 동안 시냅스의 수는 20배로 늘어나 1,000천조 개 이상이 된다. 시냅스의 형성은 생후 2개월에 운동피질에서 시작된다. 그때쯤 영아들은 모로 반사와 파악 반사를 중단하고 의도적인 동작을 배우기 시작한다.

3개월에 시각피질의 시냅스형성이 절정에 이르면서 아기의 눈은 물체에 초점을 맞출 수 있게 된다. 기억 내용을 분류하고 보관하는 역할을 하는 뇌의 해마상 융기는 8~9개월쯤 기능이 완전히 발달한다. 생후 6~12개월에는 논리적 사고의 예견 기능을 담당하는 전두엽 피질에서는 성인의 두뇌보다 배나 많은 에너지를 소모할 정도로 시냅스 형성이 빠르게 진행된다.

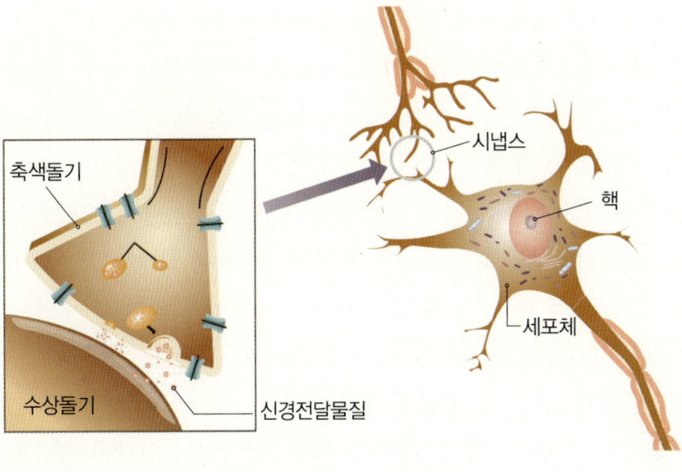

| 그림 6-2 | 시냅스 모식도

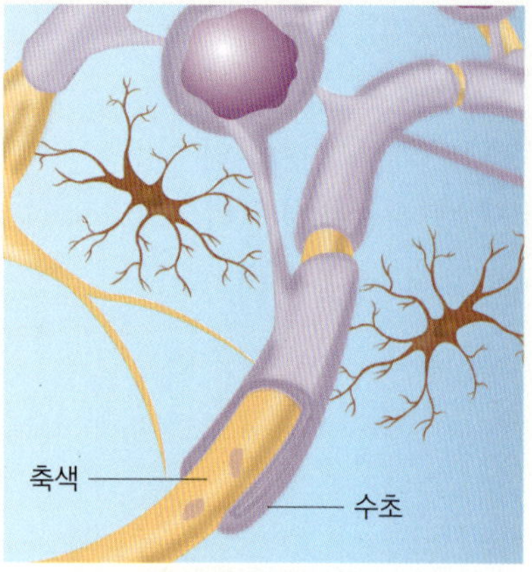

| 그림 6-3 | 수초가 축색을 감싸고 있는 구조

시냅스의 연결은 태아기부터 이미 이루어지기 시작하며 출생 후에도 계속되는데, 특히 생후 1년 동안 급속히 증가한다. 어휘가 폭발적으로 증가하는 생후 16~24개월 사이에 시냅스 연결도 폭발적으로 증가한다. 시냅스의 밀도가 증가하면 저장 용량과 정보처리능력도 향상된다.

(2) 수초화

수초화는 축색돌기를 지방세포로 감싸는 과정으로서 출생 이전부터 시작되어 출생 이후에도 계속된다. 인지발달을 설명해 주는 중요한 신경생리 기제로 정보전달 속도를 높여준다. 시각 경로의 수초화는 출생 후 급격히 이루어지기 시작하여 생후 6개월 이내에 완성된다.

3) 운동발달

영아가 태어난 후 한 달 동안의 운동발달은 빨기, 삼키기, 하품하기, 눈 깜빡이기, 배설하기 등 선천적으로 가지고 있는 반사행동으로 나타난다. 이후 영아들은 고개를 들고 대상을 향해 손을 뻗고 스스로 앉고 기며 혼자서 걷게 된다. 이러한 현상은 발달의 획기적인 사건들이다. 새로운 운동기술로 영아는 자신의 신체와 주변환경에 대한 지식을 새로운 방식으로 습득하게 된다.

4~8개월 사이에는 몸을 지탱해서 앉게 되는데, 주로 배와 등에 의존하여 지냈던 시기에 비해 혼자서 앉을 수 있다는 것은 영아로 하여금 주변세계를 완전히 다른 관점으로 보게 한다. 팔을 들어 올려 자발적으로 손을 뻗어서 물건을 잡을 수 있는 능력은 사물에 행위를 가하여 탐색하도록 한다. 무릎을 끌어당겨서 기는 자세를 취하며, 앞에서 뒤로, 혹은 뒤에서 앞으로 구를 수 있게 되고, 6~12개월 사이에는 배로 기기와 두 손과 두 다리로 기기를 시작하게 되며, 가구를 잡고 혼자 서기 시작한다. 또한 성인의 도움을 받아 걷게 된다. 걷기가 가능해지는 시기부터 스스로 움직일 수 있게 되면서 주변 환경에 대한 탐색의 기회가 증가하게 된다.

영아들은 최소한 기어다니게 될 때까지 운동발달경험이 상당히 제한적이다. 때문에 이 시기의 영아들을 '전이동기'라 부르며 이 기간 동안에는 영아들에게 다양한 감각적 경험이 제공되어야 한다.

영아들의 환경은 보고 느낄 수 있는 다양한 색, 크기, 모양을 가진 물체로 구성되어야 한다. 그리고 말하고, 속삭이고 노래하는 목소리, 바깥의 소음 등 다양한 소리를 들을 수 있는 기회 또한 필요하다.

무엇보다 계속 성장해 나가는 영아에게 가장 중요한 것은 바닥에 배를 대고 보내는 시간일 것이다. 이 시간을 통해 영아는 머리를 들어올리고 배에서 등으로 뒤집거나 반대로 뒤집는 시도를 하게 되며, 신체를 교차시키는 능력과 뇌의 좌반구와 우반구 사이의 소통을 증진시키는 능력에 필수적인 배밀이와 두 손과 두 발로 기기 같은 시도를 할 기회를 갖게 된다. 운동발달의 순서는 다음과 같다.

운동발달의 순서는 모든 영아에게 아주 일정하게 일어나지만 운동발달이 진행되는 속도에는 상당한 개인차가 있다. 가령, 손을 뻗는 기술이 늦게 발달한 영아가 기거나 걷는 것도 늦어지는 것은 아니다. 대근육운동은 영아가 주변환경을 탐색하도록 돕는 행동, 즉 기고, 서 있고, 걷는 행위를 조절하는 것을 말한다. 반대로 소근육운동은 손을 뻗고 잡는 것과 같은 작은 움직임을 뜻한다.

(1) 대근육발달

생후 1년 동안 가장 중요한 전체운동의 발달은 보행이다. 영아기 동안의 운동발달은 결국 자유로운 보행을 가능하게 하기 위한 준비과정이므로 보행은 영아가 숙달해야만 하는 중요한 과업이다. 영아가 혼자서 걷게 되기까지는 많은 단계의 발달을 거쳐야 한다. 보행할 수 있기 위해서는 고개 들기, 구르기, 앉기, 기어 다니기, 그리고 일어서기가 가능해야 한다.

① 목 가누기

출생 시 신생아는 고개를 못 가누지만 생후 1개월이면 엎드린 자세에서 고개를 들 수 있고 2개월 정도가 되면 목을 가눌 수 있다.

▲ 목 가누기

② 뒤집기

아기들이 몸을 한쪽에서 다른 쪽으로 뒤집는 행동은 이동행동의 가장 초보적인 형태이다. 아기가 옆으로 누운 자세에서 위로 뒤집는 것은 2개월에, 그리고 약 3개월이 되면 대부분의 영

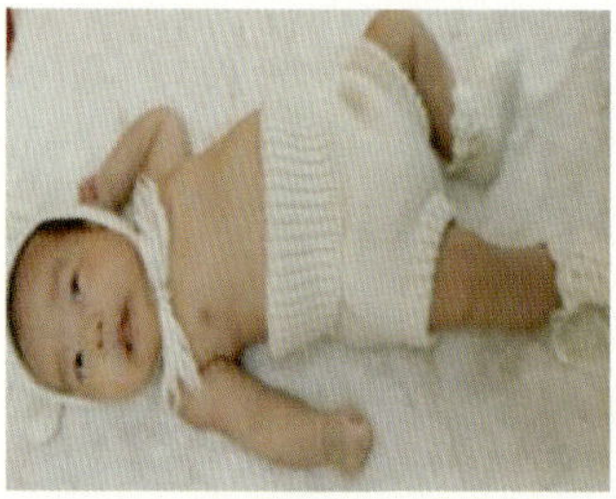

▲ 뒤집기

아는 엎어 놓으면 뒤집을 수 있다. 그러나 스스로 뒤집는 것은 5개월경이 되어서야 가능하다. 처음에 영아는 운동 자체에서 즐거움을 느껴 뒤집기를 하지만 차차 의도적으로 뒤집게 된다.

③ 앉기

엎치기나 뒤집기를 통하여 영아의 목과 어깨의 근육이 발달된다. 이렇게 영아가 상체를 잘 통제할 수 있게 되면 자연스럽게 혼자 앉기 시작한다. 앉을 수 있음으로 해서 비로소 먹기, 놀기와 같은 섬세하고 목표지향적인 손의 동작이 발달된다. 대부분의 영아들은 생후 약 4~5개월이 되면 등 뒤에 방석이나 베개를 받쳐 주면 잠깐 동안 앉는 자세를 취할 수 있다. 그러나 아이가 혼자 도움 없이 앉을 수 있게 되는 것은 약 6개월부터이다.

▲ 앉기

④ 기기

대부분의 아기들은 7~9개월 사이에 기는 모습을 보인다. 처음에는 머리와 가슴을 들고 배는 방 표면에 댄 상태에서 손과 팔꿈치에 의지하여 몸을 앞뒤로 움직여 간다. 그러나 점점 능숙해지면 다리 근육에 힘이 생기게 되어 바닥에서 배를 뗀 채 무릎과 손으로 기게 된다. 대부분의 영아는 걷기 전에 기지만, 모든 영아가 다 그런 것은 아니다.

▲ 기기

⑤ 걷기

걷기는 영아에게 주위 환경을 탐색하게 하고 손을 자유로이 사용할 수 있게 해주는 중요한 운동기술이다. 걷는 것은 학습을 통해서만이 아니라 근육과 뼈 조직의 성숙과 병행하여 이루어진다. 대부분의 영아는 8개월경이 되면 붙잡아 주면 설 수 있고, 10개월이 되면 도움 없이 혼자 설 수 있게 된다.

▲ 걷기

(2) 미세운동발달

모든 운동기술 중에 자발적인 손 뻗기는 영아의 인지발달에 가장 중요한 역할을 하는 것으로 여겨진다. 이것은 손 뻗기 기술이 완전히 새로운 방식으로 환경을 탐색하도록 해주기 때문이다. 영아가 사물을 쥐고 돌려보고 놓았을 때 어떤 일이 발생하는지를 경험해 봄으로써 사물에 대해 많은 것을 배우게 된다.

▲ 사물 잡기

3개월이 되면 자발적인 뻗기 행동이 나타나기 시작하여 점차적으로 정확도가 향상되고, 5개월이 되면 영아는 대상의 거리에 따라 손 뻗기를 조정한다.

5~6개월쯤 되면 대상을 탐색하기 위해 두 손을 협응할 수 있게 된다. 이 시기에 영아는 한 손에 물체를 쥐고 다른 손가락 끝으로 살필 수 있게 되며 물체를 한 손에서 다른 손으로 옮길 수 있게 된다.

한 살 가량이 되면 물체를 엄지손가락과 집게손가락 끝으로 집는 '손끝 집기pincer grasp'를 할 수 있게 된다. 일단 손끝 집기가 나타나면 사물을 조작하는 능력이 크게 향상된다.

8~11개월경에는 별 어려움 없이 뻗기와 잡기를 잘할 수 있게 된다.

1세가 되면 영아는 건포도나 작은 구슬을 집어들 수 있으며 문의 손잡이를 돌릴 수 있고 작은 상자를 열거나 닫을 수 있게 된다.

표 6-3 | 1~12개월 영아기의 전체운동과 미세운동발달

운동기술	평균 성취 연령	90%의 영아가 성취할 수 있는 연령 범위
엎드렸을 때 팔로 지탱하여 가슴을 든다.	2개월	3주~4개월
옆구리에서 등으로 구른다.	2개월	3주~5개월
매달려 있는 사물에 손을 뻗는다.	3개월	1~5개월
주사위를 쥔다.	3개월 3주	2~7개월
등에서 옆구리로 구른다.	4개월 2주	2~7개월
혼자서 앉는다.	7개월	5~9개월
긴다.	7개월	5~11개월
붙잡고 선다.	8개월	5~12개월
혼자 선다.	11개월	9~16개월
혼자 걷는다.	11개월 3주	9~17개월
주사위 두 개를 쌓는다.	13개월 3주	10~19개월

3. 인지발달

인지란 우리가 생각하고 추리하며 문제에 대한 해결을 모색하는 과정으로서, 사고와 지능의 발달을 의미한다(김수희 외, 2011). 전체 반사운동으로 시작한 영아는 2~3개월 후부터는 외부의 환경에 대하여 지적 능력을 발달시키며, 환경의 자극을 수용하고 반응하며 이해하는 것처럼 행동한다.

1) 감각운동의 인지발달

1~12개월은 피아제 감각운동기의 1~4단계에 해당되는 시기라고 볼 수 있으며 영아들은 출생 직후의 반사행동과 선천적 지각능력을 바탕으로 환경탐색을 시도하며 그 결과 개념형성을 위한 기초를 확립한다(김수희 외, 2011). 이 시기의 영아들은 자기 자신을 다른 대상들로부터 구별시켜서 생각할 수 있으며 인지활동은 내부의 정신작용보다 감각을 통한 직접경험에 의존하고 있다.

(1) 1단계(반사기) : 출생에서 처음 한 달 동안의 시기

이 시기 영아의 활동은 주로 빨기, 울기, 미 발달된 운동 등과 같은 반사활동으로 이루어진다. 영아는 여러 가지 물체를 입에 닿는 대로 빨음으로써 자신의 빨기 도식을 연습하고, 물체에 대한 정보를 동화시키고자 노력한다. 한편으로, 젖을 빨기 위해 고개를 드는 등 음식을 획득하기 위해 열심히 자신의 행동을 수정하는 조절의 과정도 아울러 발견된다.

(2) 2단계(1차 순환반응) : 1~4개월의 연령에 해당하는 시기

기본적, 유전적인 도식의 정교화가 시작된다. 예를 들면, 손가락이나 숟가락 등을 입으로 가져가서 유전적 도식인 빨기 도식을 이용해서 계속 빨음으로써 빨기 도식이 더욱 정교화된다. 또 빨기를 계속함으로써 습관을 형성한다. 의도적인 듣기와 보기도 시작된다.

(3) 3단계(2차 순환반응) : 4~8개월에 해당하는 시기

인과관계의 법칙을 발견하기 시작한다. 예를 들면, 딸랑이를 흔들면 소리가 난다는 사실을 알게 된다. 여기에서 발견될 수 있는 중요한 원리는 경험을 많이 하게 되면, 인지가 더욱 발달된다는 뜻이다. 이 시기의 또 다른 특징은 물체를 따라 눈을 움직이기 시작하는 것이다. 그러나 물체가 시야 밖으로 사라지면 더 이상 찾지 않는다.

(4) 4단계(3차 순환반응) : 8~12개월에 해당하는 시기

이 시기의 가장 중요한 특징으로서는 대상영속성 개념object permanence의 획득이다. 예를 들면, 전 단계에서는 영아가 물체를 따라 눈을 움직이다가 물체가 보이지 않으면 더 이상 관심을 두지 않았으나 이 시기가 되면 더 이상 보이지 않는 물체를 찾게 된다. 공을 가지고 놀다가 영아가 보는 앞에서 이불 속으로 공을 숨기면 이불을 들치고 공을 찾아낼 수 있게 된다. 이것은 물체가 눈에 보이지 않아도 물체가 존재한다는 대상영속성 개념의 획득 때문이다.

표 6-4 | 1~12개월 감각운동기 영아의 인지발달

감각운동기 하위단계	전형적인 적응행동	대상영속성
반사단계(0~1개월)	선천적 반사	없음
제1차 순환반응(1~4개월)	자신의 신체와 관련된 기본 동작	없음
제2차 순환반응(4~8개월)	외부세계의 탐색과 관련된 행동	부분적으로 가려진 물건 찾는 능력
제3차 순환반응(8~12개월)	목적 지향적 행동에서 목표행동과 수단행동을 결합시킴	최초에 숨긴 장소에서 숨은 물건 찾는 능력

출처 : Berk(1991) ; 안영진(1997) 재인용.

2) 대상영속성

0~1개월에는 시각영역 안에 있는 것에 초점을 두지만 사라지면 다른 곳에 관심을 갖게 되고 기대나 탐색을 보이지 않는다. 1~4개월에는 대상이 사라진 곳을 보며 다시 나타나기를 기다리는 것처럼 응시를 하는데, 이것을 수동적 기대라고 명

▲ 이불 속에 감춰진 사탕 찾기

명한다. 4~8개월이 되면 어떤 대상이 떨어지면서 그리는 포물선을 예측하여 정확한 지점에서 대상을 찾을 수 있으며 이것은 대상영속성 개념의 초기라고 할 수 있다.

8~12개월에는 다른 사람이 감추었던 대상을 찾을 수 있으며 담요 밑의 인형을 찾아내는 단계까지 이른다.

4. 사회정서발달

영아의 정서는 특히 양육자와의 관계나 자기 인식, 환경의 탐색 등 영아의 주변에서 일어나는 사건들을 이해하는 데 있어서 결정적인 역할을 하는 한편, 인성 및 사회성의 기초가 된다. 영아의 정서는 감각발달과 비슷하게 '미분화상태'에서 태어나 성숙과 학습경험을 통해 점점 분화되며 언어능력을 갖지 못하는 영아들에게 정서는 양육자와의 의사소통 기능, 양육자로부터 보살핌과 생존을 위한 기능이 된다(강인언 외, 2010). 따라서 영아들의 미소와 울음 등이 다른 사람과의 관계를 형성하는 데 매우 중요한 요소임을 인식해야 한다(Berk, 1996).

1) 1~12개월 영아 정서발달의 특징

2개월경의 영아는 불쾌감은 울음을 통해, 즐거움은 미소 짓기를 통해 표현한다. 3개월이 되면 분노를 표현하면서 감정이 보다 분화되고 5~6개월이 되면 혐오감과 공포감이 분화된다. 12개월이 되면 자신감을 표현하게 되고 성인에 대한 애정 또한 강해진다. 영아는 감정 표현뿐만 아니라 정서를 이해하고 규제하는 능력 또한 함께 발달하며 6개월 정도가 되면 행복한 얼굴과 찡그리는 얼굴을 구분하고 타인, 특히 어머니의 정서에 영향을 받기도 한다.

▲ 양육자와의 정서적인 교감

2) 긍정적 정서와 부정적 정서

(1) 긍정적 정서

긍정적 정서는 기쁨, 미소, 행복 등이다. 아기는 얼굴 표정이나 몸 동작 또는 음성으로 자신의 정서적인 상태를 표현하기 때문에 긍정적 정서는 미소, 웃음, 쿠잉과 같은 목울림 소리로 알 수 있다. 양육자는 아기들의 미소, 웃음, 목울림 소리 등의 반응에 오히려 보상을 받게 되고, 그러한 보상에 대한 보답으로 아기를 안아준다든지 아기에게 미소 지어 주는 사회적 강화를 주게 된다. 이러한 과정을 통해 아기는 더 자주 웃게 되는 것이다(Brackbill, 1958). 반대로 양육자로부터 미소에 대한 피드백을 경험하지 못하거나 부정적으로 경험한 아기들은 웃음이 감소한다. 이처럼 영아들의 기쁨은 애정과 밀접한 관련이 있으며 정서적 · 신체적 발달에도 영향을 미치게 된다.

(2) 부정적 정서

공포와 분노 등은 부정적 정서에 속한다. 생후 첫 2개월 동안은 배고플 때, 아플 때, 자극이 너무 많거나 적을 때 분노하게 되고 그것을 울음으로 표현하기 시작한다. 생후 4~6개월부터 24개월 사이에 분노는 최고조에 달하며 분노 표현이 보다 명확하게 분화되는 것은 4~7개월경이다(강인언 외, 2010).

생후 5개월이 되면 아기는 공포표정을 구분할 수 있으며, 특히 낯가림이 어느 정도 끝나고 양육자와 분리불안이 나타나는 12개월경 공포감이 극대화된다. 슬픔은 생후 2~3개월경 신체적 아픔에 수반되는 고통으로부터 분화되어 나타난다. 슬픈 표정이 두드러지는 시기는 양육자와 애착이 형성되는 6~7개월이다.

표 6-5 | 1~12개월 영아의 정서발달

월 령	정서발달
1개월	배냇 미소와 울음, 정서적 반응은 잘 하지 못하지만 4주경에는 여러 가지 표정에 관심을 보인다.
1~3개월	주위환경에 대한 관심, 3개월경이 되면 친숙한 사람과 그렇지 않은 사람에 대해 구별된 미소를 보이며 자주 미소를 짓고 사회적 반응을 나타낸다.
3~6개월	일차 정서가 나타난다. 기대한 일이 일어나지 않으면 실망감을 보인다. 분노가 생기면 성난 소리를 지른다. 자주 미소 짓고 양육자와 적극적 상호작용이 이루어진다.
7~9개월	이차 정서가 나타나기 시작한다. 적극적으로 사회적 상호작용을 하고, 자발적으로 환경을 탐색하기 시작한다. 대개 8~9개월이 되면 초기 상태의 사회적 참조가 나타난다.
9~12개월	애착 및 사회적 참조 : 낯선 사람들을 두려워하고 낯가림이 심해지는 시기이다. 주 양육자에게 강하게 애착하여 먼 거리나 오랜 시간 떨어져 있으면 불안해한다.

5. 언어발달

생후 1~12개월까지는 말을 하기 위한 준비 기간이라고 할 수 있다. 영아들은 태어나면서 울음소리를 내고 쿠잉과 옹알이를 한 후 12개월경에는 한 단어를 사용하기 시작한다. 영아들의 언어반응연구에서 0세는 '어어', '우우', '무' 등의 소리를 내고 우는 소리와 울지 않는 소리를 내거나 혼자 옹알거리고 말하는 사람이 있는 방향으로 고개를 돌리고 응시한다고 하였다(이영석, 1995). 1~12개월은 수용언어기에 해당되므로 양육자의 언어적 상호작용과 반응성이 요구된다.

1) 음성언어발달

영아를 의미하는 단어 'infant'의 어원은 '말을 하지 못한다'는 의미의 라틴어 'infans'에서 유래되었다. 의사소통은 말을 통해서만 이루어지는 것은 아니며, 인간은 출생의 그 순간부터 언어를 습득하기 위한 작업을 시작한다.

언어 이전의 의사소통 시기에는 소리에 대한 이해가 무엇보다 선행되어야 한다.

언어발달에 대한 연구들이 주로 듣기 능력보다 말하기 능력을 중심으로 이루어져 왔지만, 듣기 발달은 말하기 발달보다 훨씬 빨리 일어나는 것을 볼 수 있다. 예를 들면, 신생아들이 악기 소리와 엄마 목소리를 구별하며 8개월에 자신의 이름에 반응하는 것을 보면 알 수 있다. 다음 단계는 소리의 산출로 영아기에 듣기 능력만이 급속히 발달하는 것은 아니며, 출생 후부터 비록 언어는 아니더라도 능동적으로 소리를 산출하는 것을 볼 수 있다.

(1) 울음

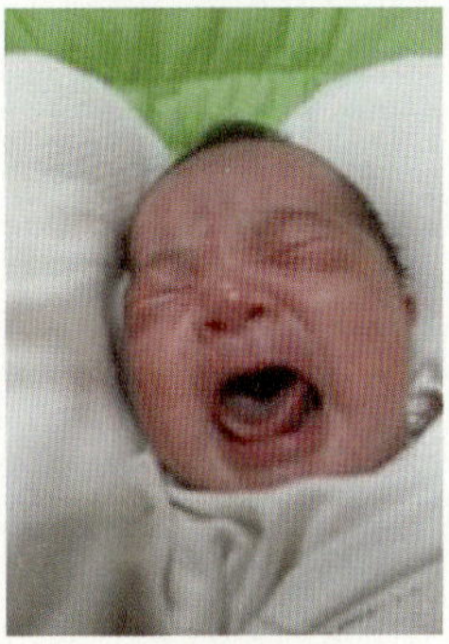

▲ 울음

울음crying은 영아가 양육자에게 자신의 욕구를 표현하는 최초의 의사소통방법이다.

출생 직후의 울음은 우는 이유가 구분되지 않는 미분화된 울음undifferentiated crying이며 생후 1개월 이후 점차 분화된 울음differentiated crying이 나타남에 따라 양육자는 아기 울음의 원인을 구별하여 반응해야 한다. 예를 들면, 일반적 울음은 규칙적이며 배고플 때 울음은 불규칙적이고 낮은 강도로 들린다. 또한 영아가 화가 났을 때와 아플 때 울음의 길이가 다르며, 특히 아플 때 헐떡거리며 숨을 들이마신다.

울음은 자신의 요구를 알리는 것 외에도 발음기관 전체를 움직여 발달을 촉진시키는 의미도 있다. 또한 12개월경 모든 아기는 양육자의 반응을 이끌어 내고 통제하는 수단 및 의사소통수단으로 울음을 사용하기도 한다.

(2) 쿠잉

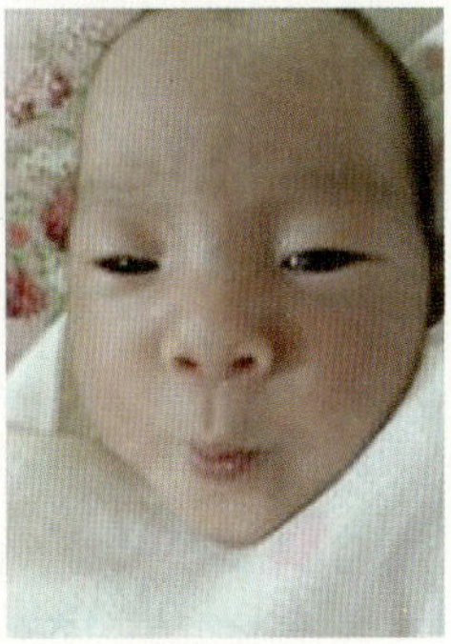

▲ 쿠잉

영아는 이전보다 확실히 덜 울고, 점차 울음이 아닌 발성을 나타내는데, 이를 쿠잉cooing이라고 한다. 쿠잉은 우연히 산출되는 목울림 소리로 주로 기분이 좋을 때 나타난다고 하여 해피사운드happy sounds라고도 한다.

(3) 옹알이

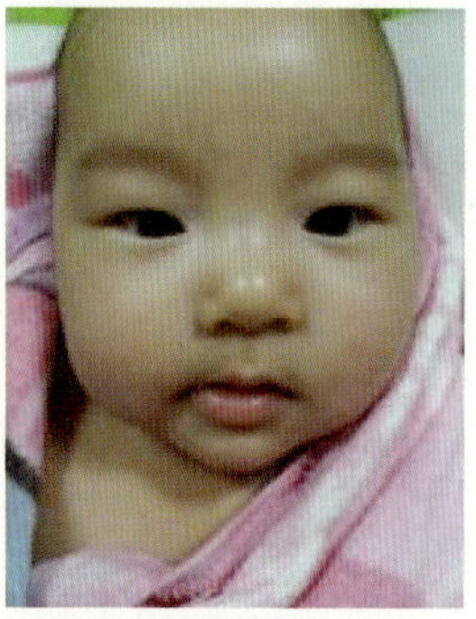

▲ 옹알이

옹알이babbling는 일종의 입놀림이며 발음의 기초적인 연습이 되기도 한다. 영아들이 5~6개월이 되면 혀놀림을 시작하는데, 이때 아기들은 청각반응에 민감해져 자기 소리를 듣고 자기가 만족을 느끼며 반복적인 소리를 자주 내는 것을 볼 수 있다.

자음으로는 엄마의 젖을 빠는 본능적 동작과 가장 가까운 순음이 제일 먼저 시작되며 일반적으로 'ㅁ'이 나타난다. 옹알이는 처음에는 제한된 소리로 나타나지만, 점차 인간이 내는 거의 모든 소리를 낼 수 있게 되는 '음소의 확장phonetic expansion'현상이 일어난다.

(4) 자기 소리와 타인 소리 모방

영아는 생후 7개월경부터 발음기관 중 혀와 입술이 발달되기 시작하면서 여러 음성을 모방하여 반복을 즐기게 되고 자기가 낸 소리를 듣고 만족을 느낀다. 자기 소리 모방이 끝나면 어른의 말소리를 모방하는데, 생후 9~10개월 무렵의 영아는 이해도 하지 못하면서 어른의 말소리를 의식적으로 모방하는 것을 볼 수 있다. 이때 메아리처럼 그대로 모방한다고 하여 반향적 모방echolalia이라고도 한다.

표 6-6 | 1~12개월 영아의 음성언어의 발달과정

월 령	언어발달
0~2개월	1개월에 접어들 즈음 후음(喉音)을 속삭임처럼 소리내며 사람 음성에 반응을 보인다.
2개월	• 울음으로 의사를 전달한다. • 끙끙거리는 소기가 '우~우', '아~아'처럼 모음에 가까운 형식을 취하게 된다.
3개월	• 훌쩍거리거나 길고 높은 소리로 울거나 싱긋 웃기도 하며 꿀꺽하는 후음을 내기도 한다. • 다른 사람의 말을 들으며 소리 내고 싶은 자극을 받는다.
4개월	• 혼자 혹은 다른 사람에게 끊임없이 옹알거린다. • 질문하듯 목소리를 높이기도 한다.
5개월	• 다른 사람의 입을 유심히 바라보며 억양을 흉내 내려 한다. • 'ㅁ'이나 'ㅂ' 같은 자음을 발음하는 아이도 있다.
6개월	입 모양을 바꿔 새로운 소리를 낸다.

월 령	언어발달
7개월	• 단숨에 여러 음을 낸다. • 각기 다른 음색과 억양을 인식한다.
8개월	• 좀 더 폭넓은 음을 흉내 내기 시작한다. • 머리나 상반신을 돌려 귀에 익은 소리에 반응을 한다. • 특정 어구에 반응하는 법을 안다(예 "와, 크다."란 말에 두 손을 들어 벌림).
9개월	• 자기 이름이나 "안 돼."하는 말 등에 반응을 보인다. • 다른 사람들 대화에 유심히 귀 기울인다. • 기침 소리 같은 것을 곧잘 흉내 낸다.
10개월	말에 행동까지 곁들인다(예 "빠이빠이"하면서 손을 흔듦).
11개월	• 행동뿐 아니라 단어까지 흉내 낸다. • 각기 다른 상황에서 각기 다른 단어가 쓰임을 앎으로써 단어의 뜻을 파악한다.
12개월	• 자신만 아는 짧은 문장을 옹알거린다. • 어조와 억양을 제때 그럴듯하게 활용한다. • 2~8개의 단어를 말할 수 있다.

출처 : 중앙일보(1999), Newsweek 한국판 특별호(1. 귀여운 우리 아기), 중앙일보사.

2) 몸짓

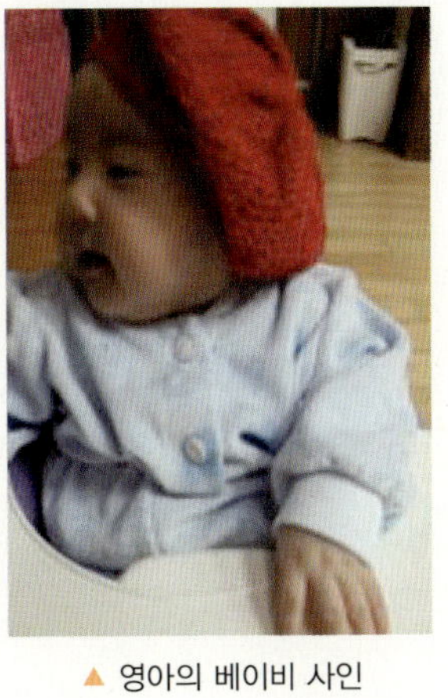

▲ 영아의 베이비 사인

영아기의 의사소통은 많은 부분 일명 베이비 사인이라고 불리는 몸짓에 의존한다. 몸짓은 아직 말을 할 수 없는 영유아가 하고 싶은 것을 동작으로 상징화해서 의사소통하는 것으로 신체언어 또는 숨겨진 언어라고도 한다.

지시적 몸짓은 10개월경에 나타나는데, 몸짓의 형태가 아니라 맥락에 의해서 의미가 정해지며 다가가기, 주기, 보여 주기, 지적하기의 유형이 있다. 표상적 몸짓은 의미가 맥락에 덜 의존적인 것으로, 관습적인 손이나 몸의 움직임 또는 안면 표정을 포함한다. 표상적 몸짓은 사물과 생각들을 상징적으로 표현할 수 있음을 영아가 이해하기 시작했다는 것을 나타낸다.

표 6-7 | 10~12개월 영아들이 많이 사용하는 몸짓		
단어범주	순 위	단 어
일상생활	1	짝짜꿍
	2	곤지곤지
	3	까꿍
	4	뽀뽀
	5	잼잼
	6	도리도리
	7	빠이빠이
	8	만세
	9	안녕
동사	10	박수 쳐
	11	줘/주세요
	12	사랑해
일상생활	13	지지

6. 교사 및 부모의 역할

영아는 부모나 교사 등 주변의 인적 · 물적 환경으로부터 많은 도움을 받고 성장한다. 영아를 양육하는 성인들은 영아의 요구에 즉각적으로 민감하게 반응해야 하며 영아들의 개인차를 인정하고 쾌적한 환경을 제공하는 것이 필요하다.

1~12개월 영아기의 예방접종 및 안전사고, 놀이 및 놀잇감, 발달 체크리스트에 대해 살펴보기로 한다.

1) 영아기의 예방접종 및 안전사고

영아기에 최초의 예방접종이 시작된다. 디프테리아, 파상풍, 백일해, 소아마비, 홍역, 볼거리, 풍진, 헤모필루스, 인플루엔자 B형, B형 간염, 수두 등과 같은 예방

표 6-8 | 1~12개월 영아기 예방접종표

개월 수	예방접종명	보건소 접종	소아청소년과 접종 종류
1개월 이내	B형 간염 1차	○	
	BCG(결핵)	○	피내용
		×	경피용
1개월	B형 간염 2차	○	
2개월	DTaP 1차	○	DTaP 3세대 DTaP
	폴리오(소아마비) 1차	○	
	뇌수막염 Hib 1차	×	
	폐구균 1차	×	
	로타바이러스(장염) 1차	×	먹는 약 2회 먹는 약 3회
4개월	DTaP 2차	○	DTaP 3세대 DTaP
	폴리오(소아마비) 2차	○	
	폐구균 2차	×	
	로타바이러스(장염) 2차	×	먹는 약 2회 먹는 약 3회
4개월 영유아검진			
6개월	DTaP 3차	○	DTaP 3세대 DTaP
	폴리오(소아마비) 3차	○	
	뇌수막염 Hib 3차	×	
	폐구균 3차	×	
	로타바이러스(장염) 3차	×	먹는 약 3회
	B형 간염 3차	○	
6개월 이후	독감 인플루엔자(생후 12개월 이후 매년 9~10월에 접종하되, 첫해는 1차 접종 후 한 달 뒤 2차 접종)	×	보급형(국내형) 고급형(수입용)
9개월 영유아검진			
12~15개월	수두	○	
	MMR(홍역/볼거리/풍진) 1차	○	
	뇌수막염 Hib 4차	×	
	폐구균 4차	×	

출처 : 대한소아과학회(2010).

표 6-9 | 1~12개월 영아 안전사고 유형별 주요 안전대책

월령	발달상태	사고 유형	주요 안전대책
1~12 개월	뒤집을 수 있다.	낙상	영아를 침대와 책상 위에 혼자 두지 말고, 영아 침대의 난간을 올려놓는다.
	물건을 입에 가져간다.	이물질 흡입	작은 조각으로 분리되는 장난감 사용을 금한다.
	기어다니며 사물에 대한 호기심이 많다.	중독, 화상	해로운 약이나 전기, 또는 뜨거운 것은 영아의 손이 닿지 않는 곳에 보관한다.
	물속에서 꼼짝 못한다.	익사	목욕탕, 연못 관리를 철저히 한다.
	몸부림칠 수 있다.	질식	영아에게 우유를 먹일 때는 반드시 안아서 먹이고, 영아의 이불과 요는 너무 푹신하지 않도록 하여 영아가 질식하지 않도록 한다.

출처 : 서울시 보육정보센터(2012).

접종은 영아기의 건강과 관련이 높기 때문에 관심이 요구된다.

영아기는 주변 환경에 대한 호기심이 증가하여 잠깐의 순간에도 사고가 일어기 쉬우므로 지속적인 경계와 감시가 필요하다. 특히, 6~12개월 된 영아에게 안전사고로 인한 손상은 영아 사망의 주요 원인 중 하나이므로 관심을 놓쳐서는 안 된다.

영아기에 발생하기 쉬운 안전사고는 이물질 흡입으로 인한 질식, 낙상, 중독, 화상, 신체적 손상, 자동차 사고 등이다.

이물질 흡입은 질식으로 1세 이하 영아에게는 치명적이다. 질식은 공기 부족으로 입과 코가 막히거나 목이나 가슴에 압박이 가해지는 것을 말한다.

자동차 사고는 1세 영아 사고사의 주요 원인이다. 자동차에 영아를 태울 때는 유아용 카시트를 반드시 장착하여 사용해야 한다. 또한 영아기의 신체발달로 뒤집기를 시작하는 4개월 무렵부터는 침대나 의자, 보행기, 그네 등 높은 곳에서 떨어지는 낙상의 위험도 크다.

2) 놀잇감

(1) 0~6개월

감각기관을 자극할 수 있는 놀잇감으로 울이나 순면 소재로 만들어진 작고 촉감이 부드러운 것이 좋다. 4개월이 지나면 모든 것을 입으로 가져가므로 날카롭지

않아 입에는 넣을 수 있되 삼킬 수 없는 것이 알맞다. 크기는 영아가 잡을 수 있는 정도로 고른다. 소리가 크게 나고 움직이는 것이 좋다. 이 시기 영아들에게는 시각 발달에 도움을 주는 모빌과 청각 자극을 주는 딸랑이류, 거울, 공 등이 좋은 놀잇감이 된다.

(2) 7~12개월

기어 다니기 시작하면서 끌거나 밀 수 있는 장난감을 좋아하므로 바퀴 달린 동물, 자동차 등이 좋다. 쥐면 소리가 나는 장난감은 아기의 손힘을 키워주고 손가락 움직이는 능력을 길러 준다. 의자가 움푹 파이고 안전벨트가 달린 영아용 그네도 좋다. 오뚝이는 6개월까지는 시각 자극물로 사용하지만 이 시기에는 유용한 놀잇감이 된다. 조금만 건드려도 움직이므로 아이의 신체활동 욕구를 자극한다. 두꺼운 종이로 만든 그림책도 좋은 장난감이 된다.

이 시기 영아들은 휴지통을 엎거나 그릇의 물건을 쏟는 일이 잦다. 그릇에 담긴 물건을 쏟고 다시 담는 놀이는 원인, 결과 개념을 익히고 쏟아진 물건이 흐트러지는 것을 보며 형태 변화를 확인할 수 있으므로 인지능력 개발에 유용한 놀이다. 장난감을 구입하는 대신 플라스틱 접시 등을 이용할 수 있다. 실로폰, 피아노 등도 좋은 놀잇감이다. 특히, 하모니카, 나팔 등은 입과 혀의 운동을 자극해 언어발달에 도움을 준다. 크기가 달라 차례로 포갤 수 있는 장난감 그릇 세트, 동그라미 · 세모 · 네모 등을 구멍에 찾아 넣는 꼴맞춤통 등도 좋다.

① 잡기 쉬운 장난감 주기

몸 뒤집기를 시작한 영아는 좋아하는 장난감을 손이 닿지 않는 거리에서 흔들어 주면 몸 뒤집기를 계속 시도하려고 한다. 따라서 영아가 손으로 잡기 쉬운 밝은색의 장난감을 영아의 주변에 두어 영아가 손을 뻗쳐 그것을 잡을 수 있도록 환경을 제공해 줌으로써 영아의 운동신경을 발달시킬 수 있다. 또한 영아가 자신이 원하는 장난감을 손에 넣게 되면 성취감을 맛보게 되고 이것은 영아의 자신에 대한 긍정적인 자아 개념 형성에 도움을 줄 수 있다.

② 아기 놀이터

바닥에 매트가 깔려 있고 반원형대에 영아들이 조작할 수 있는 놀잇감이 매달려 있다. 놀잇감의 위치를 변화시켜가면서 팔다리를 여러 방향으로 움직이도록 유도

▲ 아기 놀이터

할 수 있으며 딸랑이나 소리나는 놀잇감, 색깔 고리 등을 대에 매달아 주어 변화를 줄 수 있다. 영아가 엎드려 놀 수 있는 4개월 정도가 되면 매트에 부착된 놀잇감들이 활용될 수 있다. 영아들이 놀잇감을 잡아당겨도 안전하게 처리되어 있어야 하며 달려 있는 놀잇감이 손의 움직임을 다양하게 유도하는 기능이 있다.

▲ 아기 딸랑이

③ 손목, 발목 딸랑이

영아의 발에 끼워주거나 손목에 채워주면 딸랑이 소리가 나며 영아 스스로 손이나 발을 움직일 때마다 소리 나는 것에 흥미를 느껴 반복해서 움직이도록 해준다.

딸랑이는 영아가 자신의 손과 발을 발견하고 발을 빨거나 가지고 노는 시기에 제공하는 것이 좋다.

④ 침대 걸이 놀잇감

아기 침대에 안전하게 부착해 두며 영아들이 잡기, 두드리기, 흔들기, 당기기 등의 대근육활동을 하면서 흥미를 주는 결과를 만들어 놀잇감으로 기능이 단순하고 성인의 도움을 받아서 영아들이 조작할 수 있는 것이 좋다. 청각적 효과가 있는 경우에는 영아가 놀라지 않도록 너무 갑작스러운 소리가 나지 않고 부드러운 소리가 나는 것이 좋다.

▲ 촉감 자극 천으로 만든 공

⑤ 촉감 자극 놀잇감

서로 다른 촉감을 느낄 수 있는 천으로 만들어져 영아가 놀잇감을 만지면서 노는 동안 다양한 촉감 자극을 경험할 수 있다. 사용한 천의 패턴들이 다양하고 놀잇감 안에는 딸랑이가 들어 있어 시각과 청각적 경험을 제공한다. 영아들이 천의 촉감을 손과 발바닥 등으로 느껴볼 수 있도록 성인들이 도와줄 수 있다.

⑥ 모빌

3개월까지는 흑백이나 색이 선명한 대조를 이루는 모양의 모빌이나 얼굴 모양과 흑백의 바둑판 모양의 모빌이 적합하며 4개월 이후에는 색이 있는 모빌이 좋다.

▲ 모빌

처음에는 영아가 보는 방향에서 정면이 되는 곳에 약 45도 각도로 모빌을 달아 주며 높이는 30cm 정도가 좋다. 모빌의 움직임을 눈으로 따라가면서 시각적 추적을 할 수 있으며 영아가 쉽게 볼 수 있는 위치에 매달아 둔다.

⑦ 치아발육기

영아가 입에 넣고 빨아도 안전하도록 무독성 항균 처리된 제품이 바람직하며 끓는 물에 소독해도 되는 재질이어야 한다. 영아의 손에 알맞은 크기로 딱딱한 플라스틱 부분과 부드러운 비닐 재질로 되어 있어 잇몸에 대한 자극을 주면서 감각적인 자극을 경험할 수 있다. 영아가 입에 넣었을 때 상처가 나지 않도록 둥글고 매끄럽게 디자인되어야 한다.

▲ 치아발육기

⑧ 탐색놀이 책

그림이 단순하며 뚜렷한 흑백의 대비가 있는 그림들로 신생아의 경우 그림에 초점을 맞추기 훈련을 하는 데 활용될 수 있다. 25~30cm 거리 내에서 그림을 영아에게 보여 주고 그림을 위, 아래, 좌우로 움직여 주며 눈으로 그림을 추적해 보게 한다. 놀이 책의 재질은 헝겊이나 비닐로 되어 있어 물로 세탁이 가능하고 조작하기 쉬운 것이 좋다.

▲ 탐색놀이 책

⑨ 음악상자

태엽을 감으면 멜로디가 나오는 음악상자로 이 시기의 영아에게는 너무 소리가 크거나 자극적인 멜로디보다는 단순

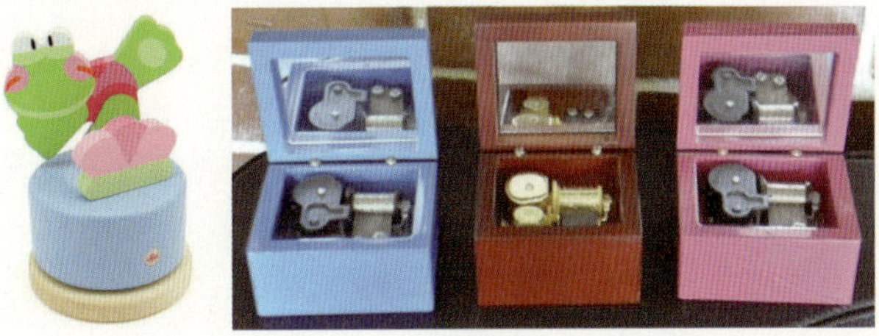

▲ 음악상자

하고 부드러우며 반복되는 멜로디가 좋다. 음악상자 위에 인형이 부착되어 있어 멜로디가 나오면서 인형들이 움직이는 음악상자는 시각적인 자극도 제공할 수 있다.

▲ 오뚝이

⑩ 오뚝이

밑부분을 무겁게 처리하여 손으로 밀거나 흔들면 제자리로 되돌아오도록 만든 인형으로 쉽게 손으로 밀 수 있고 물로 씻을 수 있는 재질이어야 한다. 흔들면 방울이 내장되어 있어 부드러운 소리를 내는 것이 좋다. 물에 뜨는 오뚝이는 물놀이 용품으로도 활용될 수 있다.

⑪ 헝겊 놀잇감

▲ 헝겊 놀잇감

정육면체 공 등의 입체 모형의 장난감으로 각 면마다 서로 다른 무늬로 된 천으로 만들어져 시각적인 자극과 함께 다른 촉감을 느껴볼 수 있다. 도형을 흔들면 방울소리가 나도록 하여 청각적 자극을 함께 줄 수 있는 것이 좋다. 4개월까지는 흑백의 뚜렷한 대조가 있는 무늬로 만들어진 것이 바람직하다.

3) 놀이

(1) 1~2개월 아기놀이

이 시기의 아기들은 시각과 청각을 자극하는 놀이를 제공해야 한다. 또한 감각이 완전히 발달한 상태가 아니기 때문에 강한 자극을 주거나 너무 세게 흔들지 않도록 주의해야 하며, 특히 머리는 조심스럽게 다루어 주어야 한다.

① 모빌놀이

모빌을 30cm 떨어진 곳에서 수평으로 오른쪽에서 왼쪽으로 다시 왼쪽에서 오른쪽으로 천천히 포물선을 그리며 아기의 눈이 따라오게 한다. 하루에 3번 정도 하는 것이 좋다. 4개월이 되어야 색깔을 구분하므로 5개월 이후에 빨간색과 파란색 등의 선명한 색으로 바꿔준다. 처음에는 5초 정도 밖에 주시하지 못하지만 차츰 집중시간이 길어지게 된다. 그리고 소리 나는 모빌을 이용한다면 청각에도 자극을 줄 수 있다.

② 고개 들기 놀이

아기를 엎드려 놓고 고개를 들게 한다. 아기가 상체를 많이 움직이게 되어 목에 힘이 생길 뿐 아니라, 등을 비롯한 여러 가지 근육들이 단련되는 운동효과가 있다. 이로 인해 뒤집기와 앉기, 기기, 일어서기가 빨라지게 된다. 또한 대뇌발달로 인해 지능이나 학습능력에도 도움을 준다. 아기가 고개를 잘 들지 않으려고 하면 아기 머리 밑에 선명한 색의 장난감을 놓아두어 관심을 끌도록 한다.

③ 냄새놀이

아기는 태어날 때부터 발달된 후각능력을 가지고 있어 엄마의 냄새를 구분할 수 있다. 평소 향기가 좋은 과일이나 꽃, 박하 등을 아기에게 보여 준 후 코에 살짝 갖다 준다. 후각을 발달시킬 뿐 아니라 아기의 기분도 상쾌하게 해준다.

(2) 3~4개월 아기놀이

① 뽀뽀놀이

아기를 껴안고 살갖을 부비며 처음에는 볼에도 뽀뽀를 해준다. 그리고 손, 발바닥 등 아기의 전신에 뽀뽀를 하면서 "엄마 뽀뽀!" 라고 말해주면 엄마의 사랑이 담긴 피부 자극이 아기의 뇌 발육과 정서 안정에 도움을 준다.

② 손가락놀이

평소 꼭 쥐고 있는 아기의 손을 펴주는 놀이이다. 아기의 손을 한 손으로 잡고 다른 손으로 손바닥을 살살 쓸어준다. 손가락을 주물주물 눌러주기도 하고, 주먹을 쥐었다 폈다를 반복해 준다. 손 근육을 자극하는 것이 아기 두뇌활동에 영향을 준다.

③ 장난감 잡기 놀이

이 시기는 자신의 의지로 물건을 잡으려고 하는 기능이 점차 발달하는 시기이다. 그러나 아직은 눈 앞에 있는 물건을 잡으려고 두 손을 뻗기는 하지만 잘 잡지는 못한다. 엄마가 아기의 손을 직접 끌어 장난감을 손에 쥘 수 있게 해주어 팔의 움직임을 도와주어야 한다. 그러면서 점차 아기가 성취감을 느끼게 된다.

④ 간지럼 태우기

아기의 몸을 살살 간질이면 아기가 몸을 움직이면서 웃게 된다. 각 부위를 간질이면서 간질이는 부위의 명칭을 이야기해준다. 누워 지내는 아기에게 신체 각 기관을 자극시킬 수 있다.

▲ 아기 손에 아빠 손가락을 쥐어 주는 모습

⑤ 손잡아보기

아기 손에 아빠 손가락을 쥐어준다. 손에 힘을 주면 아빠가 천천히 손을 들어 올리고 살살 흔들거나 노래를 불러준다. 생후 4~7개월 아기는 손을 뻗어 물건을 잡고 탐색하는 특징을 보인다. 손가락을 쥐는 활동은 소근육을 자극하고 손가락 힘을 기르는 데 도움이 된다.

▲ 양육자가 아기의 몸을 두드리며 노래 부르는 모습

⑥ 몸 두드리며 노래 부르기

아기의 몸을 골고루 두드리며 노래를 부른다. 피부를 자극하면 두뇌를 발달시킬 수 있고, 아이에게 주는 청각 자극으로 자연스럽게 리듬감과 박자감을 키울 수 있다.

▲ 아빠가 아기를 비행기 태우는 모습

⑦ 비행기 놀이

누워서 다리를 구부린 상태로 정강이에 아이를 올려 배를 대고 엎드리게 한다. 아이의 손을 잡고 다리를 움직이며 비행기를 태운다. 아빠 다리 위에서 아이는 균형을 잡기 위해 온 몸에 힘을 주게 되므로 자연스럽게 전신의 근력을 발달시킬 수 있다.

⑧ 움직이는 놀이

풍선이나 딸랑이를 30~38cm 정도 거리에 두고 왼쪽, 오른쪽으로 천천히 움직인다. 이 시기에는 시각을 관장하는 부위가 집중적으로 발달하므로 다양한 사물을 보여 주는 활동으로 시각 추적능력을 발달시킬 수 있다.

(3) 5~6개월 아기놀이

① 아기 이름 불러주기

소리에 민감한 반응을 보이는 시기여서 엄마가 이름을 부르면 알아듣는 것처럼 부르는 쪽을 바라보게 된다. 아기들에게 엄마의 목소리는 좋은 자극이 되므로 이름을 자주 불러주는 것이 좋다.

② 뒤집기와 기는 연습

뒤집기는 중추신경계, 근육, 인대 등의 발달과 연관이 깊다. 아기의 몸을 약간씩 굴려주며 뒤집는 방법을 터득할 수 있도록 도와준다. 기는 것은 근육의 발달을 도와줄 뿐 아니라, 방향 감각도 키워주고 두뇌의 활동도 도와주는 매우 중요한 놀이이다. 아기는 기면서 서고, 걷는 과정을 준비하기 시작한다. 간혹 기는 것을 싫어하는 아이들이 있는데, 엄마가 앞에서 딸랑이를 흔든다든지 하여 아기가 기는 것을 유도하는 것이 좋다.

③ 공굴리기 놀이

아기와 마주 앉거나 엎드려 아기에게 공을 굴려준다. 공이 구르면 아기도 몸을 흔들면서 좋아한다. 처음에는 거리를 가깝게 하다가 조금씩 거리를 두고 굴려준다. 색상이 선명하고 가벼운 소리가 나는 공이면 아기가 더욱 좋아한다. 공의 움직임을 눈으로 쫓기 때문에 눈의 근육과 집중력 개발에 도움이 되는 놀이이다.

④ 거울 놀이

아기를 거울 앞으로 안고 가서 자신의 모습을 보게 해준다. 그리고는 거울 속의 얼굴과 실제 얼굴을 번갈아 만져보게 하여 그 차이를 깨닫게 해준다. 차이를 깨닫게 되는 의미 있는 놀이이다. 몸의 각 부분을 가리키면서 각 부분의 이름을 말해준다. 거울은 잘못 다루면 깨지기 쉬우므로 절대 혼자 보고 놀게 해서는 안 된다.

⑤ 색종이 놀이

색깔을 구별하는 시기이므로 색상이 선명한 색종이를 아기에게 보여 준다. 처음에는 검은색과 흰색을 보여 주다가 차츰 눈에 띄는 빨강, 파랑, 노랑, 초록 등을 보여 준다. 그리고 색종이의 색깔을 또렷하게 말해 준다.

⑥ 구르기 놀이

아기를 이불이나 담요에 눕히고 몸을 옆으로 살짝 눕혀 가볍게 밀어주거나 이불 끝을 잡고 모퉁이를 들어 구르게 해도 괜찮다. 구르기는 뒤집기를 위한 운동으로 중추신경과 근육의 발달을 돕는다. 이 놀이를 되풀이하면 뒤집기를 어려워하는 아기들에게 뒤집는 요령을 터득시킬 수 있다.

4) 발달 체크리스트

베일리(Bayeley, 1969)의 영아발달척도는 영아의 발달상태를 평가하기 위하여 가장 널리 사용되는 표준화 검사로 2개월에서 이후의 영아의 발달 중 지적 능력척도와 운동능력척도를 살펴볼 수 있다.

표 6-10 | 1~12개월 영아의 베일리의 영아발달척도

지적 능력척도		운동능력척도	
월 령	항 목	월 령	항 목
1	소리에 반응한다.	1	어깨에 받치고 안으면 고개를 든다.
1.5	사회적 미소를 짓는다.	1.8	옆으로 뉘여 놓으면 발로 눕는다.
2	눈으로 어머니를 알아본다.	2	받쳐주면 앉는다.
3.8	소리 나는 쪽으로 머리를 돌린다.	3	누운 자세에서 몸을 옆으로 돌린다.
4.1	물건을 잡으려고 손을 뻗는다.	5	앉으려고 몸을 일으킨다.
4.8	낯선 사람을 식별한다.	6	몸을 뒤집는다.
6	떨어진 숟가락을 찾는다.	7	혼자 앉는다.
7	서로 다른 4음절을 소리낸다.	8	잡고 일어선다.
9	말로 요구하면 반응을 보인다.	9	도움을 받고 선다.
13.4	젖병 뚜껑을 벗길 수 있다.	11	혼자 선다.

출처 : 유효순 외(2013), 영아발달, pp. 173~174에서 발췌.

생각해 보기

1. 1~12개월 영아를 선택하여 관찰하고 신체 · 인지 · 정서 · 언어발달의 특성을 기록한 후 평가해 보자.

2. 1~12개월 영아의 발달을 촉진할 수 있는 환경 내에서 어떠한 요소들이 구성되어 있어야 할지 생각해 보자.

3. 1~12개월 영아의 양육환경을 점검해 보고 놀잇감과 놀이방법에 어떠한 변화가 있어야 할지 생각해 보자.

CHAPTER·7

13~24개월 영아

1. 신체 및 운동발달
2. 인지발달
3. 사회정서발달
4. 언어발달
5. 교사 및 부모의 역할

학습목표

- 발달의 개념을 안다.
- 영아발달의 특징과 원리를 이해한다.
- 발달의 쟁점에 대해서 이해한다.

핵심개념

- 3차 순환반응기
- 뉴런
- 정신적 결합기
- 표상적 지능
- 대상영속성
- 지연모방
- 병행놀이
- 과잉 확장, 과잉 축소
- 전보식 언어, 주축문법
- 표현어휘

CHAPTER · 7

본 장에서는 13~24개월 영아의 신체 및 운동발달, 인지발달, 사회정서발달, 언어발달에 대한 전반적인 발달과정을 설명하고, 이에 따른 교사 및 부모의 역할을 살펴보고자 한다.

1. 신체 및 운동발달

영아는 출생 후 1~2년 자신의 신체 대부분을 움직이고 활동할 수 있는 기본능력을 형성해서 스스로 조작하고 이동할 수 있는 운동발달을 하게 된다.

이 시기 영아들의 가장 큰 발달 변화 중 하나는 걷기를 통한 이동능력이다. 13~24개월의 영아는 계단을 기어오르기 시작하고, 혼자서 서고, 점차 걷기 시작하면서 공을 던질 수 있으며, 옆으로 또는 뒤로 걷기 시작하여 달리는 행동으로 발달해 간다.

1) 신체 크기 및 골격과 근육의 발달

우리나라의 13개월 된 영아들의 키는 평균 77.5cm, 몸무게는 10.5kg이다. 이 시기 동안 영아들의 키는 6cm 정도 증가하여 18개월에는 83.2cm가 되고, 몸무게는 약 1kg 정도 증가하여 18개월에는 11.7kg이 된다(곽금주 외, 2005). 그러나 영아들은 꾸준히 자라기보다는 작은 성장급등을 거치면서 자란다. 한 연구에서 영아들을 생후 21개월까지 추적했을 때, 13개월 이후 대부분의 걸음마 시기는 살이 빠지는데, 이러한 경향은 영아기 중반까지 지속된다. 우리나라 영아의 신체 크기 발달은 **표 7-1** 에서 살펴볼 수 있으며, 출생 후 24개월이 되면 출생 시의 1.7배인 약 87~88cm로 성장한다.

이와 대조적으로 근육세포는 영아 동안 매우 천천히 증가하고 청소년기가 될 때까지 최고조에 달하지 않는다. 출생 시 신장의 약 1/4을 차지하던 머리 크기는 18개월경이 되면 신장의 1/5이 된다. 영아의 골격은 성인에 비해서 크기도 작고, 수도 적으며, 골격의 비율, 형태, 구성에 있어서 차이가 있다. 영아의 골격은 단단해지고 목과 팔다리 등의 골격이 발달함에 따라 다양한 운동적 변화가 가능해진다.

영아의 근육은 골격과는 다르게 섬유의 수가 성인과 같거나 비슷하다. 그러나 근육의 신체비율은 남아가 영아보다 크고, 근육조직은 출생부터 꾸준히 발달하면서 두꺼워지고 단단해진다. 영아의 경우 대근육이 소근육보다 먼저 발달된다.

영아 동안에 이루어지는 골격의 변화 중 눈에 띄는 발달은 치아발달이다. 18~20개월의 영아인 경우 12개 정도의 앞니, 간니, 어금니, 송곳니의 치아가 생겨 음식을 먹는 데 무리가 없다.

표 7-1 | 13~24개월 영아 신체 크기 발달

개월 수	남자아이 키	남자아이 몸무게	여자아이 키	여자아이 몸무게
13개월	78.5cm	10.50kg	77.4cm	10.00kg
14개월	79.3cm	10.70kg	78.2cm	10.23kg
15개월	80.1cm	11.00kg	79.2cm	10.52kg
16개월	81.0cm	11.20kg	80.0cm	10.70kg
17개월	81.8cm	11.40kg	81.0cm	10.95kg
18개월	82.6cm	11.72kg	81.8cm	11.23kg
19개월	83.5cm	11.90kg	82.7cm	11.45kg
20개월	84.3cm	12.00kg	83.4cm	11.73kg
21개월	85.1cm	12.30kg	84.4cm	12.03kg
22개월	86.0cm	12.40kg	85.2cm	12.20kg
23개월	87.0cm	12.60kg	86.1cm	12.35kg
24개월	87.7cm	12.94kg	87.0cm	12.51kg

출처 : 대한소아과학회(2007), 한국소아발육표준치.

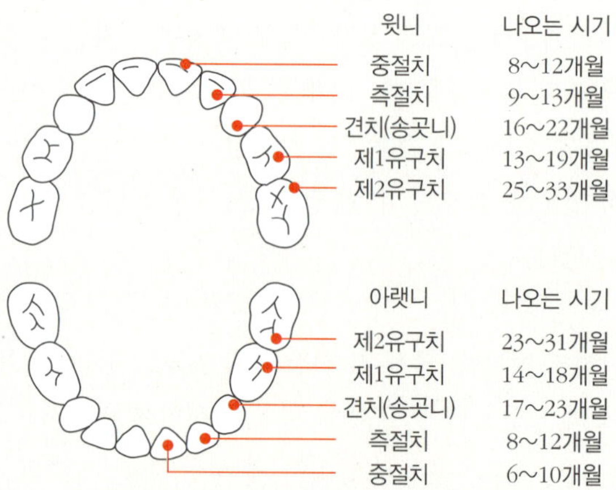

| 그림 7-1 | 유치의 종류와 나오는 시기

2) 뇌와 신경세포의 발달

뇌와 신경세포의 발달은 출생 후 영아 동안 뇌의 성장이 급격하게 이루어지며

이후의 신체 · 인지 · 정서발달에 기초가 되어 중요하다.

두뇌 크기의 급속한 성장은 대뇌의 발달과 함께 영아의 운동기능과 지능발달에 영향을 미친다. 뇌는 뉴런과 아교세포glia cell로 이루어져 있다. 뉴런은 정보를 주고 받는 역할을 하는 신경세포로 신경계를 이루는 기본세포이다. 아교세포는 신경세포들을 둘러싸고 있는 그물구조의 조직으로 뉴런을 지지하고 보호하는 역할을 한다. 영아에 나타나는 뇌세포의 발달은 뉴런의 양적 · 질적 성장에 의해 이루어진다. 영아의 두뇌발달은 생물학적 요인보다는 환경적 요인에 의해 크게 영향을 받으며 개인차가 있다.

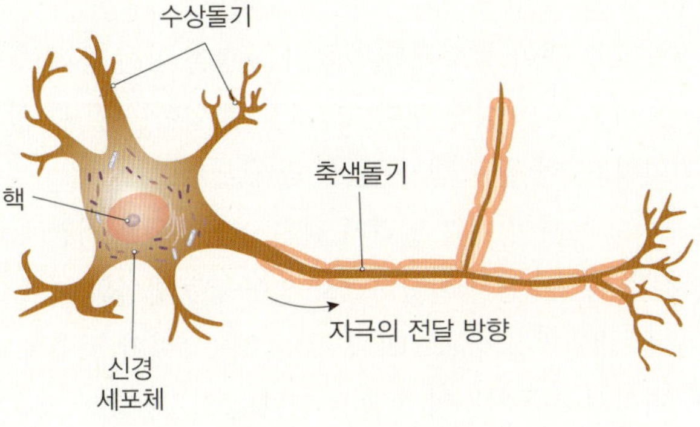

| 그림 7-2 | 뉴런의 구조

3) 운동기술의 발달

(1) 대근육운동발달

영아의 대근육운동능력은 신체발육 정도에 따라 차이가 있으나, 연령별 발달과정은 일정하여 머리에서 발의 방향으로 위에서 아래로 운동발달이 진행된다.

영아의 걷기, 달리기, 계단 오르기의 대근육운동발달을 살펴보면 다음과 같다.

① 걷기와 달리기

이 시기에 영아들이 걷기 시작한다는 것은 균형을 잡는 능력이 발달하고 있음을 보여 주는 것이다. 또한 서고 걷는 행동은 영아들의 이동을 용이하게 해주고 탐색할 수 있는 영역을 급격하게 확장시킨다.

▲ 영아의 걷기

대부분의 영아들은 12개월을 전후해서 걷기 시작한다. 우리나라 영아들을 대상으로 한 연구에서도 13개월 영아들 중 70.5%가 양손을 잡아주면 넘어지지 않고 몇 걸음 걸을 수 있으며, 64.1%의 영아는 한 손만 잡아줘도 앞으로 몇 걸음 나아갈 수 있었다. 14개월이 되면 걷기가 보다 능숙해진다(곽금주 외, 2005). 걷기를 시작한 영아들은 빠른 속도로 운동능력이 발달되며, 18개월 정도가 되면 천천히 달리기 시작한다. 일반적으로 운동기능들은 관찰이 쉽고, 일정한 순서대로 발달하므로 영아발달을 검사하는데 가장 널리 사용된다. 19~24개월 정도가 되면 영아는 앞으로 걷는 것뿐만 아니라 앞, 뒤, 옆으로 걸을 수 있으며, 깡충 뛰기도 가능하다. 걷기를 시작한 영아는 걷는 것이 능숙해지고 몸의 균형을 잡는 능력도 발달해 뛸 수도 있게 되며 뛰다가 멈출 수도 있게 된다. 24개월 된 영아는 뛸 수 있지만 갑자기 방향을 바꿀 때 넘어지고, 한 발로 잠시 설 수 있게 된다.

운동기능 중에서도 특히 걷기와 달리기 같은 이동운동은 시간에 따라 새로운 형태의 기능적 특징을 나타내면서 발달하므로 영아 운동발달의 지표가 된다. 이러한 운동능력의 발달은 대뇌피질의 발달과 신경의 협응능력의 성숙에 따른 변화에 기인하는 것이다. 따라서 운동기능의 발달은 영아의 신경발달적 성숙을 알아보는 척도로 사용된다.

② 계단 오르기

영아가 잘 걷게 되면 두 손과 두발을 이용해서 계단 오르기를 시작한다.

▲ 영아의 한 손을 잡아 주고 계단 오르기

영아가 걷기 시작하면 계단을 오를 수 있게 된다. 계단을 오를 때 한쪽 발을 먼저 올려놓고 그 다음 다른 쪽 발을 그 옆에 놓는다. 그리고 다음 계단으로 올라간다. 그러나 계단을 내려오기는 만만치 않기 때문에 계단을 내려오는 것은 올라가는 것보다 균형을 잡기가 더 어려워 4세 전에는 발을 번갈아 가면서 계단을 내려오지 못한다(정옥분, 2004).

우리나라 영아의 경우 14개월 정도에 계단 오르기를 시작하여 18개월에 이르기까지 지속적인 발달을 보이는 것으로 나타났다. 계단을 내려오는 동작의 경우, 17개월이면 대부분의 영아들이 한 손을 잡아주면 계단을 내려올 수 있었다. 따라서 17개월 이후 영

표 7-2 | 13~18개월 영아의 운동기능발달

월 령	신체 · 운동발달	
13~18개월	• 계단을 기어오르기 • 물건 넘어다니기 • 팔을 뻗어 머리 너머로 공을 던지기 • 공을 앞으로 차기	• 스스로 일어나기 • 혼자 서기 • 혼자 서고 걷기 • 능숙하진 않지만 천천히 달리기
19~24개월	• 앞, 뒤, 옆으로 걷기 • 계단 하나 정도의 얕은 구조물을 뛰어 넘기 • 유모차를 밀면서 코너 돌기 • 페달자전거 타기	• 달리고 멈추기 • 난간을 붙잡고 계단을 오르내리기 • 깡충 뛰기

아들은 혼자서 계단을 오를 수 있으며, 한 손을 잡아주면 내려올 수 있었다(곽금주 외, 2005). 19~24개월경에는 계단을 오르고 내릴 때 난간을 잡고 오르내리기를 할 수 있다.

13~24개월 영아의 운동기능발달을 살펴보면 표 7-2 과 같다.

(2) 소근육운동발달

영아는 소근육기능이 향상되면서 작은 물건을 가득 담기, 쏟기, 비틀기, 집어 올리기를 즐긴다. 소근육운동은 팔과 손, 손가락의 순으로 발달하며, 그림을 그리거나 블록을 쌓거나 혹은 병뚜껑을 여는 등의 행동을 하게 되는데, 이것은 소근육발달의 결과이다. 12개월이 지나면서 색연필이나 크레파스를 주면 무엇인가를 그리기 시작하며, 13~18개월 사이의 영아들은 물체를 잡기 위해 엄지와 검지손가락을 이용하여 작은 물체를 잡을 수 있다. 또한 소근육운동기술을 사용하여 혼자서 양말, 옷, 신발 등을 벗을 수 있다. 19~24개월에는 퍼즐, 지퍼 올리기(밑부분을 끼워주면)가 가능하며, 4~6개 정도의 블록으로 탑을 쌓을 수 있다. 또한 물건을 정확한 위치에 떨어뜨리는 소근육발달을 보인다.

▲ 소근육운동을 이용한 핸들 돌리기

13~24개월 영아의 소근육발달을 살펴보면 표 7-3 과 같다.

표 7-3 | 13~24개월 영아의 소근육발달

월 령	소근육발달
13~18개월	• 엄지 사용하기 • 블록 2개를 위로 쌓으려고 노력하기 • 손가락 모두를 함께 사용하여 물건 쥐기 • 2~4개의 블록으로 탑을 쌓기 • 손가락으로 가리키기 • 블록 위에 또 다른 블록을 쌓으려고 하기 • 병뚜껑을 돌려서 여는 동작하기 • 손을 뻗어 정확히 잡기
19~24개월	• 목표물 맞추기 • 책 넘기기 • 4~6개의 블록으로 탑을 쌓기 • 물건을 정확한 위치에 떨어뜨리기 • 퍼즐, 지퍼 올리기 • 음료수를 주면 마신 후에 흘리지 않고 컵을 내려놓기 • 혼자 코트나 셔츠를 입기 • 옷 입기

2. 인지발달

13~24개월은 피아제 감각운동기의 5단계, 6단계에 해당되는 시기라고 볼 수 있다. 이 시기의 영아들은 자기 자신을 다른 대상들로부터 구별시켜서 생각할 수 있으며 인지활동은 내부의 정신작용보다 감각을 통한 직접경험에 의존하고 있다.

1) 감각운동의 인지발달

13~24개월 영아의 인지발달은 피아제의 감각운동기 5단계인 3차 순환반응 tertiary circular reaction단계와 6단계인 정신적 연합시기로 설명된다.

3차 순환반응단계에서는 새로운 행동이 어떠한 결과를 가져오는가를 알아보기 위해 다양하게 실험을 해본다. 유아가 걷게 됨으로써 자기 방향능력이 생기게 되므로 적극적으로 주변환경을 탐색한다. 새롭고 흥미로운 것을 활동적으로 찾는 것이 이 시기의 주요한 특징이다. 또한 계속적으로 주변세계를 직접 탐색함으로써 신체와 지적 능력이 발달되고 물체 사이의 관계에 대한 이해력이 확장된다.

13개월 된 영아는 '수단-목적'의 단순한 반복행동을 넘어서 환경에 대한 적극적인 탐색을 시도한다. 행동은 여전히 '행동-사건-행동'을 반복하지만 이전 단계와 다른 점은 '행동의 결과'를 살피기 위해 의도적으로 자신의 행동을 다양하게 변화시킨다는 점이다. 피아제는 선행되는 두 순환반응과 구분하기 위해서 이를 3차 순환반응이라 명명하였다. 또한 자신의 행동에 대한 반응을 유도하고자 하며, 반응이 없을 경우 행동이 지속되지 않는다. 즉, 이 시기 영아들은 단순히 목표를 성취하기보다는 다양한 시도에 흥미를 갖는다. 예를 들어, 15개월 정도 된 영아는 장난감 던지기 놀이를 할 때 항상 같은 힘과 거리에서 던지기보다는 던지는 힘과 속도를 조절하여 다양한 시도를 하고 결과를 관찰한다. 이처럼 12개월이 지난 영아는 사물을 이용하여 마치 새로운 실험을 하듯 탐색하고 새로운 경험을 즐긴다.

▲ 호기심 많은 영아

영아는 매우 적극적이고 목적 지향적이며 시행착오적으로 탐색하는 특성을 보인다. 시행착오 학습의 결과 영아는 새로운 대상이 제시되면 그 대상을 다각도로 탐색해 보고, 정해진 목표를 달성하기 위해 전 단계와는 다른 새로운 수단을 발견할 수 있다.

18~24개월 된 영아는 정신적 결합기 단계로서 감각운동적 단계에서 벗어나 서서히 표상적 지능이 발달된다. 즉, 획득된 인지구조가 내면화되어 사물을 내적으로 나타낼 수 있고 표상할 수 있는 능력이 생긴다. 이제부터 전조작기가 시작됨을 의미하며 유아들은 상징을 사용하여 물건이나 사건을 정신적으로 표상하고 저장된 정신적 표상을 나중에 문제해결을 위해 다시 끄집어내어 사용할 수 있게 된다(성현란 외, 2001). 다시 말해, 감각운동기에서 일어날 수 있는 가장 중요한 인지발달인 기억할 수 있는 능력이 발달한다고 할 수 있다. 이 시기의 유아는 자신을 다른 사람과 분리시켜 개인으로서의 자신을 조금씩 알게 된다.

유아는 영과 물질의 합성 통합체이며 사고할 수 있는 정신적 개념을 지닌 존재이므로 자신이 속해 있는 환경에서 반사행동 유형을 연습함으로써 새로운 유형의 적응을 습득하게 된다. 유아와 주위환경과의 이러한 상호작용의 결과는 상상활동을 통해 목적을 달성하는 새로운 수단을 발견하게 되며 이것이 바로 지적 결합이다. 즉, 대상을 머릿속에 떠올릴 수 있고, 머릿속에서 경험해 보지 못한 새로운 수단을 생각해 낼 수 있다(정희영, 2010).

▲상징 놀이하는 영아

감각운동기에 획득되는 중요한 능력은 대상영속성object permanence 개념과 지연모방으로 볼 수 있다.

2) 대상영속성 개념

감각운동기에 획득하게 되는 중요한 능력 중의 하나는 대상영속성의 개념이다. 대상영속성은 사물이 눈에 보이지 않아도 사라지지 않고 계속 존재한다는 것을 아는 것이다. 대상영속성의 개념은 인지발달단계와 병행하여 발달하는데, 대상영속성을 획득하기 위해서는 영아 자신이 주변 세계와 분리된 독립된 존재라는 사고를 할 수 있어야 한다. 대상영속성과 관련하여 13~14개월이 되면 평균 85% 정도의 영아들이 완전히 숨겨진 물체를 찾을 수 있었으며, 17~18개월이 되면 평균 25% 정도의 영아가 보이지 않는 상태에서 위치가 바뀐 물건을 찾을 수 있다. 이는 대상들이 독립적으로 존재함을 이해하는 대상영속성 개념을 획득하는 최종단계의 과제로서, 보이지 않는 상태에서 위치를 옮겼을 때 물건을 찾는 것이다. 이 과제에서 성공했다는 것은 대상이 영아 자신의 행동과 무관하게 독립적으로 존재할 수 있음을 이해할 수 있는 것을 의미한다(곽금주 외, 2005). 대상과 대상에 대한 행동이 구분되어 4단계에서 범했던 오류를 더 이상 범하지 않게 된다. 13개월 정도가 되면 영아는 대상물을 어디에 숨기든지 쉽게 찾을 수 있다. 그러나 대상물을 찾는 데 추론을 요하는 좀 더 복잡한 상황에서는 찾지 못한다. 예를 들어, 속이 보이지 않는 컵 속에 작은 공을 감추고 천으로 덮은 뒤, 컵을 뒤집으면 공은 천으로 떨어져 그 위에 남게 된다. 그러나 이 경우에 영아는 컵에서 공을 찾으려 한다. 이 시기의 영아라도 자신이 볼 수 있는 공간에서 물체가 이동하면 대상영속성이 잘 발휘되나, 볼 수 없는 공간에서 물체가 이동하면(예 불투명한 컵에 구슬을 넣고 천을 씌워 뒤집을 경우) 정확하게 추적하지 못한다. 이러한 점은 추론능력이 요구되는 것이므로 일반적 대상영속성은 5단계에서 거의 완성된다고 할 수 있다(곽노의 외, 2007).

19~24개월에는 대상영속성 개념이 완전히 발달한다. 보이는 곳의 이동뿐만 아니라 보이지 않는 곳의 이동도 모두 이해할 수 있다. 숨기는 장면을 목격하지 않

표 7-4 | 대상영속성 개념발달 양상

월 령	감각운동기 단계	대상영속성 발달단계	대상영속성 발달특성
12~18개월	5단계 : 3차 순환반응기	5단계	대상과 대상에 대한 행동이 구분되어 4단계에서 범했던 오류를 더 이상 범하지 않게 된다.
19~24개월	6단계 : 정신적 연합	6단계	대상영속성 개념이 완전히 발달한다.

은 대상물도 찾을 수 있다. 피아제가 제시한 대상영속성 발달은 우리나라 영아들에서도 유사한 것으로 나타났다(곽금주 외, 2005 ; 성현란 · 배기조, 2004).

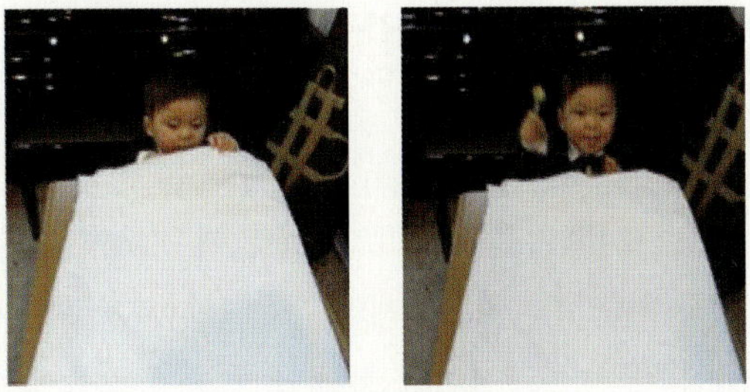

▲ 대상영속성의 발달

3) 지연모방 개념

▲ 지연모방

지연모방이란 영아는 보는 것을 그 자리에서 바로 행동을 따라하지 않고 시간이 흐른 뒤 기억하고 있던 행동을 나타내는 것을 말한다. 즉, 남들이 하는 행동을 바로 따라 하지 않고 있다가 적절한 때를 기다리다가 행동을 기억하여 나타낸다.

예를 들어, 이웃집에 놀러 가서 옆집 영아가 팔을 흔드는 것을 본 영아는 다음날 혼자 방에서 팔을 흔들어 본다. 이것은 영아가 기억을 하고 있다는 의미이며, 영아가 생각하고 기억할 수 있는 시기라는 것을 의미한다. 이것을 통해 알 수 있는 것은 영아가 아무것도 하지 않고 가만히 앉아 있다고 해서 아무것도 모르는 것이 아니며, 영아들은 가만히 관찰을 한 후, 나중에 자신이 알고 있음을 보여 주는 것이다. 따라서 가르쳐 준 것을 바로 따라 하지 않는다고 실망하거나 화를 낼 필요가 없다. 지금 바로 하지 않아도 나중에 하게 되기 때문이다.

표 7-5 | 13~24개월 영아의 지연모방

월 령	인지발달	
13~18개월	• 놀잇감 감춰진 것 찾기 • 문제해결을 위해 적극적으로 시행착오 반복 • 숨겨진 물건을 다른 곳으로 옮겨도 찾기	• 다른 사람 행동모방 • 연속동작 모방하기 • 지연모방
19~24개월	• 사라진 물건 찾기 • 과거의 사건 상징화하기 • 숫자 '2개'를 듣고 따라하기	• 상상놀이하기 • '하나'를 이해하기 • 물건 분류하기

3. 사회정서발달

13~24개월을 전후로 하여 영아는 의존성과 독립심의 상반된 특성을 나타내기 시작한다. 즉, 의젓하게 행동을 하다가도 자신이 원하는 것에 변덕스럽고, 때로는 반항적이며, 좌절이나 화난 것을 통제하지 못한다. 또한 이 시기에 나타나는 중요한 발달특징 중 또 다른 하나는 자율성, 즉 자유의지의 발달이다. 생후 1년 동안 발달의 토대 위에 영아 자신의 노력과 주변의 사회적 지지를 통해 자율성이 발달한다. 타고난 반사반응에 따라 자기조절능력을 기초로 하여 신체운동기술능력을 발달시키고, 이 발달을 기초로 하여 지식발달, 양육자의 사회-정서적 수용에 대한 상황인식력, 영아의 자유의지가 통합되어 자율성 발달의 토대를 형성한다(김미경 외, 2009). 영아들은 생후 1년간 경험한 다양한 적응행동을 바탕으로 이제 독립성이 서서히 발달되어 가는 시기이다. 따라서 엄마에게만 의존하려는 경향에서 벗어나, 사회적 관계의 폭을 넓히게 되어 엄마 이외의 대상에게도 애착을 보이는 다수애착이 형성되기 시작한다. 다수의 사람들과 관계를 맺는 경향은 또래에게도 확산되어 자신과 비슷한 연령의 영아들에게 많은 관심을 보이게 된다. 즉, 이전에는 주로 영아 주변의 사물에 많은 관심을 쏟았던 반면, 이 시기쯤이 되면 그 대상이 사물에서 사람, 특히 또래의 영아들에게로 옮아와서 또래 영아들을 유심히 관찰하게 된다.

하지만 아직은 혼자서 노는 것을 더 좋아하며, 엄마를 안전기반으로 삼고 주변을 탐색하는 것이 더 재미있는 시기이다. 그래서 이 시기를 독립이 싹트는 시기라고 볼 수 있는데, '내가 할래' 하는 독립심이 싹튼다. 그러면서 서서히 엄마가 하는 집안일의 일부를 도우려는 행동을 보이기 시작한다. 대단한 일을 하는 것은 아니지만 엄마가 무엇인가 '가져다 주세요' 요구하면 그 요구를 들어주려고도 한다. 또한, 영아가 돌이 지나면 여러 가지 감정 표현을 할 수 있게 된다. 이전에는 마냥 울거나 얼르면 웃었던 영아에서 무서운 것도 알고, 자기가 하려는 것을 저지하면 화도 낸다. 게다가 질투도 하고 즐거워서 신나게 웃기도 한다. 누군가 울면 같이 울기도 하고, 누가 웃으면 따라 웃을 수도 있다. 그리고 우는 사람 옆으로 가서 나름대로 달래 주려는 행동도 보인다. 하지만 아직은 자기 방식대로 남의 기분을 이해하고 표현하여 달래 주는 방법도 자기가 좋아하는 방법대로 표현한다. 이러한 자기 중심성 때문에 아직은 또래와 어울리는 방법이 미숙한 시기이다. 24개월이 되면 자신이 남자인지 여자인지를 어렴풋이 인식하기 시작하면서 또래의 범위도 성별에 따라 구분하게 된다. 즉, 자신과 같은 성의 또래를 선호하는 경향을 보인다. 또한, 엄마와 아빠는 각각 여자와 남자라는 성으로 구분된다는 성별에 대한 구분도 서서히 할 수 있게 된다. 따라서 엄마나 아빠의 소유물이나 신체적 특징에 따라 남과 여를 구분할 수 있게 되며 남자와 여자의 성 역할에 대한 차이도 인식하게 된다. 자신과 타인의 존재에 대한 구분이 확실해지면서 자아는 점점 더 강하게 발달하고, 따라서 타인에 대한 의식도 점점 더 강해지게 된다. 영아는 좋고 싫음이 분명해지면서 감정의 표현도 분명해진다. 기분이 좋을 때는 남들에게 좋은 모습을 보여 주다가도 원하는 대로 할 수 없거나 자기가 생각한 것을 잘 표현할 수 없을 때 화를 내거나 갑자기 울기도 하는 등 감정의 변화가 심하게 된다. 어른들은 영아의 기분 맞추기가 힘들어진다. 또한 이 시기 영아들에게 중요한 과업은 배변훈련이라는 과정이 있다. 젖떼기, 배변훈련은 모두 이 시기에 이룩되는 중요한 발달특징이므로, 이 과정에서 지나치게 통제하면 자기 조정능력을 잃게 되어 자율성 대신에 의심이 생기게 되는 함정이 있다. 그러므로 이 시기에 양육자인 부모나 성인의 일관된 행동과 안정된 애착관계는 신뢰감과 자율감을 형성하게 된다.

13~24개월 영아의 자기발달, 친사회성발달, 정서발달을 살펴보고자 한다.

1) 자기발달

자기self에 대한 이해의 발달은 영아 후반에 나타나는 정서적 성장의 표시로 다른 사람과 자신이 다른 개체임을 아는 것이다. 즉, 영아가 타인의 신체, 정신, 행동과 자신의 신체, 정신, 행동이 분명히 다르다는 것을 아는 것으로, 이러한 자아인식은 자부심에서부터 죄의식, 수치심, 당혹감에 이르기까지 다른 측면의 정서발달을 촉진시킨다.

▲ 거울 속의 자신의 몸을 인식하는 영아

15~18개월까지의 기간이 영아에게 있어서는 지식대상으로서 개인에 대한 자기인식이 나타나는 중요한 시기이다(Harter, 1998). 또한

자아인식은 타인에 대한 인식에서부터 비롯되기 때문에 사회적 맥락의 정서로 본다. 이는 다른 사람에 대한 새로운 의식, 즉 반항, 질투, 감정이입, 애정과 같은 타인 지향적 정서를 야기한다(Berger, 2003).

영아의 자아인식을 살펴보기 위해 루이스와 브룩스(Lewis & Brooks, 1979)는 영아의 코에 붉은 루즈를 바른 다음, 거울 앞에 세워 놓고 영아의 반응을 관찰함으로써 자기 인식self-recognition의 발달을 연구하였다. 거울을 보고 자기의 코를 만지는 영아는 거울 속에 있는 영아가 자기임을 아는 것인데, 실험 결과 생후 9~24개월 사이의 영아 중 12개월 미만의 영아는 거울 속의 자신의 코를 만졌고, 15~24개월 사이의 영아는 호기심과 당황스러움의 감정을 가지고 자신의 코를 만졌다. 따라서 영아들은 생후 1년이 지난 13~18개월 사이 자아인식이 형성됨을 알 수 있다. 자아인식의 발달에 있어서도 15개월 이후에는 거울에 비춰진 자신의 몸을 의식하는 행동을 더 많이 하게 된다.

2) 친사회성발달

▲ 성인과의 애착관계

영아들은 13개월 이후부터 정서적 불편함을 표현하는 단서에 대해서 공감적인 표현을 하는 친사회적 행동이 점점 두드러지게 발달한다. 이 시기 영아들의 공감적 행동은 주로 정서적 불편함을 표현하는 단서에 대해서 단지 공감적인 표현을 하는 행동으로 나타난다. 이 시기 친사회적 행동의 예로는 엄마, 아빠, 낯선 타인 등과 물건 나누기, 엄마를 도와 어린 동생 돌보기, 자발적으로 집안일 돕기 등이 있다. 공감형성은 12~18개월에 나타난다.

13개월부터 친사회적 행동의 초기 형태인 정서적 공감(예 타인이 울면 같이 울거나 눈물 닦아주기 등)이 나타난다. 이러한 정서적 공감행동은 남아들보다 여아들에게서 더 많이 나타난다(곽금주 외, 2005). 13개월 이후는 모방하기가 활발히 나타나며 주로 자신과 애착관계에 있는 성인의 말이나 행동을 따라한다. 자아인식에 있어서도 15~18개월경에 이르면 자신과 타인의 차이점을 파악하는 분리된 자기의 관념이 명확해지고 21~24개월에는 분리된 자아감각이 거의 확립된다.

3) 정서발달

이 시기 영아들의 정서와 사회성은 뒤섞여 분화되지 않는 상태이다. 가장 특징적인 정서의 표현은 기쁨, 행복, 분노, 공포, 불안 등 덜 분화된 상태에서 감정의 조절을 어떻게 하는 것인지 알지 못하고 사회적 상황에 대한 이해부족과 타인에 대한 관심이나 이해부족에서 나타나는 행동특징을 보인다.

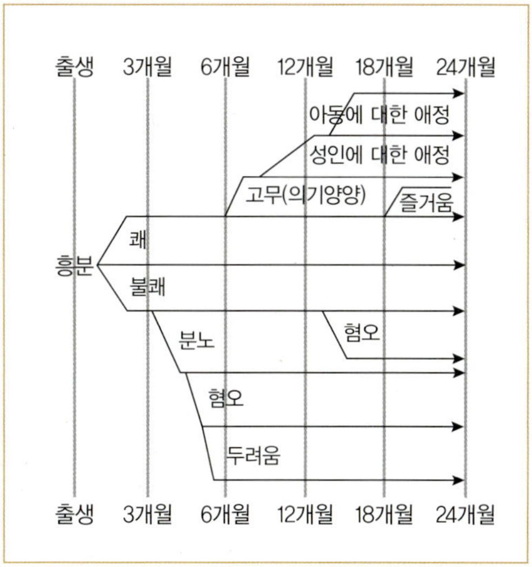

| 그림 7-3 | 영아의 정서표현발달

13~18개월경의 영아는 낯선 사람에 대한 두려움을 가장 강하게 나타내고, 특히 상상력이 증가하여 환상적인 두려움을 나타내기도 한다. 또한 격렬한 행동으로 자신의 감정을 나타내는데, 금방 울다가 웃거나, 웃다가 고함치고 우는 등의 극과 극을 나타내는 감정의 굴곡을 겪는다. 16~20개월경의 영아는 혼자 해보려고 하며 자신의 요구가 존중받기를 바라고, 자기 마음대로 안 될 때는 화를 낸다. 또한 19~24개월경의 영아는 자신에 대한 인식과 성인의 지시에 대한 이해가 증가하면서 수치, 당황, 자부심 같은 자아에 대한 인식과 관련된 정서가 나타난다. 자신에 대해 뚜렷한 자아상을 나타낸다(전남련 외, 2102).

▲ 성인역할 흉내 내기(시장보기)

▲ 인형을 좋아하는 영아

표 7-6 | 13~24개월 영아의 정서발달

월 령	정서발달	
13~18개월	• 낯선 것에 두려움 느낌 • 화를 냄 • 옳고 그름 배우기 시작	• 애정표현 • 정서표현 분쟁해결 위해 놀이 사용 • 화내기
19~24개월	• 동시에 한 가지 이상의 감정표현 • 거울 속 자기 얼굴을 인식하여 자아가 생김 • 공격적인 행동 보이기 • 나누어 쓰기 어려움	• 관심, 인정을 추구하기 • 새로운 것에 대한 공포발달 • 자기조절 통제 배우기 • 고집과 불평 표현하기

표 7-7 | 13~24개월 영아의 사회성발달

월 령	사회성발달	
13~18개월	• 자기중심적임 • 부끄러움을 탐 • 또래에게 관심 보이기	• 관심을 끌기 위해 다양한 행동 • 혼자, 병행 놀이하기
19~24개월	• 관심 요구하기 • 타인 행동 모방해 보기 • 병행 놀이하기	• 타인감정 인식하기 • 반항심을 '싫어'로 표현하기 • 혼자 하려는 자율성이 생김

4. 언어발달

영아들은 표정, 몸짓과 신체 움직임, 울음 등의 비언어적인 의사소통의 방법으로 자기 생각과 느낌을 표현하다가 점차 언어로 변화해 간다. 영아 18~24개월에 이르는 동안은 언어가 폭발적으로 나타나는 새로운 단어의 산출을 보이는 언어학습의 숙련기이다. 영아는 사회에서 통용되는 언어를 사용하여 의사소통을 할 수 있게 되므로 상대방이 알아들을 수 있는 단어의 사용이 좀 더 늘어난다. 그러나 주로 한 단어로 말하기 때문에 '일어문 시기'라고도 한다. 새로운 두 음절의 단어를 모방할 수 있고 단어들을 결합하여 상황에 적절하게 말한다. 유사한 단어들을 많이 사용하고 강화되어서 표현적인 어휘가 영아의 일상적인 부분이 된다.

1) 언어발달 특징

13~24개월 영아는 모든 발달적 측면과 마찬가지로 언어발달도 자신만의 속도로 진행된다. 언어발달의 유형과 패턴은 개인차와 선행경험, 그리고 양육자와 상호작용 유형과 보살핌 등의 영향을 받게 된다. 이 시기의 언어발달 특징은 한 단어에서 두 단어까지 사용하는 시기이며, 단어를 사용하고, 놀 때에 주변 환경의 소리를 흉내 내는 특징을 갖는다. 영아들의 언어발달은 문맥과 상관없이 진정한 의미에서의 낱말을 지시적으로 사용하는 것은 13~16개월 정도가 되어야 가능하다. 영아들은 일부 낱말의 경우엔 처음부터 융통성 있게 사용하기도 하지만 대부분의 낱말들은 문맥 의존적으로 사용하다가 점차 문맥과 상관없이 사용할 수 있게 되는 것이다.

어휘폭발기가 끝나는 약 24개월이 되면 영아들은 낱말을 서로 연결하여 산출할 수 있게 된다. 그러나 이 시기에 영아는 낱말을 조합하기는 하나 대체적으로 그 의미적 속성에 의해 낱말을 나열할 뿐 어떤 문법적 규칙에 의해 문장을 형성하지는 못한다.

(1) 한 단어 문장

13개월이 되면 영아는 실제 일상생활에 필요한 단어를 주로 사용하게 된다. 1~2개의 단어가 획득되면서 영아의 언어발달이 가속화되는 시기이다. 예를 들어, '물'을 '무'라고 말하며, 주로 한 단어가 문장의 기능을 하기 때문에 '일어문' 또는 '한 단어'시기라고도 한다. 영아가 사용하는 한 단어의 의미는 성인이 사용하는 의미와 때로는 다르게 사용된다. 보통 한 단어 문장은 단어 한 개로 문장을 구성하기 때문에 듣는 사람은 말하는 사람의 억양과 제스처 및 얼굴 표정과 같은 실제언어 body language를 참조하여 의미를 이해하여야 한다(김수희, 2011). 즉, 단어 의미의 과잉 축소현상이나 과잉 확대현상이 나타난다. 과잉 확장은 영아가 하나의 단어를 성인들이 통상 적용하는 대상물 이외의 사물에까지 확대 적용하는 것을 의미한다. 예를 들어, 영아가 '멍멍이'라는 말을 알 때 개뿐 아니라 개처럼 네 발로 다니고 털이 난 고양이, 여우, 소에게까지 '멍멍이'라고 하는 것이 그 예이다. 이는 영아가 단어의 명확한 의미를 모를 때 그와 유사한 사물에 그 단어를 적용시켜 나가는 것이다. 이러한 영아의 발달현상은 인지적 측면에서의 분류나 유목화 작업과도 연관이 있다. 그러나 때로는 영아가 자신이 사용하는 단어가 적합한 것이 아닌 줄 알면서도 잘못된 단어를 사용하는 경우가 있다. 영아는 자신이 단어를 잘못 말할 때 성인이 정확한 단어를 알려주기 때문에 사물의 올바른 이름을 찾아내기 위해 과잉 확장하기도 한다.

또한 영아들은 어떤 단어들에 대해서는 과잉 축소하기도 한다. 동물이라는 단어를 포유동물에게만 국한시켜 사용하며, 물고기나 곤충은 동물로 인정하지 않는 것이 그 예다. 이는 영아가 아직 전체–부분의 유목포함 관계에 대해 확실한 개념을 형성하지 못하였기 때문이다. 영아가 그림책이나 동물원에서 동물이라고 보고 들은 것은 주로 포유동물인 말, 염소, 호랑이 등이며, 그 외 동물에 포함되는 물고기, 곤충들은 '물고기가 많이 있네, 개미는 곤충이야'라고 물고기, 곤충의 명칭으로만 들어 왔기 때문에 물고기나 곤충은 동물이 아니라고 생각할 수 있다(곽금주 외, 2005).

(2) 두 단어 문장

18~20개월 영아는 많은 어휘를 습득하게 되면서 문장을 만들기 위해 둘 또는 그 이상의 단어를 연결시켜 자신의 의사나 감정을 의미 있게 표현하기 시작한다. 약 50개 정도의 단어를 사용할 수 있으며, 언어 이해력이 빠른 속도로 증가한다. 영아들이 이해할 수 있는 어휘와 실제 사용하는 어휘는 차이가 있으며, 이해할 수 있는 어휘는 사용 어휘의 두 배 정도가 된다. 18개월이 지나면서 사용 어휘가 급격히 증가한다. 두 단어를 조합하여 문장을 만드는데, 주로 명사와 동사의 내용어만 결합한 주요 단어로 이루어지고 '전보식 언어telegrephic speech'형태를 구사한다. 이 시기의 대표적인 언어적 특징이 전보식 언어와 주축문법pivot grammar을 들 수 있다. 전보식 언어는 중요한 단어만 나열하는 것을 의미한다. 예를 들어, '엄마 까까', '엄마 응가', '엄마 쉬', '엄마 맘마' 처럼 가장 핵심적인 단어만으로 구성하는 것을 말한다. 주축문법은 영아들이 만든 두 단어의 결합을 분석하여 그들이 사용하는 규칙을 발견한 것으로, 두 단어로 구성된 영아의 문장은 주축어pivot word와 개방어open word로 이루어져 있다(강인언 외, 2010).

영아들의 문장발달에 있어서는 13~16개월에는 수사, 대명사, 동사를 사용하고, 17~20개월에는 감탄사, 형용사를 사용하며, 21~24개월에는 명사와 조사를 사용한다(김경희, 1999).

2) 의사소통발달

이 시기 영아는 자기중심적 사고에서 벗어나 상대와의 의사소통 발달이 유연해진다. 의사소통하기 위해 대화에 참여하는 것은 사회적 상호작용에 관심이 있을 때이며 이러한 상태에 도달하기 위해서는 자기중심적 사고에서 벗어나 타인의 입장을 이해할 수 있어야만 한다. 영아가 필요한 인지적 수준에 도달하지 못했을 때는 영아의 대화기술은 제한받는데, 대체로 3세 정도 되면 대화와 사회적 양상을 조금씩 인식하여 언제쯤 상대방에게 말할 기회를 주어야 할 것인지를 깨달을 수 있고 상대방이 말을 하고 있을 때는 잠시 기다릴 줄도 알게 되는 것이다.

▲ 의사소통하는 영아

3) 쓰기 · 읽기 발달

12~18개월의 영아는 우연히 수직선을 긋는 경험을 하게 되고 이후에 의도적으로 수직선을 그어보려고 끄적거리는 행동을 많이 하게 된다.

19~24개월 영아는 '쓴 것'과 '그린 것'을 구별하고 연필이나 볼펜 등의 필기도구를 사용해 보는 경험을 많이 하게 된다. 읽기 발달과 관련하여, 이 시기에는 주위의 글자에 관심을 갖고 책과 글자는 읽는 것임을 알게 된다.

4) 문법의 발달

이 시기의 영아는 동사의 과거시제와 미래시제를 사용할 수 있다. '갔어, 줄거야'와 같이 시제에 관계된 어휘는 이 시기에 비슷하게 나타나지만, '오늘', '내일'과 같은 시기에 관계된 어휘는 영아 후기에 와서야 가능하다. 수동태는 영어권이나 유럽어권 영아보다 우리나라 영아의 언어에서 일찍 나타난다. 2세 반을 전후해 '신어 줘'하던 영아가 '신겨 줘'라고 하는 것을 볼 수 있다. 이 시기 영아가 가장 먼저 이해하고 사용하는 질

▲ 그림책 보는 영아

표 7-8 | 13~24개월 영아의 언어발달

월 령	언어발달	
13~18개월	• 성인과 유사한 억양 패턴을 사용 • 3~10개 이상(명사)의 표현 어휘 습득 • 단어와 몸짓으로 말하기 • 익숙한 그림 알아보기	• 간단한 지시 수행 • 다른 사람 소리, 물건 소리 모방 • 상황에 맞는 단어 사용하기 • 마커와 분필 사용
19~24개월	• 50~100개 이상의 표현어휘 습득 • 사물 명명, 단어 빠르게 신장 • 요구나 자신의 욕구표현 단어 습득 • 명사, 동사, 대명사 등 사용 • 책을 보기	• 대명사(나, 내, 너 등) 사용하기 시작 • 사물을 명명하는 어휘 증진 • '이게 뭐야?' 질문 사용 • 2, 3단어 문장 사용하기 • 긁적거리기

문의 형태는 '무엇', '어디', '네/아니오'의 형식이고 그 다음이 '누구'이며 '왜', '어떻게', '언제'가 포함된 질문은 그 후에 나타난다.

5. 교사 및 부모의 역할

13~24개월 영아기의 영양 및 질병관리와 놀잇감, 놀이, 발달 체크리스트에 대해 살펴보기로 한다.

1) 영양 및 질병관리

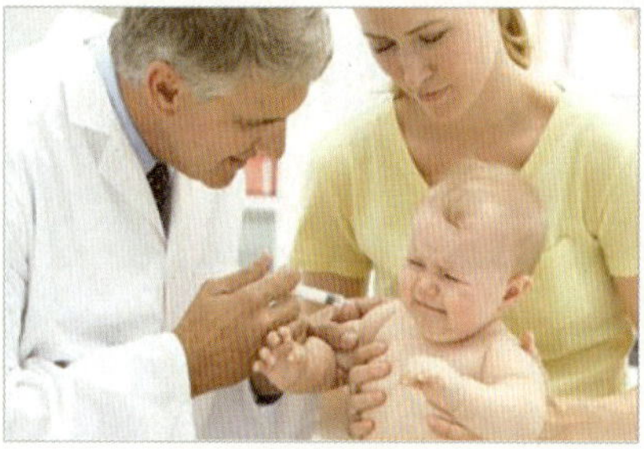

▲ 예방접종

영아 영양의 특성은 성인과 다르며, 영아는 체중 및 신장의 변화가 급속하고 신진대사가 활발하여 성인보다 에너지 소비가 단위체중당 비교 시 훨씬 크기 때문에 영양이 부족하면 더 크게 영향을 받는다. 그리고 소화기능발달이 미숙하기 때문에 발달단계에 맞추어 유동식, 반고형식, 고형식으로 형태에 변화를 주면서 식사를 제공해야 한다. 또한 영아는 면역력이 약하기 때문에 음식조리 및 배식과정을 위생적으로 관리해야 한다.

영아는 식품이나 음식에 대한 기호가 현저하게 나타나고, 편식이나 식욕부진 등을 경험하게 된다. 이러한 식습관의 기호 차이가 현저해지기 전인 영아에 다양한 식품과 음식을 경험하도록 하는 것은 영아 편식을 예방하고 영양을 관리할 수 있는 방법이다.

영아는 감염에 대한 저항력이 낮은 시기이므로 질병에 걸리지 않도록 예방하는 것이 중요하다. 예방접종은 전염성 질환을 예방하는 효과적인 방법으로 영아 예방접종은 영아를 질병으로부터 보호하고 건강한 성장발육의 기초가 된다(김수강, 2007). 영아기에는 예방접종이 집중적으로 이루어지며, 이는 부모에 의해 이루어지기 때문에 적기에 접종이 이루어질 수 있도록 예방접종 시기를 잘 알아두어야 한다.

표 7-9 | 국가필수예방접종 11종

결핵(BCG, 피내용)
B형 간염
DTaP(디프테리아/파상풍/백일해)
IPV(폴리오)
DTap-IPV(디프테리아/파상풍/백일해/폴리오)
Hib(b형 헤모필루스 인플루엔자)
MMR(홍역/유행성이하선염/풍진)
수두
일본뇌염(사백신)
Td(파상풍/디프테리아)
Tdap(파상풍/디프테리아/백일해)

국가필수예방접종은 만 12세 이하 대상인 경우는 지정 의료기관에서 비용지원을 해주고 있다. 국가필수예방접종 11종은 표 **표 7-9** 와 같다.

표 7-10 | 질병 예방법

질 병	예방법
폴리오	3차 접종은 생후 6개월에 접종하나 18개월까지 접종 가능하며, DTaP-IPV(디프테리아 · 파상풍 · 백일해 · 폴리오) 혼합백신으로 접종 가능
홍역	유행 시 생후 6~11개월에 MMR 백신 접종이 가능하나 이 경우 생후 12개월 이후에 MMR 백신 재접종 필요
일본뇌염(사백신)	생후 12~23개월 기간 중 7~30일 간격으로 2회 접종하고, 2차 접종 12개월 후 3차 접종 실시
인플루엔자(사백신)	6~59개월 소아의 경우 매년 접종 실시. 이 경우 접종 첫해에는 1개월 간격으로 2회 접종하고 이후 매년 1회 접종(단, 인플루엔자 접종 첫 해에 1회만 접종받은 경우 그 다음해 1개월 간격으로 2회 접종)
B형 헤모필루스 인플루엔자	생후 2개월~5세 미만 모든 소아를 대상으로 접종, 5세 이상의 경우 B형 헤모필루스 인플루엔자균 감염 위험성이 높은 경우 접종(겸상적혈구증, 비장 절제술 후, 항암치료에 따른 면역 저하, 백혈병, HIV 감염, 체액면역결핍 등)
폐렴구균(단백결합)	생후 2개월~5세 미만 모든 소아를 대상으로 접종. 10가 단백결합 백신과 13가 단백결합 백신 간의 교차접종은 권장하지 않음
A형 간염	생후 12개월 이후에 1차 접종하고 6~18개월 후 추가접종(백신에 따라 접종 시기가 다름)

출처 : 질병본부 홈페이지.

2) 놀잇감

출처 : 보육사

▲ 바퀴가 있는 자동차를 가지고 놀이하는 영아

13~24개월 영아의 놀잇감을 13~18개월, 19~24개월 영아 시기별로 살펴보면 다음과 같다.

(1) 13~18개월 놀잇감

언어와 신체, 소근육 등이 매우 발달하고, 자아가 생기면서 말을 잘 듣지 않는 경우도 나타난다. 상상력, 상황에 대한 인식이 생기므로 간단한 극놀이를 하면 상상력과 사물 인지력을 키우게 된다. 사물의 이름을 대는 놀이도 이 시기 영아에게 도움이 된다.

바퀴가 있는 자동차, 줄로 끌고 다닐 수 있는 장난감, 소리 나는 장난감(피아노 건반, 실로폰), 낱말카드, 인형극을 할 수 있는 손인형 등이 있다.

(2) 19~24개월 놀잇감

▲ 찰흙놀이

이 시기 영아들은 대상을 모방해 전화 거는 흉내를 내거나, 신문을 읽는 듯한 흉내를 낸다. 자기가 본 것을 기억하고 그대로 모방해 따라 한다. 컵을 들고 마시는 시늉을 하고, 인형을 업고 다니며, 자동차 그림 위에 올라가 자동차 소리를 내기도 한다.

자기 놀잇감을 다른 영아에게 주는 것을 싫어하며 독점하는 것을 좋아한다. 이때는 보고, 듣고, 냄새를 맡고, 만질 수 있는 경험을 해보게 하는 것이 좋다.

적목 쌓기, 퍼즐, 찰흙, 밀가루 점토, 끈 꿰기 등이 있다.

3) 놀이

13~24개월의 영아가 부모와 함께 할 수 있는 놀이를 살펴보면 다음과 같다.

(1) 산보하기

또래 친구들에게 관심을 가지게 되는 나이이다. 날씨가 좋은 날 영아가 많이 모이는 놀이터에 데리고 나가 마음껏 놀게 한다. 가끔씩 코스를 변경하여 평소와 다른 것을 발견하면 다소 과장되게 놀라는 모습을 보여 준다.

(2) 맨발로 걸어보기

호기심이 많은 시기이므로 밖으로 데리고 나가 호기심의 폭을 넓혀주고 충족시켜 준다. 엄마와 손을 잡고 맨발로 걸어본다. 모래와 잔디밭을 맨발로 걷는 기분이 어떤지 느껴본다.

(3) 벤치 뒤에 숨기

벤치에 영아와 함께 앉아 까꿍 놀이를 한다. 영아가 혼자 잘 앉으면 영아 혼자 벤치에 앉힌 후 숨어본다.

(4) 거울 놀이

영아들은 거울에 비치는 자신의 모습을 좋아한다. 영아의 반응을 보면서 거울 놀이를 한다. 거울을 보면서 "안녕, 좋은 아침이야." 등 엄마가 하는 인사를 따라 하는 놀이를 한다.

(5) 같이 책 읽기

집에서 그림책을 보기도 하고, 도서관, 서점에서 엄마와 함께 책을 읽는다. 영아는 엄마, 아빠의 무릎 위에 앉는 것을 매우 좋아한다. 무릎 위에 앉혀 놓고 함께 책을 읽으면, 영아가 책을 보는 것을 좋아하게 된다.

(6) 숨바꼭질하기

문 뒤로 몸을 숨기는 등의 놀이는 영아의 기억력을 키워주는 놀이이다. 무언가를 발견하면 소리를 지르며 좋아한다. 영아의 눈앞에서 엄마가 커튼 뒤에 숨는다.

영아는 커튼 뒤로 와 엄마를 찾고 좋아한다.

(7) 블록 놀이

▲ 적목 쌓기 놀이하는 영아

손의 움직임이 많이 유연해진 시기로 손으로 다양한 놀이를 할 수 있다. 2~3개의 블록을 쌓을 수 있게 된다. 엄마와 함께 블록을 쌓으며 재미있는 체험을 하고 집중력도 기른다.

(8) 수세기

입으로 수를 세면서 눈으로도 수를 쫓는다. 손가락으로 세거나 그 개수의 사물을 보면서 자연스럽게 놀이한다. 수세기를 할 때 엄마와 숫자놀이를 함께 한다. 영아에게 수를 가르치기보다는 놀이로 친하게 한다. 수를 세면서 블록 쌓기를 해보는데, 5개를 쌓으면 무너뜨리고 그 다음에는 10개를 쌓는 식으로 놀이한다.

(9) 걷기

엄마가 영아의 손을 잡아 주고 좁은 난간이나 돌 위를 걸어본다. 익숙해지면 혼자 걷도록 한다.

(10) 그림 그리기

▲ 그림 그리는 영아

손목을 많이 이용하는 구불구불한 그림도 그린다. 손동작이 자연스러워지는 시기이므로 엄마가 앞에 앉히고 함께 그림을 그려본다. 엄마가 영아의 손을 잡고 종이 위에 동그라미, 네모, 세모 등을 그린다.

(11) 눈, 코, 입 찾기

눈, 코, 입, 손 등 신체 일부를 찾고 영아가 좋아하는 물건을 찾으면서 분별력을 키울 수 있다. 다양한 물건을 찾아보게 한다. 영아와 슈퍼에 갔을 때 영아가 사고 싶은 물건은 어디 있는지 찾아오라고 시킨다.

(12) 색 찾기

색상을 가르쳐 주고, 같은 색을 찾는 놀이이다. 영아에게 색깔이 서로 다른 것을 알게 해주고 색의 감각을 키워준다. 산책을 하면서 옷과 같은 색이 보이면 "옷과 색이 똑같네"하며 같은 색을 알려 준다.

(13) 소리 찾기

병이나 캔에 돌, 모래, 단추 등을 넣고 흔들어 소리를 낸 다음, 구별하게 한다.

(14) 바깥으로 나가 놀이하기

집에서만 노는 것보다 집 앞 공원에 나가 기분을 새롭게 한다. 영아와 함께 산책을 하는 것은 힘들지만, 잠깐이라도 바깥 바람을 쐬며 산책을 한다.

4) 발달 체크리스트

영아발달 체크리스트는 김수희 등(2011), 전남련 등(2012), 이영자 등(2002), 곽금주 등(2005)을 참고로 신체 · 운동, 사회, 정서, 기본생활습관, 언어 · 인지발달을 재구성한 내용을 살펴보기로 한다.

표 7-11 | 영아발달(13개월~24개월) 체크리스트

이 체크리스트는 영아의 발달 정도를 점검해 보는 것으로 각 영역에서 영아가 보이는 행동을 관찰한 후에 영아가 그 행동을 보이면 ○표를, 아직 보이지 않을 경우에는 ×표를 하도록 한다. 행동이 보일 때도 있고 그렇지 않을 때도 있을 때는 △표를 한다.

영아 이름 : ____________________
생년월일 : ____________________

영아발달 체크리스트

반 이름 : 성별 : 남, 여

영 역	내 용	○	△	×
신체·운동발달	1. 자신의 몸을 일으켜 선다.			
	2. 손이나 난간 등을 잡고 계단을 오른다.			
	3. 혼자서 걷는다.			
	4. 공을 굴리거나 차려고 하거나 던질 수 있다.			
	5. 무릎을 구부리고 쭈그리고 웅크리고 앉았다가 일어선다.			
	6. 기어 올라가기를 즐기며 계단을 기어오른다.			
	7. 미숙하게 뛰기 시작한다.			
	8. 작은 의자에 혼자 앉는다. 목마나 흔들의자에서 몸을 앞뒤로 흔든다.			
	9. 작은 물건을 가득 담기, 쏟기, 비틀기, 집어 올리기를 한다.			
	10. 한 발로 몸의 균형을 잡을 수 있다.			
	11. 장난감을 밀고 당길 수 있어 끈에 매달린 장난감을 끌면서 달린다.			
	12. 자전거 페달을 밟는다.			
	13. 뒷걸음질을 할 수 있다.			
	14. 나무토막 2개를 잘 쌓을 수 있다.			
	15. 한 번에 두세 장씩 책장을 넘긴다.			
	16. 1~3조각 그림 맞추기가 가능하다.			
	17. 상자 안에 물건을 넣었다가 꺼낼 수 있다.			
	18. 손가락으로 그림을 그린다.			
	19. 긁적거리기를 한다.			
	20. 가로 긋기가 가능하다.			
	21. 크레용이나 연필을 손으로 쥐고 긁적거린다.			
	22. 신문지나 종이를 손으로 찢는 것을 좋아한다.			
	23. 소리를 듣고 소리 나는 물체를 찾아낸다.			

영 역	내 용	○	△	×
사회·정서발달	1. 자신의 감정과 타인의 감정이 다름을 인정한다.			
	2. 주 양육자가 곁에 없는 것을 점차 쉽게 받아들인다.			
	3. 애정의 반응이 분화된다.			
	4. 웃음과 관심을 끌 행동을 반복한다.			
	5. 반항심으로 '싫어' 표현을 한다.			
	6. 병행놀이를 한다.			
	7. 걷거나 사물에 대한 관심이 이전보다 강해진다. 주변사물이나 대상을 관찰하기를 좋아한다.			
	8. 사람에 대한 관심이 일시적으로 줄어든다.			
	9. 사람들이 하는 일에 관심이 많으며 단순한 일에 어른을 모방한다.			
	10. 자신을 나타내기 위해 자신의 이름을 사용하기 시작한다.			
	11. 감정을 명확히 표현한다.			
	12. 나누어 쓰기가 어렵다.			
	13. 어른들의 인정을 받고 싶어한다.			
	14. 성, 연령, 착함/나쁨을 기준으로 자신과 타인을 분류하기 시작한다.			
	15. 혼자해 보려고 하며 자신의 요구가 존중받기를 바란다.			
	16. 즐거운 감정이 나타나며, 불안 및 공포의 감정도 나타난다.			
	17. 자신에 대한 인식과 성인의 지시에 대한 이해가 증가하면서 수치, 당황, 자부심 같은 자아에 대한 인식과 관련된 정서가 나타난다.			
	18. 리듬에 맞추어 몸을 움직이거나 흥얼거린다.			
	19. 자신의 감정을 동작 또는 언어로 나타낼 수 있다.			
기본생활습관	1. 말이나 몸짓을 사용해 화장실 갈 의사를 표시한다.			
	2. 변기에 잠시 동안 앉아 있으며 변기에서 소변을 보는 것을 꺼리지 않는다.			
	3. 모자를 쓰고 벗으며 양말을 벗는다.			
	4. 단추를 풀어 주었을 때 외투를 벗는다.			
	5. 도움 없이 컵으로 마신다.			
	6. 혼자서 숟가락을 사용하여 음식을 먹는다.			
언어발달	1. 옹알이로 문장을 만든다.			
	2. 전보식 문장을 만든다.			
	3. 사물의 명칭에 관심이 많고 친숙한 것을 가리키며 이름을 말할 수 있다.			
	4. 어휘가 50~200단어로 증가한다.			
	5. 자신의 욕구, 요구에 관련된 단어를 습득한다.			

영 역	내 용	○	△	×
언어발달	6. 말을 연결시켜 문장을 만들려고 시도한다. 동사, 형용사를(예 간다, 우와, 지지) 혹은 동사, 형용사를 명사와 결합하여 사용할 수 있다(예 엄마 맴매, 아빠, 빵 줘).			
	7. 두 단어를 조합하여 문장을 만든다.			
	8. 동물 소리를 내거나 동물 이름 대신에 그 소리를 사용한다.			
	9. 의사소통에 관심을 갖는다. 어른의 말이나 남의 말을 흉내 내려 한다.			
	10. "있다", "없다" 등과 같은 사물의 존재 여부를 확인할 수 있다.			
	11. "멈춰라", "앉아라" 등의 간단한 두 가지의 지시어를 따를 수 있다.			
	12. 긍정 혹은 부정의 질문에 "예/아니오"로 대답한다.			
	13. 성인의 한두 가지의 지시를 따를 수 있다.			
	14. 그림책 보기와 듣기를 좋아한다.			
	15. 자신의 욕구를 말로 표현한다.			
	19. 자신의 감정을 동작 또는 언어로 나타낼 수 있다.			
인지발달	1. 신체의 한 부분을 가리킨다.			
	2. 적극적으로 환경을 탐색한다.			
	3. 상징화하기, 상상 놀이를 한다.			
	4. 원인과 결과를 이해하기 시작한다.			
	5. 어떤 행동을 보고 그 행동을 재현하는 지연모방이 가능하다.			
	6. "누구는 어디 있니?"라고 물을 때 자신을 가리킨다.			
	7. 자신의 가족을 알게 된다.			
	8. 정신적으로 사물을 기억하고 찾아낸다.			
	9. 그림을 그릴 수 있는 것과 없는 것을 구분할 수 있다.			
	10. 수를 세기 시작하며 둘(2)은 정확히 안다.			
	11. 같은 물건을 짝 짓는다.			
	12. 종이에 끄적거리고 표시한다. 크레용이나 색연필로 아무렇게나 선을 긋는다.			
	13. 책에 나오는 물건을 알아보며 이름을 불러주면 그림을 찾는다.			
	14. 약병을 들고 도망가거나 교사의 출입 시 따라 나서려는 행동을 보인다.			

생각해 보기

영아의 특징상 같은 연령이라 할지라도 개인차가 크게 나타나며, 개월 수에 따라서 많은 변화를 보인다. 다음에 제시된 13~24개월 영아발달의 주요 특성 외에 일상생활에서 발견되는 영아의 특성에 대하여 생각해 본 후, 부모 혹은 양육자로서 적절한 지원으로 어떠한 것들이 있을지에 대해 나누어 보자.

- 혼자 걸을 수 있게 된다.
- 성인에게 애정을 표현한다.
- 자아 개념이 생기기 시작하고, 자신의 정서를 표현한다.
- 물건을 다른 사람과 나누기 어렵다.
- 열 가지 정도의 단어를 말하며, 두 단어를 결합시키기 시작하고, 어휘가 급속히 증가한다.
- 끊임없이 탐색을 시도하고 행동의 결과를 관찰하며 자신의 놀이를 발달시킨다.
- 사건을 모방한다.

CHAPTER·8

25~36개월 영아

1. 감각 및 지각발달
2. 인지발달
3. 사회정서발달
4. 언어발달
5. 교사 및 부모의 역할

학습목표

- 2세 영아의 발달영역별 특징을 이해한다.
- 2세 영아의 발달적 요구를 충족해 줄 수 있는 교사 및 부모의 역할을 이해한다.
- 2세 영아의 발달에 적합한 놀이 및 놀잇감에 대해 알 수 있다.

핵심개념

- 신체성장
- 두뇌성장
- 운동발달
- 대소근육발달
- 분류능력
- 상징적 기능
- 물활론적 사고
- 자기중심성
- 수학적 추론능력
- 사회적 놀이발달단계
- 성 개념발달
- 공격성
- 이차 정서
- 자의식
- 정서조절
- 사회적 참조
- 감정이입
- 어휘력 신장
- 의사소통발달
- 문법발달
- 과잉규칙화
- 전보식 언어
- 표현어휘
- 부정적 표현
- 골드만의 신앙발달단계
- 파울러의 신앙발달단계

CHAPTER · 8

본 장에서 살펴볼 25~36개월의 2세 영아는 보통 후기 영아기 또는 걸음마기 후기로 일컫는다. 이 시기에는 넘치는 에너지로 끊임없는 신체적 움직임, 언어이해의 향상과 정확해지는 발음으로 인한 표현력의 발달, 자신에게 의미 있는 주변환경에 대한 호기심과 적극적인 탐색, 독립심의 발달 등을 통해 이전 시기와 다른 놀라운 변화를 보인다.

1. 감각 및 지각발달

인간은 감각기관을 통해 들어오는 정보를 어떻게 해석하느냐에 따라서 행동을 하게 된다. 감각이 자극에 대한 탐지과정이라면 지각은 감각을 통해 감지한 것을 해석하고 조직화하는 과정으로 경험과 성숙에 의해 이루어진다. 영아기의 감각과 지각의 발달은 이후 인지발달과 연결된다는 점에서 영아의 발달을 이해하는 데 매우 중요한 역할을 한다. 따라서 감각을 어떻게 종합하고, 해석하여 행동하는가에 초점을 두고 살펴보아야 한다.

생태학적인 견해를 보이는 깁슨Gibson에 의하면 인간은 환경과 접촉하면서 주변 세계에 존재하는 정보를 지각하고 환경과 상호작용하면서 환경에 적응해 나간다. 영아들은 2세 이전에 이미 감각적 경험을 통해 발달이 이루어지고 있으므로 후기 영아기부터는 영아 자신이 처한 상황에서 물체와의 상호작용을 통해 어떠한 행동을 하는지, 행동을 결정하기 위해 지각과 행동이 어떻게 결합해 나가는지 그 과정을 살펴보아야 할 것이다. 그런데 최근 이러한 지각발달은 주변 세계를 탐색하고, 주변에 대한 학습을 제공하는 운동발달과 함께 결합하여 일어난다는 주장이 대두되고 있다(Thelen, 1995 ; Santrock, 2006 재인용 ; 곽금주 외 역, 2007). 이에 2세 영아의 감각 및 지각발달에 대해 신체성장과 운동발달을 중심으로 살펴보고자 한다.

영아의 신장이나 체중, 성숙도 등의 신체성장은 영아가 초보 움직임의 패턴을 습득하고 기본 움직임을 발달시키는 데 중요한 영향을 미친다. 신체 성장에 기반을 둔 운동발달은 일상생활 속에서 움직임 과제와 개인의 생물학적 특성, 환경 조건의 상호작용에 의해 끊임없이 운동행동이 변화하는 것을 의미한다(Gallahue & Ozmun, 2002). 이 시기의 신체성장 및 운동발달은 폭넓은 개인차를 보이지만 스스로 움직임을 시도하고 끊임없이 새로운 것을 향해 움직이며 시도해 보려는 공통적인 특징을 보인다.

1) 신체성장

영아 초기 급격히 발달하던 신체성장 속도는 25개월에 이르러서는 상당히 둔화되는 양상을 보인다. 그러나 매년 키가 5~7cm 정도 증가하며 신체의 비율에 두드러진 변화를 가져온다. 영아가 출생할 때 전체 신장의 1/4을 차지하던 머리의 크기와 1/3을 차지하던 다리의 길이는 2세가 되면 머리는 전체 신장의 1/5, 다리는 1/2 정도를 차지하게 된다. 즉, 두미발달의 경향에 따라 머리는 작아지고, 다리는 길어져 점차 균형 잡힌 신체구조를 보인다. 골격발달에 있어서 두개골의 성장도 2세까지 빠르게 발달하는데, 신생아의 두개골 꼭대기에 위치한 대천문의 숫구멍은 점차 줄어들다가 2세가 되면 속이 다 채워지게 된다. 치아의 발달은 영아마다 개인차는 있으나 6, 7개월부터 이가 나기 시작하여 2세가 되면 20개의 유치를 모두 갖게 된다.

2) 두뇌성장

신체성장과 관련하여 최근 가장 큰 관심이 되는 것은 두뇌의 발달이다. 영아기 뇌 성장은 신체의 기본적인 기능을 숙달시키기 위해 신경계를 형성하고 연결하면서 인지 · 언어발달을 도모하는 것에 중요성이 있다. 출생 시 성인의 30%에 해당되던 뇌의 무게는 걸음마기까지 70%가 완성되면서 세포 내에서 정보를 저장하고 전달하게 되며 다른 뉴런과 수많은 연결을 갖는 뉴런은 사이에 조그마한 간격인 시냅스를 갖게 된다. 이 시냅스의 연결망은 영아의 성장과 함께 급격히 분화되는데, 뇌파EEG를 이용해 뇌의 전파활동을 측정한 결과에 따르면 뇌발달의 급격한 상

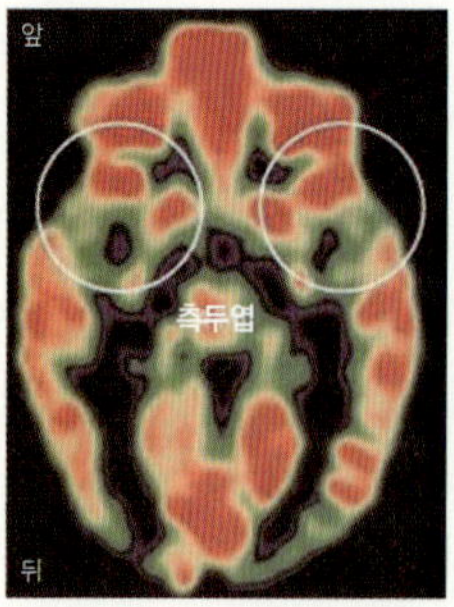

정상적인 환경에서 자란 영아의 뇌

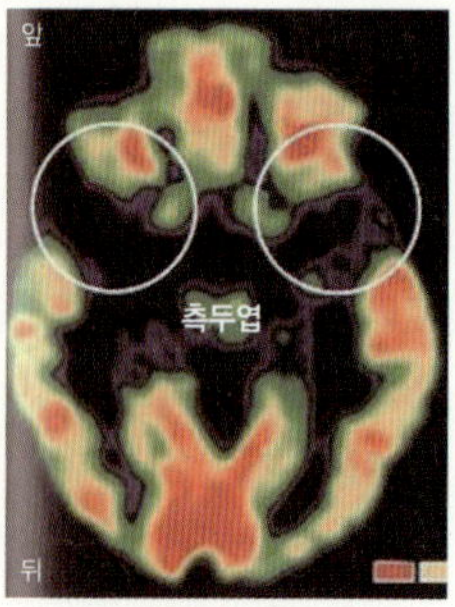

고아원에서 자란 영아의 뇌

| 그림 8-1 | 초기 정상적인 환경에서 성장한 뇌와 궁핍한 환경에서 성장한 뇌

출처 : 중앙일보(1999), 귀여운 우리아기, 뉴스위크 한국판 특별호, pp. 24~25.

승은 생후 1.5~2세에 일어난다(Santrock, 2006 ; 곽금주 외 역, 2007). 이와 같은 영아기의 뇌 성장은 전적으로 생물학적 프로그램에 따른 것이 아닌 영양상태나 따뜻한 관심과 격려 등의 환경에 의해 민감하게 변화한다. 대표적인 예로 **| 그림 8-1 |**에서 보는 바와 같이 궁핍한 루마니아 고아원에서 자란 영아의 뇌가 정상적인 환경에서 자란 영아에 비해 현저히 침체되어 있는데, 이는 환경에 따라 뉴런의 수, 수초화의 속도, 시냅스의 형성에 영향을 미쳐 심각한 뇌손상을 초래할 수 있음을 보여 준다.

3) 운동발달

2세 영아들은 익숙한 주변환경을 자유롭게 돌아다니며 주변을 탐색하기 시작하면서 모든 세계가 호기심의 대상이 되어 바쁘게 움직인다. 갤라후에 등(Gallahue et al., 2002)의 운동발달단계에 의하면 이 시기는 초보적 움직임(rudimentary movement) 단계와 기본 움직임(fundamental movement)의 시작단계에 해당된다고 볼 수 있다. 전제어단계의 움직임은 인지과정과 운동과정의 급속한 발달에 기인한 것으로 이 시기에는 평형성 능력과 대상을 조작하는 능력의 획득뿐 아니라 환경 내에서 자유롭게 이동하는 능력도 숙달된다. 기본 움직임단계는 자신의 신체 움직임을 적극적으로 탐구하고 실험하는 시기이다. 기본 움직임의 시작단계에서는 움직임의 기본기술을 수행하기 위해 목표지향적인 시도가 이루어지면서 조작적이고 안정성 있는 움직임을 보이지만 아직까지는 신체 사용이 제한적이고 과장되어 움직임이 매끄럽지 못하다(Gallahue & Ozmun, 2002). 영아들이 움직임의 기술을 획득하는 것은 초보적이고 기본적인 움직임 발달에 중요한 과정이 되므로 안전을 보장하는 환경 내에서 위험한 것이 아니라면 영아들의 모험적인 활동을 제재하지 않는 것이 필요하다(Fraiberg, 1959 ; 곽금주 외 역, 2007 재인용).

4) 대근육발달

단순한 대근육운동기술은 2세가 되면 거의 숙달되는데, 낮은 평균대 위에 서기, 혼자 힘으로 계단 내려오기, 한 발로 점프하기, 목표 방향으로 공 던지기, 공 차기 등의 비이동 동작, 이동 동작, 조작적 동작이 가능해진다. 그러나 아직 유연성이 부족하며 공을 던지고 받는 놀이를 할 때 팔과 손을 뻣뻣하게 뻗는 모습을 보인다. 이와 같은 특성은 우리나라 영아들의 신체 · 운동발달의 특징을 조사한 연구에서도 동일한 결과를 보였다. 즉, 우리나라의 26개월 이상 영아의 80% 이상이 계단을 두 개 이상 오를 수 있고, 한 발씩 교대로 계단을 오를 수 있는 것으로 나타났다. 30개월의 87.8%는 넓이뛰기를 할 수 있고, 28개월의 81.3%가 한 발을 들고 1초 이상 서 있을 수 있으며 26개월의 74.3%가 인형 유모차나 수레를 밀면서 코너를 돌 수 있는 것으로 나타났다. 또한 28개월 영아의 53.2%가 세발자전거를 탈 수 있으며 29개월이 되면 78.2% 정도의 영아들이 장애를 피해 뛸 수 있는 능력을 갖추게 된다(곽금주 외, 2005).

5) 소근육발달

2세경부터는 눈과 손의 협응력과 소근육을 이용한 조작능력이 급격히 발달하여 손을 사용해 물건을 쥐는 것이 안정적이 된다. 퍼즐을 잡거나 작은 블록으로 구성하고, 자르고 붙이고 큰 구슬을 꿰는 것이 가능해진다. 또한 필기도구를 주면 다른 사람의 것을 모방해 끼적이는 것이 가능해지고 정신적으로 표상하는 능력이 확장됨에 따라 끼적인 것에 대한 의미를 부여하기도 한다(Berk, 2005). 우리나라 30개월의 영아들을 대상으로 잡기와 놓기 등의 소근육발달을 검사한 결과 양손의 협응과 조작능력의 발달을 보여 주는 종이접기의 경우 25개월의 88.6%가 가능하였으나 종이를 반으로 접는 것은 35.7%가 가능하였다. 30개월이 되면 48.1%가 반으로 접는 것이 가능해져 손 조작과 공간 지각력이 능숙해지고 있음을 보여 주었다. 가위질은 25개월에 42.9%의 영아가 종이를 자르는 것이 가능하였으나 30개월에는 70.2%로 증가하는 것으로 조사되었다. 특히, 30개월의 24.7% 정도는 선을 따라 오리는 정교한 행동도 가능하였다(곽금주 외, 2005).

6) 선호하는 손의 사용

이 시기 운동발달 중 나타나는 특징 중 하나는 선호하는 손이 나타나는 것이다.

영아들은 양손을 모두 사용하기는 하지만 혼자서 옷을 벗거나 단추를 열고 채우고, 스냅을 채우거나 지퍼를 움직이는 시도 등 여러 가지 신체기술을 연습하면서 선호하는 손을 더 많이 사용하게 된다. 선호하는 손을 사용해 끼적이기를 하면서 점차 동그라미나 네모와 같은 단순한 모양의 그리기를 선호하게 되고 점차 복합된 그림으로 조합을 이룬다(Goodnow, 1977).

2. 인지발달

25개월부터는 피아제Piaget가 제시한 전조작기에 해당되는데, 영아가 실제로 어떤 행동을 하기 전에 그 행동을 정신적으로 그려보는 내면화된 행동을 하게 되는 시기이다(곽금주 외 역, 2007). 전조작기 초기는 전개념기로 아직은 불완전하여 체계적으로 조직화되어 있지 않으며 사고가 제한되어 있지만 행동을 통해 사고를 재조직하려는 경향을 보인다. 따라서 이 시기는 전조작기 하위의 첫 단계인 상징적 기능의 단계라 볼 수 있다.

1) 분류능력과 상징적 기능

상징적 기능단계에서는 친숙한 대상물을 위계적 관계에 따라 분류하는 것이 가능해진다. 물체를 눈으로 직접 확인할 수 없을 경우에는 외적으로 지각되지 않지만 상징적 기능에 의해 정신적으로 표상할 수 있는 능력이 급격히 발달된다. 이러한 능력은 영아의 정신적 사고가 성장한 결과라 볼 수 있는데, 눈에 보이지 않는 사물이나 상황을 자발적으로 마음에 떠올리게 되면서 '~인 체' 하며 가장행동과 실제적 대상물이 아닌 것을 마치 그것인 것처럼 상징적으로 사용하

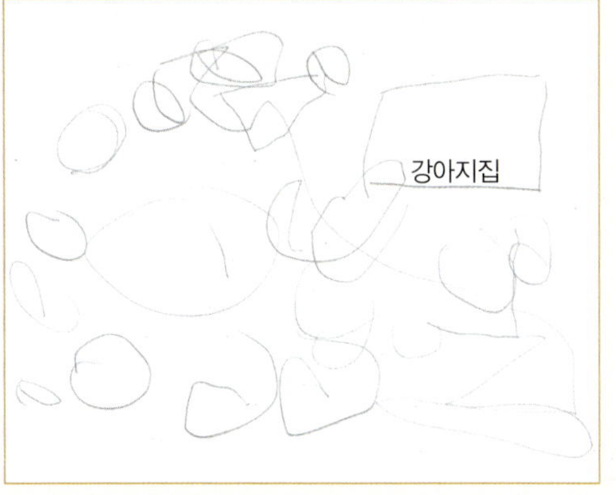

| 그림 8-2 | 초기 전조작기 영아의 상징적 그림

면서 상징놀이가 발달하기 시작한다. 이 시기 영아들이 정신적으로 표상을 하는 대표적인 증거는 언어발달과 함께 언어를 활용한 초기 가장놀이 및 끼적이기와 같은 그림 표상을 한다는 것이다. |그림 8-2|는 34개월 여아가 강아지 집과 집 안에 있는 강아지를 그린 그림이다.

2) 물활론적 사고

이 시기 영아들은 전조작기 특징인 물활론적 사고를 명확히 보여 준다. 살아 있는 것과 살아 있지 않은 것을 구분하게 되면서 심리적 상태를 표현하는 단어인 '좋아한다', '원한다'는 단어는 주로 사람이나 동물에 제한하여 사용한다(Berk, 2005). 그러나 생명이 없는 무생물을 구분하지 못하고 무생물에 생명력을 부여하여 자신처럼 생각하고 느끼며 움직일 수 있다고 생각한다. 예를 들어, "길에서 나무가 내 앞에 서서 비키지 않았어. 화가 나서 발로 찼는데도 비키지 않아."라는 표현을 하는 것을 흔히 발견할 수 있다.

3) 자기중심성

전조작기 초기의 또 다른 특징은 자기중심성이다. 피아제는 이 시기 영아들이 주변에서 일어나는 모든 일을 자신의 관점에서 의미를 부여하여 해석하려는 경향을 보인다고 보았다. 즉, 자신과 다른 타인의 조망을 이해하지 못해 자신의 입장에서 조망하려는 특성을 보인다. 세 개의 산 정상에 각각 빨간 십자가, 작은 집, 흰 눈이 덮여 있는 피아제의 3개의 산 실험을 통해 보면 이 시기 영아들은 인형이 놓인 지점에서 인형에게 보이는 풍경이 아닌 영아 자신이 보는 지점에서 보이는 풍경에 더 집중한다(|그림 8-3|).

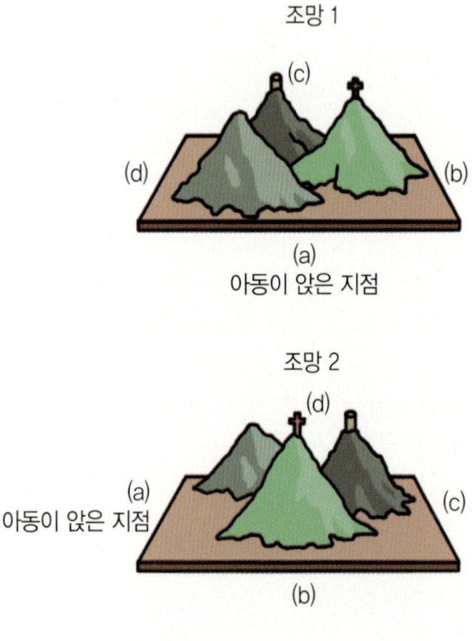

|그림 8-3| 3개의 산 실험

4) 수 개념 및 수학적 추론능력

2세 영아는 수와 양의 관계를 어렴풋이 이해하기 시작하면서 3이 2보다 많으며 2가 1보다 많다는 것을 알게 된다. '크다', '작다', '많다', '적다' 등의 표현과 같이 양과 크기에 대한 인식이 가능해진다. 또한 물건을 가리키며 한두 개를 세거나 기계적인 암송과 같은 수세기가 가능해지며, 사람 수에 맞게 물건을 일대일 대응시키고, 기능적으로 관련된 물체를 함께 놓을 수 있는 등 기본적인 숫자에 대한 이해와 추론이 가능해진다.

3. 사회정서발달

2세경이 되면 영아들은 형제자매나 또래관계가 확대되어가면서 사회적 관계에 대한 기술을 습득하기 시작한다. 사회적인 관계를 이해하기 시작하면서 또래와 다툼이 나타나기도 하지만 초기의 양육자와 맺은 애착 및 결속관계는 또래 간의 사회성을 발달시키는 계기가 된다. 양육자와 상호작용을 하면서 양육자의 반응을 관찰하게 되고, 또래에게 정서적 신호를 어떻게 보내고 상대방이 보내오는 신호를 어떻게 해석해야 하는지를 배우게 된다(Berk, 2005). 즉, 양육자와 따뜻한 관계를 경험한 영아는 또래와 폭넓은 교류를 통해 사회적 유능감을 형성하게 된다. 사회적 발달과 함께 2세 영아에게서 나타나는 중요한 발달과업 중 하나는 정서가 분화되고 다양한 정서표현이 이루어지는 시기라는 것이다.

1) 사회적 놀이발달단계

2세 영아들은 아직까지 주된 관심이 부모에게 집중되어 있으나 또래와 함께 놀이하는 것이 시작된다. 파튼Parten의 사회적 측면에서 놀이발달단계를 살펴보면 이 시기에는 또래와 놀기보다는 놀잇감을 가지고 혼자서 노는 혼자 놀이, 또래와 교류는 없지만 놀잇감을 함께 나누어 옆에서 놀이하는 병행 놀이 등이 주로 이루어지는 시기이다. 연합 놀이나 협동 놀이 형태는 거의 나타나지 않으나 또래에게 관심을 보이며 쳐다보거나 미소를 짓는 행동도 보이게 되는데, 이러한 놀이행동을 격려할 때 사회적 행동이 촉진된다. 또한 가작화에 의한 상상 놀이나 역할 놀이가 가능해지면서 사회성발달이 이루어진다.

2) 성 개념의 발달

2세 영아들은 생물학적 성이 변할 수 없다는 성항상성이 아직 발달하지는 않았으나 자신이 남자인지, 여자인지를 명확히 알고 있다. 성 고정관념에 대해 인식하고 있으며, 동성의 부모와 동일시하면서 성정체감에 대한 인식이 이루어지고 성역할 고정관념이 획득된다. 따라서 이 시기의 여아들은 인형 놀이나 요리, 청소하기 등을 좋아하고, 남아들은 자동차와 같은 탈 것 놀이나 블록 맞추기를 선호한다.

3) 공격성

▲ 도구적 공격성의 표현

이 시기의 영아들은 공격성을 자주 보인다. 보편적으로 물건이나 자신의 공간, 힘겨루기에서 이기기 위해 소리를 지르거나 몸싸움을 벌이는 도구적 공격성 instrumental aggression이 나타난다. 이 외에도 다른 사람을 다치게 하는 적대적 공격성hostile aggression이 나타나기도 한다. 이 시기 영아의 공격성에서 주목할 만한 변화는 여전히 신체적 공격이 많이 일어나지만 언어의 발달과 함께 신체적 공격이 점차 줄어들고 언어적 공격성이 증가되는 것이다. 이러한 특징은 여자 영아들에게서 더 두드러지게 나타나 신체적 공격성이 급격히 사라지는 경향을 보인다(Berk, 2005). 우리나라 30개월 영아들을 대상으로 한 공격성 조사에서도 여아는 남아보다 언어로 자신의 화난 감정을 표현하는 강도가 더 강하게 나타났다(곽금주 외, 2005).

4) 이차 정서의 발달

영아기 정서발달의 고전이 되는 브리지스Bridges의 연구에서는 25~36개월의 영아는 당황이나 죄책감 등 좀 더 세분화된 감정을 표현하는 능력이 발현되는 것으로 나타났다. 영아 초기인 3~8개월에 행복, 분노, 놀람, 공포, 혐오, 슬픔, 기쁨 등의 일차 정서가 발달하고, 18개월 이후부터 24개월 정도까지는 인지 중 의식을 요구하는 자아인식 정서인 공감능력이나 질투심, 당황감 등의 정서들이 출현한다. 한편, 좀 더 세분화된 정서인 자긍심이나 수치심, 죄책감 등은 2년 6개월경부터 시작된다(Santrock, 2007). 이러한 정서들을 이차 정서 또는 복합 정서라고 부르는데, 이러한 이차 정서는 영아가 거울이나 사진으로 자신을 알아보기 시작하면서 나타나는 것으로 보인다(정옥분, 2012). 즉, 이차 정서는 자기인식과 관련되는데, 이와 관련하여 곽금주 등(2005)의 연구에서 24개월 된 영아들의 약 60% 정도가 거울을 통해 자신의 코에 빨간색 입술연지가 묻어 있는 모습을 보고, 자신의 손을 코로 가져가 지우려는 반응을 한 것으로 나타났다. 이차 정서는 자신에 대해 인식하고, 나아가 자신의 행동을 평가하는 능력을 필요로 한다. 따라서 이차 정서가 발달되는 영아기 후기에는 자신이 해서는 안 되는 것에 대해서 인지하여 잘못된 행동 혹은 기대하지 않은 행동이 나타났을 경우에는 사진과 같이 수줍어하는 표정이나 당황함에 손을 머리나 입으로 가져가는 행동을 보이기도 한다. 반면 자신이 만족할 만한 행동의 결과에 대해서는 만족스러운 표정을 짓거나 손뼉을 치는 등의 신체적 동작으로 자신의 정서를 나타내기도 한다.

▲ 수줍움과 당황함의 표현

5) 자의식

이 시기 영아들의 정서발달의 또 다른 특징은 자의식에 대한 표현이 많아지고 자기주장과 고집이 강해지는 것이다. 영아의 이러한 발달적 특징에는 영아가 자기를 인식하고 있음이 전제되어 있다. 자기를 인식하고 있다는 것은 좋고 싫은 것을 분명하게 표현하는 것뿐만 아니라 기쁘고 즐거운 감정, 화나고 속상한 부정적인 정서를 강하게 표현하는 것을 통해 나타난다. 이러한 특징에 의해 2세 영아들은 자기주장을 표현하기 위해 소리를 지르거나 반항을 하며 말대꾸를 하고, 명령조로 말하거나 무조건 "아니야", "싫어"를 외친다. 그러나 이러한 자기인식의 표현은 언어발달, 사회성발달과 함께 점차 다른 사람의 감정에 대해 조금씩 민감해지면서 긍정적인 사회적 기술을 사용하는 것으로 발전된다. 또한 혼자 힘으로 하려는 독립성에 대한 욕구가 강하여 무엇인가를 스스로 성취했을 때에 자랑스러워하는 모습을 보인다.

6) 정서조절

정서를 조절한다는 것은 사회인지의 출현을 의미하는데, 30개월 정도가 되면 일부 영아들은 마음속의 생각을 감추고 얼굴표정으로는 드러내지 않는 사회적 인지능력이 발달된다. 특히, 우리나라 영아들의 약 50% 정도는 원하는 것을 얻고 싶은 것은 하지 않기 위해 감정상태를 위장하여 표현하기도 하며 자신의 감정을 조절하는 것으로 나타났다(곽금주 외, 2005).

7) 사회적 참조

24개월이 지나면서 영아들에게 발달되는 사회, 정서적인 능력 중 하나는 사회적 참조social referencing이다. 사회적 참조는 특정 상황에서 어떻게 행동하고 해결할지에 대해 타인에게서 정서적 실마리를 얻는 것이다. 예를 들어, 영아들은 낯선 사람이나 상황에 직면했을 때나 애매한 상황에서 보다 정확한 해석을 하기 위해 자신이 행동하기에 앞서 양육자인 엄마를 관찰하거나 엄마의 표정을 살피는 행동을 보인다.

8) 감정이입

감정이입은 다른 사람이 느끼는 감정과 정서를 이해하고 공감하며 정서적으로 비슷한 방법으로 반응하는 능력을 의미하며 친사회적 행동과 관련이 있다. 감정이

입의 변화는 영아기와 아동기에 주로 나타나는데, 호프만(Hoffman, 1987)의 감정이입 발달단계에 의하면 2세 영아는 인간영속성의 개념을 획득하게 되어 타인이 고통당하는 것을 이해하지만 자신과 다른 감정이 있음을 이해하지 못해 부적절한 반응을 보이기도 한다. 이후 2세 후반이 되면 고통받는 사람이 자신의 눈앞에 있을 경우 감정이입이 가능하다. 따라서 다른 사람이 자신과는 다른 감정을 가질 수 있다는 것을 깨달아 타인의 고통의 원인을 찾아 해결하려는 노력을 하게 된다(정옥분, 2012 재인용).

4. 언어발달

이 시기 언어발달의 가장 큰 변화는 단어나 말을 사용한 의사소통이 활발해지는 것이다. 따라서 다른 사람에게 자신이 바라는 것을 말로 표현하기도 하고 단어를 서로 연결하고 조합하여 사용하게 된다. 언어발달은 뇌발달과 밀접한 관련을 가지는데, 영아마다 개인차가 있어 표현 언어의 시기는 다르지만 영아기 후기에는 언어를 지원하는 영역의 시냅스가 발달하면서 언어발달이 왕성하게 일어난다.

1) 어휘력의 신장

2세 초기에는 200개 정도의 단어를 알게 되고, 30개월이 넘으면 400개 이상의 어휘를 표현할 수 있게 된다. 두 단어를 결합시키는 것은 보편적으로 200개 정도의 단어를 말할 수 있을 때 가능하다. 어휘력의 증가는 의사소통의 기본이 되는 것으로 의사소통을 위해서는 언어를 주의 깊게 듣고 이해할 수 있어야 하며, 두 단어 이상을 연결해 말하는 기술도 필요하다. 두 단어를 연결시키는 초기 영아들은 주로 내용어에만 초점을 맞추고 중요하지 않은 단어는 빼버리는 명사와 동사가 결합된 전보식 문장telegraphic speech을 사용한다. 전보식 문장은 자기중심적인 특성을 보이는데, 두 개 이상의 단어를 연결시켜 명료하게 의미를 전달하며 두 단어 가운데 강세의 위치가 어디에 있는가에 따라 자신이 원하는 바를 강조하면서 표현이 정교해짐을 볼 수 있다(정옥분, 2012 ; Berk, 2005). 우리나라 30개월 이후의 영아들을 대상으로 조사한 결과 표현 어휘 수는 월령이 증가함에 따라 지속적으로 증가하고 있으며 남아에 비해 여아들의 표현 어휘 수가 더 많은 것으로 나타났다(곽금주 외, 2005).

2) 문법발달

영아들은 일상생활 속에서 그들이 듣는 수많은 단어들로부터 일정한 규칙을 추론해 내는 능력이 발달된다. 2세 영아들은 문법적인 규칙에 맞게 구조화된 문장을 사용하지는 않지만 자신의 생각이나 느낌을 표현하게 된다. 영아들은 자신의 경험에 비추어 문장을 이해하는 것이 가능하지만 아직 문장 내의 순서나 뜻을 이해하는 것은 어렵다. 예를 들어, "엄마가 옷을 빨아요"라는 문장을 이해하는 것은 가능하지만 "엄마에 의해 옷이 빨아졌어요"라는 문장의 이해는 어렵다. 일상생활에서 받아들인 수많은 단어 가운데 어떤 것은 대상을 지칭하는 데 사용하기도 한다. 2세 초기부터는 '갔어', '줄거야'와 같은 시제어를 사용하기 시작하며 '이거 뭐야?', '어디 있어?' 등의 질문부터 시작해서 '왜?', '언제', '어떻게' 등의 질문들이 서서히 나타난다. 또한 주어, 동사, 목적어 순의 변화를 이해하여 단어들을 조합한 단순한 문장을 사용하기 시작하며 3~5단어로 구성된 문장을 말할 수 있다(곽금주 외, 2005 ; Berk, 2005).

3) 언어적 특징

2세 영아의 언어에는 몇 가지 독특한 표현이 두드러지게 나타난다. 먼저 문법적 규칙을 적용한 언어적 특징 중 하나는 과잉규칙화 현상의 출현이다. 대표적인 예로 '친구가', '엄마가'에 사용되는 주격조사인 '~가'를 지나치게 적용하여 '선생님이가'라고 표현하는 것을 볼 수 있다. 이러한 현상은 영아가 성인들로부터 잘못된 표현을 듣지 않았음에도 영아 스스로 문법적 규칙을 적용하고 있음을 보여 주는 것이라 할 수 있다. 또 다른 특징은 부정적인 표현에서 나타나는 '안~'의 형태가 두드러지게 나타나는 것이다. 영아들은 '난 안 신발 신어(난 신발 안 신을 거야)', '안

밥 먹을 거야(밥 안 먹을 거야)'와 같은 표현을 자주 한다. 또한 자기가 한 일이나 자신을 나타내고자 할 때 '나는' 혹은 '내가'라는 말을 사용하기보다 '○○가 할래', '이거 ○○거야', '○○가 먹을 거야' 등 자신의 이름을 사용하여 표현하는 것이다. 습관적으로 '이게 뭐야?'라고 하는 의문사의 사용도 많아진다.

4) 의사소통발달

이 시기의 영아들은 여전히 자기중심적 사고를 하지만 사회적 상호작용에 대한 관심이 높아지면서 상대와의 의사소통이 좀 더 유연해지기 시작하고 수용언어와 표현언어의 발달이 급속도로 증가한다. 28개월 이후에는 발음도 정확해지고 어휘 수도 점차 많아져 어른들의 말을 비슷하게 사용하며, 다른 사람들과 상호작용을 통해 상징적 표현을 경험하면서 가상놀이를 하기도 한다. 예를 들어, 소꿉놀이용 빈 컵에 물이 있다고 가장하여 물 마시는 모습을 표현하기도 하고, 작은 블록을 휴대폰이라고 생각하여 이야기하기도 한다. 2세에는 전화 통화도 가능해져 상대방의 질문에 적절하게 간단한 대답을 하고 질문을 하기도 한다. 그러나 아직 의사소통 능력이 충분히 발달되지 않아 듣는 사람의 입장을 고려하거나 공통의 주제를 가지고 상호작용이 이루어지기보다는 주로 자신의 말만 하는 경우가 많다.

5) 읽기와 쓰기 발달

2세 영아들은 그림책에 있는 단순한 이야기 듣는 것을 즐기게 되는데, 특히 반복적인 이야기를 좋아하고, 주변의 글자에 호기심을 가지기 시작한다. 책은 읽는 것임을 알게 되고, 2세 후반으로 갈수록 책을 볼 때 글자를 읽어야 한다는 것을 알게 된다. 이 시기는 기본적인 쓰기의 발달도 이루어지는데,

그림 8-4 33개월 남아의 '엄마, 사랑해요'

쓴 것과 그린 것을 구별할 수 있게 되고, 필기도구를 이용한 경험이 늘어나면서 끼적인 것을 타인에게 보여 주며 읽어주기도 하고, 원하는 글자를 성인에게 써달라고 요청하기도 한다(McGee & Richgels, 1996 ; 김명순 외 역, 2008). **|그림 8-4|** 는 33개월 남아가 하트(중간에 보이는 물방울 모양)를 그리고 '엄마 사랑해요, 사랑해요, 사랑해요'를 반복적으로 말하며 끼적인 그림이다. "엄마 사랑해요 라고 쓴 거니?"라고 묻자 "사랑해요, 사랑해요"라고 말하다가 "어? 비가 오네. 비 좀 봐." 라고 말하며 사고를 통한 재조직의 경향을 보였다.

5. 교사 및 부모의 역할

영아는 부모나 교사 등 양육자의 절대적인 도움으로 성장하며 자신이 가지고 태어난 잠재능력을 발휘하게 된다. 따라서 영아를 양육하는 성인들은 영아가 요구하는 것에 민감하게 반응하며 영아들의 월령과 발달단계를 고려하여 안전하고 건강한 환경에서 성장할 수 있도록 다양한 놀이를 제공하고 지원해 주는 것이 필요하다.

1) 영양 및 질병관리

영아기의 영양은 인간의 이후 발달에 지속적으로 영향을 미치는 중요한 요인이다. 2세 영아는 이전 시기에 비해 신체 성장은 급속도로 이루어지지는 않으나 활동량의 급격한 증가와 함께 신체조절기능에 관여하는 중추신경계의 발달과 뇌발달이 가장 활발히 이루어지는 시기이므로 영양의 중요성이 강조되어야 한다. 이 시기의 영양 불균형이나 부족은 영아들의 비활동성을 조장하고, 장기적인 영양결핍은 정상적인 발달에 문제를 초래한다. 따라서 영아의 정상적인 성장과 발육, 현재의 영양공급이 충분한지를 알아보기 위해서 신체계측이나 식사내용을 파악하는 등의 영양평가가 필요하다. 또한 영아들의 건강하고 안전한 생활을 위해서는 올바른 생활습관을 형성할 수 있도록 지도하는 것도 중요하다.

(1) 식단관리

영아는 성인에 비해 몸이 작으나 신진대사가 활발하고 급속한 신체성장 속도에 따라 에너지 소비가 성인보다 훨씬 크므로 영양소의 공급이 요구량에 미치지 못할 경우 영양부족으로 의한 영향이 성인보다 심각하다. 따라서 체중 14kg, 신장 92cm 정도의 영아는 일일 1,200kcal의 영양 권장량을 섭취할 수 있어야 한다(신동주 외, 2005). 또한 이 시기의 음식 선호도는 일생 동안의 식품 기호나 영양, 건강상태에 영향을 미치므로 바른 식사지도와 영양관리가 필요하다. 그런데 최근 소아 비만과 관련하여 지방섭취에 대해 많은 관심을 보이는 부모들은 영아의 지방섭취를 제한하기도 한다. 성인 중심의 감량 및 비만예방 식단은 영아의 성장과 발달을 제한할 수 있으므로 주의가 필요하다. 2세 미만의 영아에게는 저지방 우유를 먹이지 않고 고열량, 고칼로리의 식품으로 균형 잡힌 식단을 제공해야 한다(곽금주 외 역, 2007). 또한 식단은 체계적인 계획하에 영양의 균형을 고려한 양질의 식품을 다양한 형태로 조리하여 편식을 예방하도록 한다. 영아들의 식단을 구성할 때는 다음의 내용을 고려하여 제공한다.

- 식사의 조리형태는 영유아에게 적절하도록 하고, 영아가 쉽게 먹을 수 있도록 음식 조각이 크지 않도록 한다.
- 영아의 소화기능 발달단계에 맞추어 소화가 잘 되는 형태의 음식을 제공한다.
- 간식은 비타민과 무기질이 풍부한 신선하고 다양한 과일이나 채소를 제공한다.
- 간식은 신체적 요구와 연령별 특성을 고려하여 오전과 오후 2회 제공한다.
- 과일이나 채소는 영양소 파괴를 최소화할 수 있는 조리법(생과일, 샐러드, 찌기 등)을 사용한다.
- 간식으로 제공되는 식품은 가능한 식사와 중복되지 않도록 한다.

(2) 식자재 · 조리관리

영아기는 면역력이 약하여 특히 질병에 취약한 시기이다. 따라서 영아기에는 무엇보다 청결과 위생적인 환경의 유지를 통해 질병 및 전염성 질환에 대한 예방에 주의를 기울여야 한다. 최근 어린 시기에 어린이집을 이용하는 영아의 수가 급속히 증가하고 있는데, 영아기에는 수인성 전염병에 의한 질환이 자주 발생하므로 어린이집 조리실의 설비와 비품의 위생에 각별한 주의가 요구된다. 식품의약품안전청(2009)과 어린이집 평가인증국에서 제안하고 있는 음식을 안전하게 조리하기 위한 식자재관리, 배식, 음식물 조리와 관련한 내용을 살펴보면 다음과 같다.

- 영아의 물컵은 개인용으로 준비하거나 청결한 컵을 비치하고, 먼지와 습기가 없는 건조한 곳에 청결하게 보관, 관리한다.
- 식자재, 조리, 배식의 과정을 위생적으로 관리한다. 이를 위해서는 신선한 것을 구입하고 소비기한, 구입 날짜 등을 표기한다. 또한 쉽게 변할 수 있는 식자재는 상온에 노출시키지 않고 유통기간이 지난 식자재는 반드시 폐기하도록 한다.
- 조리 전에는 비누를 사용하여 손을 씻고, 음식을 조리할 때는 앞치마, 머릿수건, 위생복, 위생화를 착용한다.
- 식재료 준비 작업 후에는 싱크대를 세척하고 소독한 뒤 조리작업을 시작한다.
- 문제를 일으킬 수 있는 식중독균을 사멸시키거나 안전한 기준으로 관리하기 위해서는 적절한 가열온도로 조리해야 한다.
- 음식을 조리하는 사람은 조리 전에 건강상태를 확인한다(감기, 설사, 손의 상처 등).
- 배식을 할 때는 각각의 음식마다 집게, 일회용 장갑을 사용하여 위생적으로 배식한다.
- 1회 조리된 음식이 남을 경우, 당일 소모를 원칙으로 하며 재배식을 하지 않도록 한다.

(3) 질병관리를 위한 평가인증지표

어린이집 평가인증지침에서는 영아의 청결과 위생, 질병관리, 급식과 간식에 초점을 두고 어린이집 공간의 청결과 위생, 위생적 생활습관, 몸이 아프거나 다친 영아를 위한 적절한 대책 수립 여부, 영유아와 교직원의 건강관리, 식사와 간식의 적절성 등을 평가하고 있다. 이와 관련한 평가내용을 살펴보면 다음과 같다.

- 어린이집의 모든 실내공간을 매일 청소하고 청소상태도 매일 점검하되 2개월에 1회 이상 소독과 대청소를 실시하도록 한다.
- 흥미영역의 공동매트도 정기적으로 세탁하고 일광 소독을 하여 위생적으로 관리한다.

- 잠시 휴식하는 영아들이 사용하는 여분의 침구는 사용할 때마다 시트를 교체한다.
- 아픈 영유아의 부모는 반드시 투약의뢰서(약의 종류, 용량, 횟수, 시간, 의뢰자 등 포함)를 서면으로 요청하고, 투약한 내용에 대한 보고 관련 기록을 유지한다.
- 응급사고 발생에 적절히 대처하기 위해 응급처치동의서(보호자 비상연락망, 의료기관 기록)와 비상약품(개봉날짜, 유효기간 명시)을 준비한다.
- 자주 발생하는 전염성 질환의 증상, 등원하지 않아야 할 전염성 질환의 종류와 기간, 전염성 질환에 대한 구체적인 대책을 수립한다.
- 영유아와 교직원은 건강검진을 연 1회 이상 실시하고 증빙서류를 보관한다.
- 영아들의 신체계측 결과와 정기예방접종, 건강검진 확인 서류 등을 비치하고, 검진 주기에 따라 보호자가 건강검진을 받을 수 있도록 관리한다.

이 외에도 2세 영아들의 활동성과 장시간 어린이집에 머무는 것을 고려해 볼 때 환기 및 공기 질을 관리하는 것은 영아의 건강관리를 위해 매우 중요하다. 영아기에는 감기와 같은 호흡기 질환이 빈번히 발생되기 때문에 자연채광과 공기 순환이 충분히 이루어질 수 있도록 동절기에도 적절한 환기가 이루어져야 한다. 이와 함께 다중이용시설에서는 실내공기 질 관리 법령에 근거하여 정기적으로 공기 질을 관리하도록 한다.

(4) 건강검진

영아를 위한 교사들은 영아가 정기적인 건강검진을 받을 수 있도록 부모에게 국민건강보험(http://hi.nhis.or.kr)에서 생후 4~71개월까지의 영유아를 대상으로 실시하는 건강검진을 받을 수 있도록 안내한다. 영아의 시기별 건강검진 실시기준은 알아두기 와 같다.

(5) 수면지도

영아들이 건강하고 안전한 생활을 유지하기 위해서는 하루 일과 중에 적절한 수면시간을 가져야 한다. 만 2세 영아는 평균 12~13시간 정도의 수면시간을 필요로 한다. 영아기 후기 수면 습관의 가장 큰 특징은 이전 영아기보다 수면의 횟수는 줄

알아두기

영아 건강검진 실시 기준

- 참고사항 : 영유아 건강검진 실시 기준(건강검진실시기준 제6조 제4항 및 「별표 4」)
- 검사항목 : ① 문진과 진찰, ② 신체계측, ③ 발달평가 및 상담, ④ 건강교육, ⑤ 구강검진
- 검진주기 : 총 7차에 걸쳐 검진

  ① 생후 4~6개월 ② 생후 9~12개월 ③ 생후 18~24개월
  ④ 생후 30~36개월 ⑤ 생후 42~48개월 ⑥ 생후 54~60개월
  ⑦ 생후 66~71개월

검진항목		생후 4~6개월	생후 9~12개월	생후 18~24개월	생후 30~36개월	생후 42~48개월	생후 54~60개월	생후 66~71개월
문진 및 진찰		○	○	○	○	○	○	○
신체계측		○	○	○	○	○	○	○
발달평가 및 상담			○	○	○	○	○	○
건강교육	안전사고 예방	○	○	○	○	○	○	○
	영양	○	○	○	○	○	○	○
	수면	○						
	대소변 가리기			○				
	정서 및 사회성				○			
	개인위생					○		
	구강		○					
	취학준비						○	
	간접흡연							○
구강검진				○		○	○	

출처 : 2013 어린이집 평가인증 지침서(40인 이상 어린이집), p. 249.

어들지만 수면시간은 더 길어진다는 점과 하루 1회 정도의 낮잠과 함께 낮과 밤의 일정한 패턴에 따라 수면이 안정적이 된다는 것이다(Berk, 2005). 수면시간 동안에는 영아들이 편안하게 안정감을 느끼며 잠자리에 들 수 있도록 부모나 교사는 영아들만의 특별한 습관(원하는 이불 덮기, 자신이 애착을 느끼는 수건이나 인형 안고 자기 등)이 있다면 수용해 준다. 또한 잠들기까지 30분 이상의 시간이 필요한 영아들도 있음을 이해하여 받아들인다. 어린이집에서 영아의 수면지도를 할 경우에는 영아들이 개별 침구를 사용하도록 하고, 침구류는 주 1회 이상 세탁하여 청결을 유지한다.

(6) 청결습관지도

면역성이 약한 영아들은 손 씻기와 양치질 등의 청결습관을 통해 전염성 질환을 예방할 수 있다. 영아들은 대소변 이후, 실외놀이 후, 코나 토사물, 피 등 신체 분비물을 만졌을 때, 식사 후, 애완동물을 만졌을 때 등 수시로 손 씻는 것을 습관화해야 한다. 영아의 습관형성을 위해서는 교사나 부모가 손 씻기 습관을 생활화해야 한다. 손 씻기는 간식이나 식사 전후, 영아들에게 음식을 먹일 때 뿐 아니라 출·퇴근 후, 투약 전후, 콧물을 닦아 준 후, 배변지도 후, 실외활동 후, 쓰레기통을 만졌을 때, 손에 낀 일회용 장갑이나 고무장갑을 벗었을 때, 청소를 한 후 등에도 반드시 이루어져야 한다.

2세 영아들은 20개의 유치가 모두 나온 상황이므로 충치 예방과 청결습관지도를 위해 식사 후에는 규칙적으로 양치를 한다. 위생을 위해 양치 컵은 영아마다 개별적으로 준비하여 사용하도록 하고, 교사는 영아의 칫솔과 양치 컵에서 세균이 번식하지 않도록 사용한 칫솔과 양치 컵을 깨끗이 세척하여 소독하는 등 위생관리를 철저히 한다.

2) 놀잇감

2세 영아들은 신체적으로 활동적인 놀이physical active play를 좋아하며 사회적 놀이social play의 시작과 함께 가작화 놀이pretend play에 대한 관심이 증가한다. 이러한 특성을 고려하여 쉽게 들거나 옮길 수 있는 가벼운 놀잇감, 자신들의 노력에 의해 움직이거나 현실적이며 작동할 수 있는 움직이는 놀잇감, 소리가 나는 놀잇감, 밝은 색의 놀잇감을 제공하는 것이 바람직하다. 이와 같은 특성을 반영하여 2세 영아의 흥미 및 발달에 적합한 놀잇감을 종류별로 살펴보면 다음과 같다.

(1) 영아용 도서

이 시기의 영아들은 자기 소유의 책을 갖기를 원하며, 같은 이야기를 반복해서 듣는 것을 좋아하고 이야기를 외워 다시 들려주기도 한다. 30개월경이 되면 성인들이 자신에게 들려주는 이야기에 대해 질문을 하기 시작한다. 따라서 영아들이 이야기를 쉽게 기억할 수 있는 단순하면서 예측가능하게 전개되는 책을 제공한다.

▲ 2세에 적합한 그림책

- 운율과 반복이 있는 책을 제공한다.
- 책장의 수는 10~12쪽이 적절하다.
- 책의 모서리가 둥글게 처리되어 있는 것을 제공한다.
- 펼치면 그림이 튀어나오는 팝업 책이나 움직임이 있는 책에 흥미를 보이므로 입체적인 책을 제공한다.
- 색상이 선명하고, 친숙한 사물이나 사건에 대한 이야기를 담고 있는 책을 제공한다.
- 2세경이 되면 인쇄된 글자에 관심을 가지므로 그림뿐만 아니라 글자가 명확하게 전달될 수 있는 책을 제공한다.

(2) 탐색 놀잇감

이 시기는 신체활동이 활발해지며 소근육을 좀 더 능숙하게 쓸 수 있다. 손을 정교하게 사용할 수 있는 능력이 향상되고 또래와 의사소통을 하며 상징적인 놀이를 하는 것에 관심을 보이므로 이러한 특성을 고려한 놀잇감을 제공한다.

- 소근육을 활용하고 눈과 손의 협응력을 기를 수 있는 퍼즐이나 끈 꿰기 놀잇감을 제공한다.
- 사실성이 높은 놀잇감을 제공한다.
- 정해진 방법이 아닌 영아가 흥미를 느끼는 다양한 방법으로 놀이할 수 있는 물, 모래 놀이 도구를 제공한다.
- 주변환경을 맘껏 탐색해 볼 수 있는 놀잇감을 제공한다.

▲ 2세를 위한 탐색 놀잇감

(3) 블록 놀이

2세경이 되면 표상적이고 상징적인 사고가 나타나는 시기이므로 블록으로 진정한 의미의 구성 놀이를 할 수 있게 된다. 블록으로 탑이나 집과 같은 구성물을 만들거나 블록 소품을 이용해 구성 놀이하는 것을 즐기므로 의사소통을 확장해 나갈 수 있는 놀잇감을 제공한다.

- 다양한 구성물을 표상할 수 있도록 이전 단계보다 좀 더 단단한 블록을 제공한다.
- 블록의 형태는 직사각형이나 정사각형을 비롯해 삼각형이나 원형의 블록도 함께 제공한다.
- 크기는 5~10cm 정도가 적당하다.
- 블록을 쌓는 것뿐만 아니라 쌓은 것을 무너뜨리는 활동도 즐기므로 무너뜨렸을 때 위험하지 않은 소재의 블록을 제공한다.
- 한번에 20~40개의 블록을 제공하여 충분히 활용하여 놀이하도록 한다.

▲ 2세를 위한 블록류

(4) 인형류

이 시기에는 현실세계와 놀잇감 사이의 상징적 연관성을 인식하여 자주 가상놀이를 하게 되면서 부드럽고, 둥글고, 껴안기 쉬운 인형이나 봉제완구를 좋아한다. 또한 자율성과 독립심이 강해지는 시기로 성인에게 의지하지 않고 혼자 하려는 의지가 강해지는 시기이다. 그러나 아직 위험에 대한 예측능력이 없고, 소근육 조절능력

▲ 2세에 적합한 가작화 놀잇감

이 부족하다는 것을 고려하여 다음과 같은 기준으로 인형류를 제공한다.

- 소근육 조절능력이 어느 정도 발달하므로 30~45cm 정도의 길이와 220~450g 정도의 무게를 가진 인형 및 봉제완구를 다룰 수 있게 된다.
- 작은 부분으로 조작이 분리되지 않는 것을 제공하고, 인형이나 봉제완구에 부착된 액세서리가 쉽게 떨어지거나 부서지지 않도록 견고성을 확인하여 제공한다.
- 눈이 움직이거나 머리카락이 심어져 있는 인형을 줄 경우, 눈이나 머리카락은 빠지지 않게 견고하게 심어져 있어야 한다.
- 혼자서 조작할 수 있도록 영아가 쉽게 옷을 입히거나 벗길 수 있는 것을 제공하고, 액세서리를 조절할 수 있는 것으로 제공한다.

(5) 탈 것

▲ 2세를 위한 탈 것

이 시기는 균형감각과 신체를 조절할 수 있는 능력이 발달하며 가상놀이가 시작되는 시기로 실제와 같은 모양의 탈 것을 선호한다. 3세에 가까워지면 페달을 사용하는 것도 배울 수 있게 되어 세발자전거에 관심을 갖는다.

- 배터리로 움직이는 탈 것을 좋아한다.
- 세발자전거를 제공해 준다.
- 탈 것에서 펄쩍 뛰어오르거나 내릴 수 있으므로 영아들이 오르고 내리기 용이한 것으로 제공한다.
- 핸들로 방향을 조절할 수 있는 능력이 생기기 시작하지만 위험한 것을 피할 수 있는 조작능력은 부족하므로 안전하게 잡을 수 있는 손잡이가 있고, 앉았을 때 발끝이 바닥에 닿는 것으로 제공해 준다.

(6) 악기류

2세 영아는 음악에 맞추어 몸을 움직이거나 노래의 일부분을 부르는 것을 즐기며, 자신이 좋아하는 노래를 자주 반복해서 부르기도 한다. 또한 서로 다른 악기에서 나는 다양한 소리에 흥미를 보이며, 음량의 변화와 단순한 가락을 인식하므로 음악에 반응할 수 있는 악기를 제공해 줄 수 있다.

- 음악을 좋아하며, 악기 놀이를 즐기므로 방울, 종, 탬버린, 북 이외에도 트라이앵글, 리듬막대 등을 제공할 수 있으며, 나팔이나 호루라기 같은 새로운 유형의 악기를 첨가해 준다.
- 손으로 조작할 수 있는 다양한 리듬악기를 제공한다.
- 영아들이 쉽게 다룰 수 있도록 크기가 작고 가벼운 악기를 제공한다.
- 모서리가 둥글고, 잘 깨지지 않으며 세척이 가능한 악기를 제공한다.
- 소리가 너무 크거나 감각을 지나치게 자극하지 않는 악기를 제공한다.

▲ 2세에 적합한 악기류

(7) 미술용품

이 시기는 소근육 조절능력이 발달함에 따라 손동작이 보다 정교해지며 표상적이며 상징적인 놀이를 좋아하는 시기이다. 또한 결과보다는 과정을 즐기므로 전 단계와는 다른 다양한 미술용품을 제공하는 것이 필요하다.

- 그림으로 사물을 표현하기 시작하며 끼적거리기나 원, 수직선을 그을 수 있고 색을 구별할 수 있으므로 좀 더 다양한 종류의 학용품 및 미술용품을 제공한다.
- 아직까지는 사물을 입으로 가져가는 경향이 있으므로 무독성의 재료를 제공한다.
- 소근육 조작을 즐기므로 손가락 그림finger painting을 그릴 수 있는 자료나 부드러운 점토를 제공한다.

▲ 2세가 사용할 수 있는 미술용품

- 각각의 손가락을 독립적으로 움직일 수 있으므로 끝이 뭉툭한 안전가위를 제공하여 종이를 자를 수 있도록 한다.
- 자신의 생각을 맘껏 표현할 수 있도록 이젤과 함께 큰 종이와 큰 붓, 무독성 물감 등을 제공한다.

(8) 소도구 및 신체활동도구

현실세계와 놀잇감 사이의 상징적 연관성을 인식하게 되면서 이전 시기보다 가상 놀이를 하는 횟수가 증가하므로 가상 놀이를 확장할 수 있는 소도구를 제공해 준다. 또한 자신이 생각한대로 몸 전체 혹은 몸의 일부분을 움직이며 또래와 함께 놀이하므로 성취감을 느낄 수 있는 도구들을 제공한다.

- 실제적이고 세부묘사가 어느 정도 되어 있는 것을 좋아하므로 주방 놀이 세트

▲ 2세에 적합한 소도구 및 신체활동 도구

나 음식물, 병원 놀이 세트, 목공 놀이 세트, 전화기, 청소기, 화장품 케이스와 화장대, 장난감 현금등록기, 가짜 돈, 역할 의상 등을 제공해 준다.

- 자기인식과 만족감을 느낄 수 있도록 자신의 모습을 볼 수 있는 거울과 좋아하는 사진을 부착해 둔다.
- 이야기나 사건을 기억할 수 있는 능력이 발달함에 따라 그림책에서 보았던 내용이나 인물과 연계된 시청각자료를 제공한다.
- 다양한 신체활동을 통해 자율적으로 표현하며 성취감을 느낄 수 있는 볼링 놀이 도구, 손목리본, 파라슈트와 같은 소도구를 제공한다.

(9) 놀잇감 안전

이 시기 영아들은 위험에 대한 인식이나 예측능력이 아직 미흡하므로 앞서 제시한 모든 놀잇감은 안전을 위해 다음의 안전규칙을 고려해야 한다.

- 신체에 유해하지 않은 무독물질로 만든 놀잇감이어야 한다.
- 끝이 뾰족하지 않고 모서리가 없어야 한다.
- 핀이나 철사, 못과 같이 날카로운 것이 없어야 한다.
- 입, 귀, 콧구멍에 들어갈 수 없도록 3.5cm 이상 크기의 놀잇감이어야 한다.
- 작은 조각으로 분리되지 말아야 한다.
- 누르거나 두드리거나 탔을 때 깨지지 않도록 튼튼하고 강해야 한다.

(10) 놀이시설 및 가구

2세 영아는 자율성과 독립심이 강하므로 이들 영아들이 성인의 도움 없이 자기의 방식대로 놀잇감을 사용하며 놀이를 할 수 있도록 개방적인 교구를 제공하고, 성취감을 즐길 수 있는 환경을 조성한다. 영아들이 직접 놀잇감을 선택하고 쉽게 접근할 수 있도록 놀잇감은 낮고 개방된 교구장에 비치하며, 놀이 후 제자리를 찾을 수 있도록 표시해 둔다. 또한 2세 영아들의 자율성을 도울 수 있으면서도 신체적으로 안전하게 기술을 발달시킬 수 있는 도전 가능한 놀잇감과 환경을 제공한다.

2세 영아들을 위한 놀이실 기본 가구 및 시설의 크기를 정리하면 표 8-1 과 같다(이영자 외, 2002).

표 8-1 | 만 2세 영아 놀이실 기본 가구의 크기

종 류	크 기
교구장	70cm 이하의 높이(100cm×30cm×70cm 또는 100cm×30cm×70cm)
책상	40~45cm 높이
의자	23~25cm 높이
사물함	40cm×30cm×95cm
이젤	35cm에 화판 밑쪽이 위치하는 높이
계단	12.5cm 높이
미끄럼	90cm 높이

3) 놀이

영아들이 신체적, 정서적, 사회적으로 건강한 존재로 성장하려면 발달에 적절하고 다양한 놀이를 경험하면서 자신을 표현할 수 있는 기회를 갖는 것이 필요하다. 영아는 놀이를 하면서 세상에 대한 개념을 이해하고, 자유로운 감각적 경험과 탐색을 통해 주변 환경에 대한 신체적·인지적·사회적·정서적 기술을 경험하게 되고 의사소통기술을 발전시켜 나가게 된다. 이를 위해서 영유아들이 연령과 발달에 따라 흥미를 느끼는 놀이에 몰입하고 즐거움을 느끼면서 성장해 나갈 수 있는 환경을 제공한다. 영아들의 놀이가 진정한 놀이가 되기 위해서는 무엇보다 부모나 교사와의 상호작용이 중요하므로 부모나 교사는 놀이 시 다음의 4가지를 고려하여 놀이가 이루어지도록 한다(이영 외, 2008).

첫째, 주변을 자유롭게 탐색하며 반복하여 놀이를 하도록 한다.

둘째, 영아가 흥미를 느끼는 다양한 방법으로 놀이를 경험하게 한다.

셋째, 언어를 듣고 이해하는 능력이 신장되므로 놀이상황을 구체적인 언어로 표현하여 상호작용하도록 한다.

넷째, 또래와 협력하여 놀이하기는 어렵지만 친구와 있는 것을 좋아하므로 친구와 함께 놀이하는 방법을 알려준다.

2세 영아를 위한 상호작용방법에 따라 각 영역발달별 특징을 고려한 놀이를 살펴보면 다음과 같다.

(1) 신체발달을 위한 놀이

이 시기 영아는 움직임이나 이동성이 이전 단계의 영아보다 더 안정적이고 유연하다. 스스로 움직임의 속도를 조절하며 걸을 수 있고, 뛰기를 할 때도 균형을 유지할 수 있으며, 물체를 뛰어넘는 점프도 가능하다. 또한 자신의 신체를 인식하고 능력을 탐색하면서 운동놀이를 발달시키며 걷기, 달리기, 쫒기, 오르기 등의 이동동작이 활발히 이루어진다. 이러한 발달적 특징에 근거하여 최근에는 어릴 때부터 신체적으로 건강하고 운동신경이 발달한 사람으로 성장함을 목표로 영아 신체놀이에 대한 상업화된 프로그램들이 많이 제시되고 있다. 그러나 이 시기 영아들의 팔다리 스트레칭은 영아 본인이나 성인이 의식하지 못하는 사이에 신체적으로 무리와 한계를 가져올 수 있으므로 조직화된 운동수업을 하는 것은 바람직하지 않다. 따라서 영아들이 자신의 신체를 인식하며 맘껏 움직임을 표현할 수 있도록 넓은 공간을 제공하여 주는 것이 더 중요하다. 신체발달 특성에 따른 구체적인 놀이를 제시하면 다음과 같다.

- 신체 각 부분의 기본 명칭에 대해 알 수 있는 놀이를 한다.
  예 '요기조기' 노랫말 바꾸어 가며 신체 부분 찾아보기, 물감으로 손발을 찍으며 신체의 특징을 구분할 수 있는 놀이
- 친숙한 동요에 맞춰 신체의 각 부분에 관심을 가지고 움직여 보게 한다.
  예 나처럼 해봐요, 거울 보며 신체 부분 움직임 살펴보기
- 신체 각 부분의 움직임을 탐색해 볼 수 있는 활동을 제공한다.
  예 동물처럼 움직이기, 비행기처럼 움직이기
- 단순한 대근육운동기술이 거의 숙련됨에 따라 신체적 능력을 시험하며 높은 곳에서 뛰어내리기, 오르기, 팔로 매달리기, 구르기, 말 뛰기, 재주넘기 등을 하게 된다. 또한 거친 놀이를 시작하므로 안전이 보장된 상황에서 영아들이 충분히 자신이 신체적 능력을 시도해 볼 수 있는 기회를 제공한다.
  예 잡기 놀이, 낮은 계단에서 뛰어내리기
- 사물을 던지고 다시 가져오는 반복적인 기능 놀이를 즐긴다.
  예 볼링 놀이, 고리 던지기, 풍선 채치기, 공 던지고 차는 놀이
- 바퀴 달린 것 위에 앉아 조종하며 밀고 다닐 수 있다.
  예 세발자전거 타기, 핸들 달린 모형 자동차 타기
- 손과 손가락의 협응과 소근육이 발달됨에 따라 작은 사물을 가지고 능동적으

로 놀이한다.

예 큰 구슬을 끼우는 놀이, 간단한 퍼즐 맞추기, 블록 쌓기

(2) 사회정서발달을 위한 놀이

이 시기의 영아들은 다른 사람에게 자신이 바라는 것을 말로 표현할 수 있게 되면서 함께 어울려 노는 것에 대한 관심이 시작된다. 형제자매나 또래와의 관계가 확대되면서 사회적 기술을 습득하여 다른 사람과 함께 가상 놀이하는 것을 즐긴다. 또한 자의식과 자기주장의 강화로 무언가를 독립적으로 혼자하려는 욕구가 강해 스스로 시도하고 성취한 것에 대해 자랑스러워한다. 이와 같은 2세 영아의 사회정서적인 발달을 고려한 놀이를 제시하면 다음과 같다.

- 성인에 의존적이면서도 자기주도적인 특징이 있으므로 독립심과 스스로 행동하는 자율성을 경험할 수 있도록 영아가 혼자 해보고 선택할 수 있는 환경과 놀이를 제공한다. 단, 영아가 성인의 도움을 필요로 할 때는 도움을 준다.
  예 아기인형 목욕시키고, 옷 입히며 엄마, 아빠의 숙달감 표현해 보기, 색깔 공 굴려서 나만의 그림 그리기, 내가 좋아하는 색깔 크레파스로 벽면에 끼적이기
- 가족관계에 대한 이해를 시작하는 시기이므로 가족에 대한 기본적인 가장 놀이가 이루어지도록 한다.
  예 아빠, 엄마가 사용하는 물건(넥타이, 목걸이, 가방, 옷 등)으로 내 몸 꾸미기, 엄마 · 아빠 놀이하기
- 아직까지 주된 관심은 부모에게 있으나 또래와 초보적인 상호작용을 하며 놀이가 확장되는 시기이므로 친구와 함께 할 수 있는 활동이나 놀이를 제공한다.
  예 정리 바구니 함께 들고 오기, 친구 초대하여 음식 나눠 먹기, 끌차에 친구 태워주기, 놀잇감 고쳐주는 놀이하며 도움 주고받는 상호작용 시도하기
- 서툴고 미흡하지만 타인의 의도나 감정에 주의를 기울이며 동정과 지지의 감정을 표현하기도 하므로 타인의 정서를 배울 수 있는 놀이를 제공한다.
  예 자신의 경험을 통해 타인의 정서를 생각해 볼 수 있는 가장 놀이하기(생일 축하 놀이, 나들이 놀이, 병원 놀이), 표정 카드 맞추며 표정 따라해 보기, 표정보며 어떤 모습인지 이야기하기
- 집단에서 필요한 기본적인 규칙이나 사회적 규범을 인식하기 시작하므로 관계

속에서 갈등을 조절할 수 있는 놀이 환경을 제공한다. 규칙에 대한 약간의 통제는 영아의 유능감을 증진시키지만 성인이 무조건적인 권위로 규칙을 제시하기보다는 합리적인 규칙을 통해 갈등을 조절하도록 한다.

㉠ 친구와 함께 자동차 길 만들기, 차례 지켜 탈 것 타기, 모래놀이터 약속 지키며 친구와 함께 모래 놀이하기, 화단에 물 주기, 물고기 밥 주기

- 기본 예절(윗사람에게 존댓말 사용하기, 고마움을 말로 표현하기, 바른 식습관, 청결습관 경험하기 등)이 습관화될 수 있는 놀이를 제공한다.

㉠ '안녕' 노래 부르며 인사하기, '인사놀이' 책을 통해 언어적인 인사방법 경험하기, 가게 놀이하며 사고 싶은 물건 선택하여 이야기하고 돈 지불하기, 간식이나 식사 전 "잘 먹겠습니다" 이야기하기, 인형이나 동물 모형을 이용해 양치 놀이를 하며 청결습관 기르기

- 자신이 사용한 것을 스스로 정리할 수 있는 기회를 주고 놀잇감이나 개인용품 등은 각각의 공간을 마련하여 정리정돈을 할 수 있도록 한다.

㉠ 손 씻고 물 잠그기, 휴지통에 휴지 넣기, 내 신발장, 내 장 찾아 내 물건 정리하기, 미술활동 후 작업복 벗어 제자리에 걸어두기, 놀이 후 놀잇감 그림 찾아 제자리에 정리하기, 식사 후 거울 보고 입 닦기

(3) 언어발달을 위한 놀이

2세 영아들은 다른 사람의 이야기를 듣고 말하는 과정에서 언어를 이용한 의사소통을 경험하게 되며, 이러한 과정을 즐기며 언어적인 능력이 폭발적으로 발달한다. 영아들은 타인의 얼굴 표정을 주의 깊게 관찰하고, 음성의 높낮이를 들으며 의미를 전달받게 된다. 또한 자신과 상호작용을 하는 부모나 교사의 말이나 모습을 흉내 내고, 또래나 형제, 자매와 이야기하며 실용적인 언어를 배우며, 주변의 소리나 새로운 소리에 관심과 흥미를 가지고 즐겨한다. 따라서 영아들의 언어발달을 위해서는 놀이 속에서 언어적 의미를 구성할 수 있도록 부모나 교사의 적절한 지원이 필요하다. 성인들의 지원전략을 정리해 보면 **표 8-2**와 같다.

영아의 언어발달 특성에 따라 자신의 생각이나 느낌을 조절하는 기술을 배우며 의사소통할 수 있는 놀이에 대해 살펴보면 다음과 같다.

- 글자모양에 흥미를 가지고 변별하는 것에 관심을 보이므로 그림과 그림에 해당되는 글자를 이용해 놀이해 보도록 한다.

표 8-2 | 영아의 의미구성전략과 부모의 지원전략

영아의 의미구성전략	부모의 지원전략
• 사물을 지칭하기 • 질문하기 • 이야기를 자신의 생활과 연결하기 · 추론하기 • 부모의 이야기를 사용하기 • 내러티브에 주의집중하기	• 명칭 제공하기 • 아동의 질문에 맞게 읽는 양식 적응하기 • 아동의 인지 수준을 향상하기 • 피드백 주고 확장하기 • 내러티브 요소에 주의하기 • 아동이 이끄는 대로 따르기 • 인지적 요구나 독립적 의미구성을 높이기

출처 : McGee & Richgels(2008), 영유아의 문해발달 및 교육, p. 111.

예 그림과 글자가 있는 광고지를 이용해 끼적여보기, 성경이야기의 중심 내용에 맞는 스티커 그림 찾아 붙이기

• 성인이 들려주는 이야기의 그림을 눈으로 보고 귀로 들으면서 이야기의 맥락을 나름대로 이해하는 시기이므로 간단하고 반복적인 내용의 일상과 관련된 이야기를 들려준다.

예 영아의 가족사진 책을 제공하여 가족구성원과의 경험을 이야기하기, 엄마 · 아빠 모습 흉내 내기, 영아용 그림 성경이야기 들려주기, 간단한 성경구절 따라 하기, 엄마 · 아빠의 목소리가 녹음된 청각자료 듣기

• 그림책에 있는 단순한 이야기 듣기를 즐기고, 특히 반복적인 이야기를 좋아하므로 영아가 선호하는 그림책이나 짧고 리듬감 있는 동시를 들려준다.

예 짧은 동화책 읽어 주고 내용 회상하며 영아의 경험과 연결하여 이야기하기, '사랑하며 살래요', '기도하고 밥 먹고' 등의 간단한 성경이야기를 찬송으로 부르기

• 만 2세가 되면 두세 명이 함께 책을 보거나 이야기하는 것을 즐기기 시작하므로 형제, 자매나 또래와 함께 이야기를 듣고 즐길 수 있는 기회를 제공한다.

예 주변 동물이나 사물의 소리를 활용하여 놀이하기, 자연물 보며 탐색하고 관찰하며 느낌 이야기하기, 내 몸에서 나는 소리 듣고 말로 표현해 보기

(4) 인지발달을 위한 놀이

피아제Piaget의 인지발달에 의하면 2세 영아들은 지적 능력의 발달에 따라 놀이는 점차 복잡해진다. 영아들은 한 가지 눈에 띄는 것이 있으면 반복적으로 탐색하고 조작해 보면서 그 움직임이나 변화를 기뻐한다. 즉, 과정 중심의 연습 놀이와 상징

놀이를 하며 감각적으로 탐색하고 구성하는 것을 즐긴다. 이러한 인지발달적 특성을 고려하여 자연탐구영역과 연계한 놀이를 제안하면 다음과 같다.

- 주변의 애완동물이나 친숙한 곤충에 대해 특성을 지각할 수 있으므로 일상생활에서 주변환경에 관심을 가질 수 있는 기회를 제공한다.
  - ㉔ 산책하며 곤충(개미, 나비, 잠자리)이나 작은 동물(토끼, 다람쥐, 비둘기, 참새) 관찰하기
- 식물에 대한 관심이 시작되는 시기이므로 식물을 관찰할 수 있는 기회를 제공한다.
  - ㉔ 산책하며 나뭇잎이나 열매 주워오기, 비슷한 색깔 · 모양의 나뭇잎끼리 모으기, 나뭇잎 던지기, 꽃에 물 주기
- 놀잇감의 서로 다른 특성을 탐색하며 놀이하므로 점차 시행착오를 줄이고 문제해결을 할 수 있는 놀이를 제공한다.
  - ㉔ 그림자 찾기 놀이, 소리 나는 깡통 굴려 동물 인형 넘어뜨리기(볼링 놀이)
- 사물의 특성인 재질, 모양, 크기, 색깔에 흥미를 가질 수 있는 활동을 제공한다.
  - ㉔ 다양한 크기의 공을 크기가 다른 원통에 넣어 굴려보는 놀이, 다양한 크기의 도구(숟가락, 국자, 주걱, 컵, 그릇 등)로 담고 쏟는 놀이, 물 페인트 놀이(물 발자국 찍기), 신문지 찢고 뭉쳐 던져보기, 약통 속의 색깔 물 뿌리기
- 공간을 탐색하면서 부분과 전체의 관계를 알기 시작하고, 오감을 통해 반복적으로 탐색하며 형태, 순열, 크기 순서대로 맞추는 놀이와 유사한 사물끼리 서로 짝짓는 놀이를 즐겨한다.
  - ㉔ 느낌판 탐색하며 같은 것 찾기, 동물과 동물 소리 짝 찾기, 비밀주머니 속에 있는 물건 감각으로 알아맞히기, 색깔 모루 도장 찍기, 녹음된 이야기 듣고 우리 엄마 · 아빠 목소리 찾기, 블록의 크기나 소리에 따라 순서대로 세우고 부수기
- 수세기에 관심을 가지며 수세기 기술이 나타나기 시작하므로 생활 속에서 숫자를 표현해 볼 수 있는 기회를 제공한다.
  - ㉔ 하나, 둘, 셋 외치며 낮은 계단 뛰어내리기, 놀잇감 통에 담고 꺼내며 하나, 둘, 셋 세어보기
- 혼자 또는 어른과 가장 놀이를 하며 놀잇감을 변형시켜 상징 놀이를 할 수 있으므로 상상적 가장 놀이가 확장될 수 있는 놀이를 제공한다.

㉮ 블록으로 집짓기, 블록으로 자동차길 만들어 놀이하기, 자동차 운전 놀이, 미장원 놀이, 병원 놀이, 모래로 음식 만들기, 인형 놀이(목욕시키기, 우유 먹이기, 옷 입히기), 동물 모자 쓰고 동물되어 표현하기

(5) 예술경험을 위한 놀이

영아들의 시각적 놀이는 청각적 놀이와 매우 밀접하게 연계되어 있으므로 음악, 미술, 동작활동의 통합적인 놀이를 제공한다. 2세 영아들은 정확한 음조, 리듬, 가락으로 노래를 부를 수는 없지만 노래 부르는 것을 즐긴다. 따라서 음악을 들려주면 춤을 추거나, 빙빙 돌거나, 깡충 뛰기를 하거나, 손뼉을 치거나, 악기를 연주하거나, 자신의 목소리로 다양한 시도를 하려고 한다. 또한 결과보다는 과정에 더 집중하지만 그림 그리기, 점토 놀이 등의 창의적인 활동이 나타나기 시작한다. 2세 영아의 발달적 특징을 고려한 예술경험영역에서의 놀이를 제안하면 다음과 같다.

- 음악에 대한 선호가 생기는 시기이므로 다양한 장르의 음악을 들려준다.
  ㉮ 동요, 찬송, 클래식, 민속음악 들으며 손뼉이나 리듬악기 쳐보기, '멈춤 놀이'와 같이 간단한 지시어가 있는 노래 들으며 신체표현하기
- 언어능력이 급격히 발달하며 노랫말에 대한 흉내 내기에 흥미를 보이는 시기이므로 운율이 있고 반복적인 노랫말이 있는 음악을 들려주는 것이 좋다.
  ㉮ '눈눈눈', '간다간다', '나는 유치원(어린이집)에 갑니다', '작은 동물원' 등과 같은 간단한 노래 부르며 몸으로 표현하기
- 이 시기의 영아들은 빨강과 노랑 등 원색을 선호하지만 파스텔 톤의 색이나 그 외의 다양한 색깔을 탐색할 수 있는 놀이를 제공한다.
  ㉮ 색깔 점토 놀이, 점토나 물감 이용해 손발 찍기, 리본 춤추기
- 익숙한 동물의 소리나 생김새, 움직임을 구별할 수 있고, 동물의 모습이나 소리에 지속적인 관심을 갖게 되므로 움직임이나 소리의 느낌을 표현할 수 있는 활동을 제공한다.
  ㉮ 산책에서 본 동물의 소리와 움직임 몸으로 표현해 보기, 관심 있는 사물이나 동물 콜라주 하기
- 자신이 선호하는 것에 더 큰 관심을 가지는 시기이므로 주변환경에서 미술적인 요소에 관심을 가지고 즐길 수 있도록 개별적인 지원을 한다.

예 내가 좋아하는 색깔 선택하여 좋아하는 동물 그리기(끼적이기), 손가락으로 그림 그리기

4) 발달 체크리스트

영아기는 다른 어떤 시기보다 발달이 급속도로 이루어지는 시기이다. 따라서 영아에 대한 발달을 평가하는 것은 발달이 지연된 부분을 파악하여 지연을 최소화하는 데 사용되어야 하며 궁극적으로 영아들의 전인발달을 돕기 위한 자료가 되어야 한다. 영아의 발달평가도구로는 1~42개월 영유아를 대상으로 지능척도, 운동척도, 유아행동기록의 세 부분으로 나누어 발달지연과 지연의 가능성이 있는 영아를 평가한 베일리 영아발달검사BSID II와 1~6세 사이의 영유아의 발달상태를 사회발달, 미세운동 및 적응발달, 언어발달, 운동발달영역의 네 부분으로 구분하여 발달상태를 변별하고 건강한 성숙을 도모하고자 하는 덴버 발달검사DDST II가 대표적이다. 이 밖에도 에인즈워스Ainsworth 등의 영아애착검사, 발달의 위험이나 장애를 가지고 있는 영유아를 검사하기 위해 브리커(Bricker, 1993)가 개발하고 허계형 등(2005)에 의해 우리나라에 적용된 AEPS 검사도구 등이 있다. 그러나 이러한 평가도구들은 영아들이 생활하는 보육기관에서 직접적인 평가를 하기가 어렵고, 일부 영역만 다루거나 특별한 요구를 필요로 하는 영아들을 평가하기 위해 개발되었다는 점에서 제한이 있다.

영아의 발달을 평가하기 위해 체크리스트를 사용할 경우에는 평가자인 부모나 교사의 주관성이 개입될 가능성이 높으므로 반복적인 관찰에 의해 수시로 평가하는 것이 바람직하다. 이에 본 절에서는 이영자 등(2002)이 우리나라의 정상적인 1~2세 영아들을 위해 놀이 및 탐색활동 중심으로 등원/귀가(대소근육, 자조기술, 사회-정서, 인지), 놀이활동(대소근육, 사회-의사소통, 사회-정서, 인지), 화장실 가기(자조기술, 사회-의사소통), 간식/점심(자조기술, 사회-의사소통, 사회-정서, 인지)으로 구분한 평가도구를 제시하고자 한다. 특히, 이 시기는 기본생활 습관 형성이 중요한 시기이므로 등원/귀가, 화장실 가기, 간식/점심 등의 일상생활 중심으로 발췌한 내용을 제시하고자 한다(표 8-3). 평가방법은 영아의 하루 일과를 생각하며 해당되는 항목에 표시(∨)하는 것으로 직접 관찰한 것은 관찰 점수에 표시를 하면 된다. 직접 관찰하지는 못했으나 추정되는 경우에는 추정 점수에

표시하고, 미발달된 행동 문항도 추정 점수에 표시하면 된다. 제시된 문항을 직접 관찰하지 못한 문항은 추후 유사한 상황으로 제시하여 실시한 뒤 관찰 점수에 표시한다.

표 8-3 | 영아발달 평가도구

기관명			주 소		
영아이름			생년월일	년 월 일(년 개월)	
작성일자		년 월 일			

분 류		발달항목	관찰점수	추정점수
등원귀가	대소근육	1. 신발 찍찍이를 떼고 붙인다.		
		2. 옷의 지퍼를 내린다.		
		3. 옷의 지퍼 밑 부분을 끼워주면 올린다.		
		4. 옷의 단추를 뺀다.		
		5. 옷의 큰 단추를 끼운다.		
	자조기술	1. 위 겉옷을 벗는다.		
		2. 신발을 벗는다.		
		3. 위 겉옷을 혼자 입는다.		
		4. 신발을 신발장에 넣고 꺼낸다.		
		5. 위 겉옷을 사물함의 옷걸이에 건다.		
	사회·정서	1. 엄마와 헤어지고 싶지 않을 때 떨어지지 않으려고 하면서도 교사에게 미안해한다.		
		2. 귀가시간이 되면 놀이를 정리하고 부모님이 데리러 올 것을 기대하고 기다린다.		
		3. 귀가 시 흥미로운 놀이를 더 하지 못해 아쉬워한다.		
		4. 다른 영아가 엄마와 헤어지지 못하고 울면 다가가서 위로한다.		
		5. 귀가 시 또래와 헤어질 것을 아쉬워한다.		
	인지	1. 자신의 교실을 찾아 들어간다.		
		2. 자신의 사물함을 안다.		
화장실가기	자조기술	1. 팬티와 기저귀가 젖었을 때 인식하고 표현한다.		

분 류		발달항목	관찰점수	추정점수
화장실 가기	자조 기술	2. 규칙적으로 변기에 앉아 소변을 본다.		
		3. 규칙적으로 변기에 앉아 대변을 본다.		
		4. 화장실에 갈 때까지 대 · 소변을 참는다.		
		5. 스스로 변기를 사용하여 배변한다.		
		6. 배변 후 화장지로 닦으려고 시도한다.		
		7. 간식, 점심, 실외놀이 후 스스로 손을 씻는다.		
		8. 혼자서 휴지를 사용하여 코를 푼다.		
	사회	대소변을 보고 싶다는 의사표현을 행동으로 표시한다(예 변기를 가리킨다, 변기 쪽으로 간다, 교사를 끌어당긴다 등).		
간식 / 점심	자조 기술	1. 흘리지 않고 컵으로 마신다.		
		2. 약간 흘리지만 음료를 따른다.		
		3. 음식을 숟가락이나 포크로 다른 그릇에 옮긴다.		
		4. 숟가락이나 포크를 손가락으로 잡고 먹는다.		
		5. 손가락으로 젓가락을 잡고 음식을 먹으려고 한다.		
		6. 그릇에 음식을 담아 먹고 정리한다.		
		7. 먹은 그릇을 스스로 정해진 자리에 가져다 놓는다.		
		8. 점심식사 후 스스로 양치질을 한다.		
	사회 · 의사 소통	1. '배가 고프다' 또는 '목이 마르다'라는 의사표현으로 음식이나 물이 있는 곳을 지적하거나 행동으로 표시한다.		
		2. 간식시간에 자신이 먹고 싶은 것을 손가락으로 가리킨다.		
		3. 단어를 사용하여 간식이름을 말하거나 간식을 더 달라고 말한다.		
		4. 간식 또는 점심이 먹고 싶지 않을 때 "안 먹어"와 같이 자신의 의사를 말로 표현한다.		
		5. 벽에 붙여진 간식 그림을 보고 이름을 말한다.		
	사회 · 정서	1. 간식시간이 되면 식탁에 앉아서 기다린다.		
		2. 또래에게 자기 간식을 나누어 준다.		
	인지	1. 사람 수에 맞게 접시와 포크를 하나씩 대응하여 놓는다.		
		2. 맵다, 짜다, 달다, 쓰다, 시다 등의 맛을 구별하여 말한다.		

출처 : 이영자 외(2002), 교사용 1, 2세 영아발달 평가도구, pp. 102~115에서 발췌.

생각해 보기

1. 2세 영아를 선택하여 신체, 인지, 사회 및 정서, 언어발달의 특성을 관찰, 기록하고 평가해 보자.

2. 2세 영아의 발달을 촉진하기 위해서 환경 내에 어떠한 요소들이 구성되어 있어야 할지 생각해 보자.

3. 2세 영아의 놀이실을 방문하여 놀잇감과 놀이방법에 어떠한 변화가 있어야 할지 생각해 보고, 자신의 생각이 2세 영아의 발달에 어떠한 향상을 가져올 수 있을지 설명해 보자.

PART 4

영아기 발달과업

CHAPTER·9

정서표현 및 정서조절

1. 감각발달과 정서
2. 영아기의 기본 정서
3. 자기인식 및 정서조절

학습목표

- 영아기의 감각발달과 정서의 관계를 이해한다.
- 영아기의 기본 정서에는 무엇이 있는지 알 수 있다.
- 영아기의 자기인식은 어떻게 이루어지며 정서조절과의 관계는 어떠한지 이해한다.

핵심개념

- 감각발달
- 정서
- 자기인식
- 정서조절
- 반사
- 얼굴인식
- 표정 인식
- 긍정적 정서
- 부정적 정서
- 분리불안
- 사회적 참조
- 자기조절능력

CHAPTER · 9

인생의 각 시기는 모두 중요하고 의미가 있다. 그러나 흔히 두 살까지가 가장 중요하다고 말하는 이유는 두 살까지 경험했던 시간들이 이후의 인생에서 돌이킬 수 없는 긍정적 · 부정적 영향을 주기 때문이다.

특별한 경우를 제외하고는 양육자는 영아들을 잘 돌보고 싶어한다. 그래서 육아정보를 공유하며, 다양한 채널을 통해 정보를 수집하고, 영아돌보는 방법에 대하여 가까운 사람들에게 자문을 구하기도 한다. 그러나 정보의 홍수 시대에 도대체 누구의 말을 들어야 하는지 양육자들은 어려움을 토로할 때가 많이 있다. 아마도 이런 어려움들 때문에 학자들이 영아를 연구하기 시작한 것 같다.

이 장에서는 영아기를 대상으로 한 정서의 기본적인 연구들을 살펴볼 것이다. 그리고 그 연구결과들에만 기초하여 우리가 얻을 수 있는 시사점들을 살펴보고, 양육에 있어 가장 기본적인 그러나 영아에게는 가장 중요한 정보들을 탐색해보기로 한다.

1. 감각발달과 정서

1) 시각적 능력

영아는 출생 전 태내에 있을 때부터 시각을 구별하는 신경계통을 갖고 태어난다. 그러나 성인과 동일한 시각능력은 아니며, 6개월이 되어야 가까운 곳에 초점을 맞출 수 있다. 영아의 시각적 능력의 범위는 30cm 정도로 양육자가 얼굴을 맞대고 상호작용할 때이며, 양육자의 머리를 잡을 수 있는 거리이다. 시각적 주의 기간, 눈동자 움직임의 체계적 기록과 다른 기법들을 사용한 다양한 실험들은 영아가 시각적으로 의미 있는 능력과 선호도를 가지고 있다는 것을 보여 주었다. 신생아는 복잡한 자극에서 세밀한 형태를 감지할 수 없기 때문에, 탐지할 수 있는 형태가 더 굵고 날카로운 대조를 가진 자극을 선호하고, 그러한 선호는 '대조-민감성 원리'라고 알려진 세부적 형태에 대한 선호로 바뀌게 된다(Banks & Salapatek, 1981). '대조-민감성'과 '훑어보기' 능력이 증가함에 따라, 나이든 영아는 형상 주위를 따라 눈을 움직이면서 가까운 사람이나 퍼즐과 같은 사물의 특성을 탐색하고, 특히 눈과 같은 각각의 요소를 보려고 멈추게 된다. 하나의 형태에서 모든 요소를 훑어보는 영아의 경향성은 직접적으로 사람의 얼굴을 지각하는 데 적용된다(문혁준 외, 2009 ; 정옥분 외, 2007).

▲ 마주보고 상호작용하는 영아와 부모

2) 얼굴인식

가까운 사람의 얼굴을 지각하는 능력과 선호도는 3개월에 상당히 발달된다. 이 단계에서 인식하고 기억할 수 있는 사람 얼굴에 대하여 뚜렷한 형태나 도식으로 다양한 요소를 조직하기 시작하며, 사진에서 엄마의 얼굴을 인식하고 기억할 수 있고, 낯선 사람보다 엄마나 돌봐주는 사람의 얼굴을 더 오래보는 경향이 있다(Barrera & maurer, 1981a). 3개월이 지나면 영아는 다양한 낯선 사람의 얼굴을 기억하고 구별할 수 있으며, 더 매력적인 얼굴에 선호도를 나타낸다. 이런 연구결과들은 영아기의 사회정서적 발달에 있어서 얼굴을 맞대고 상호작용하는 것이 생존과 욕구충족에 중요하기 때문에 영아 스스로 얼굴을 인식하고 기억하는 능력을

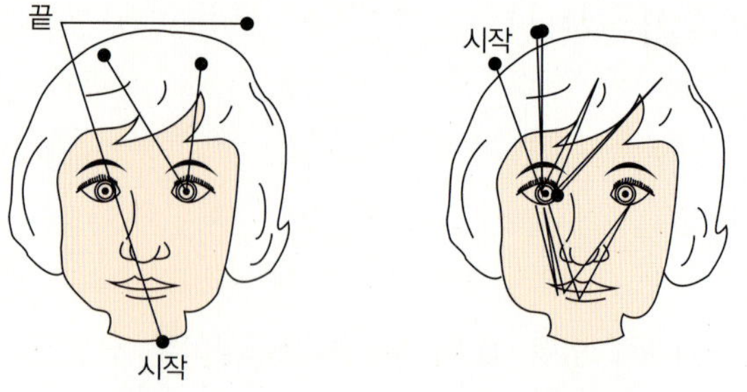

| 그림 9-1 | 1개월 영아와 2개월 영아의 시각

출처 : 위영희 · 이희정 역(2006), p. 120.

발달시키려는 경향성이 있음을 보여 준다(정옥분 외, 2007).

3) 표정인식

얼굴인식이 어느 정도 진행되고, 시신경이 발달하며, 사회적 상호작용에서 사람의 얼굴에 대한 여러 가지 경험을 얻게 됨에 따라, 얼굴표정에 대해 더욱 섬세한 변별을 하기 시작한다. 10개월을 전후로 한 영아는 정서적 표정을 지각하는 것으로 사람의 정서에 대한 구분을 할 수 있다. 고집이 세어 보이거나 강한 인상을 주는 할머니가 가까이 오면 자신에게 상호작용하지 않아도 얼굴을 돌리거나 우는 사례가 한 가지 예가 될 수 있다. 약하거나 또는 강렬한 표정을 다양한 정서로부터 구별할 수 있고(Ludemann & Nelson, 1988), 정서적으로 확실하지 않은 상황이나 사건에 어떻게 반응하는가에 관한 중요한 의사소통수단으로서 얼굴표정에 의존하기 시작한다(민경환 외 역, 2007 ; 정옥분 외, 2007).

4) 청각적 능력

영아는 사람 얼굴의 시각적 특성에 반응하도록 만들어진 것과 동일한 방식으로, 사람의 말소리에 대해서도 비슷한 경향성을 보여 주며, 사람의 말소리 형태에 강한 호기심과 주의집중을 한다(Papousek, Papousek & Bornstein, 1985). 특히,

신생아는 엄마 목소리에 뚜렷한 민감성을 보이고, 엄마의 목소리와 다른 여성의 목소리를 구별할 수 있다. 영아의 시각적 능력 통로와 청각적 능력 통로의 또 다른 유사점은 비록 정확성은 좀 떨어지더라도 보고자 하는 사물과 소리 나는 쪽으로 머리를 돌리는 협응력을 갖고 있다는 것이다. 생애 첫 일 년 동안 엄마의 친근한 접근성으로 인해 영아의 모든 감각은 엄마에게로 향한다. 시각적 단서, 청각적 단서뿐 아니라, 냄새 맡고, 맛보고 만지는 모든 것을 엄마 중심으로 하게 된다(문혁준 외, 2009 ; 정옥분 외, 2007).

5) 반사

반사능력이란 출생하기 전부터 영아가 특정한 자극을 받았을 때 자동적으로 생기는 선천적으로 조직된 자극-반응행동을 말한다. 인간의 반사는 영아의 생존에 도움을 주는 기능을 제공하고, 행동발달과 학습의 방향성을 제공하는 초기 단계가 태내에서 이미 시작되었음을 알려 준다. '무릎반응'과 같은 반사행동은 자동적이며 자기 뜻대로 움직일 수 없는 특성을 갖고 있다. 영아의 돌봄care과 사회화에 필수적인 많은 반사들은 생후 몇 달 동안 영아의 동기와 인지에 의해 안내되어 변형될 수 있다. 예를 들어, 사회적 의사소통을 확립하기 위해 특히 중요한 두 가지 반사인 울기와 미소 짓기는 긍정적이고 부정적인 정서발달에 생물학적 기초를 제공한다. 이전에 중요했으나, 기능하지 않게 되는 다른 반사들은 출생 후 곧 사라지게 된다. 움직일 때 엄마에게 의지하는 데 중요한 모로반사moro reflex는 몇 달 후에 곧 사라지는 반면, 엄마를 붙들 수 있게 하며 엄마 신체에 의지하여 다시 회복될 수 있는 파악반사는 점차적으로 자발적이 되고, 기능적으로 활용된다(정옥분 외, 2007).

2. 영아기의 기본 정서

1) 영아기에 나타나는 기본 정서 6가지

사람에게서 나타나는 기본 정서는 연령과 문화에 상관없이 보편적으로 나타나는 정서를 말한다(Ekman, 1971/1989). 6가지 정서는 긍정적 정서인 기쁨, 흥미와 부정적 정서인 분노, 슬픔, 혐오, 공포 등이다. 이런 기본 정서는 다음과 같은 특징이 있다. 첫째, 고대의 진화적 유산에 근거하고, 영아기 초기에 나타나며, 환경과의 상호작용과정에서 빠르고 자동적으로 나타난다. 둘째, 특정 정서의 존재를 나타내는 다양한 문화에 따라 주목할 만큼 일정하게 인식되는 보편적 얼굴표정이 있다. 셋째, 이 같은 표정은 뇌와 얼굴근육체계를 연결하는 신경회로이다. 신생아에게 공통적으로 나타나는 미소, 놀람, 울음과 혐오의 표현은 영아의 초기 정서적 체계의 발생에 필수적이다(위영희 · 이희정 역, 2006).

2) 긍정적 정서 : 기쁨과 행복

긍정적 정서의 첫 단계인 '배냇웃음'이라고도 하는 신생아의 미소는 의도하지 않지만 성인에게 매우 강력한 영향을 준다. 신생아기에 나타나는 가장 초기의 미소는 자발적이기보다는 반사적인 것으로 전형적으로 램수면rapid eye movement sleep : REM 동안 나타난다. 첫 번째 미소는 입가에 살짝 나타나고, 영아가 깨어 있거나, 피질의 활동이 다소 나타나는 시기에도 발생한다. '배냇웃음' 미소는 모든 영아들의 경우 백일을 전후하여 빈도가 감소한다(정옥분, 2013 ; 문혁준 외, 2009).

두 번째 단계인 자발성을 가진 미소는 부드러운 외부 자극에 의해 유발되며, 하나의 근육의 움직임으로 이루어진다. 생후 한 달 만에 영아의 미소는 넓은 범위의 외적인 자극에 의해 나타나는 외생적 미소exogenous smile 단계로 이동하게 된다. 미소가 영아의 행동목록에서 확실히 자리 잡게 됨에 따라 미소의 기능적 중요성이 더 분명해진다. 영아의 미소는 양육자에 대한 인식과 기억을 의미하며, 영아에 대한 부모의 흥미와 애정을 증진시킨다. 미소의 가장 중요한 사회적 기능은 타인으로부터 접근과 긍정적 반응을 일으키고 엄마-영아애착의 발달에 본질적인 상호작용을 증진시키는 것이다(Ainsworth, 1963/1977 ; Bowlby, 1969/1982). 또한 새로운 자극을 제공하는 사회적 동반자를 형성함으로써 사회적 관계가 깊어지도록 하는 기능을 하고 상호성 발달에 본질적인 면 대 면 상호작용의 강도를 전달하는, 응시-회피와 함께 영아의 표현적 행동 중 하나이다.

세 번째 단계의 웃음 역시 엄마-영아 상호작용을 증진하는 중요한 역할을 한다. 생후 약 4개월에 처음 나타나며, 웃음의 촉진자는 갑작스런 촉각자극(간질간질 등)과 청각자극(딸랑이 소리 등)으로 시작하여 6개월 이후에는 사회적이고 더 미묘한 시각자극으로 변화되는 것을 알 수 있다(정옥분 외, 2007 ; 민경환 외 역, 2007 ; 정옥분, 2013 ; 문혁준 외, 2009 ; 노경선, 2007 ; 서유헌, 2010 ; 이시형, 2010).

3) 긍정적 정서 : 흥미와 놀람

흥미는 생애 첫 주 영아의 행동과 얼굴표정으로 판별해 낼 수 있으며, 영아기부터 전 생애 동안 학습과 인지발달을 돕는 직접적 동기유발요인이기에 매우 중요하다(Izard, 1991). 놀람suprise은 5~7개월 사이 기대를 형성하는 인지발달이 이루어져야 나타나고, 동시에 인지발달을 촉진한다.

흥미와 놀람의 얼굴표정은 특별한 사물이나 사건에 빠르게 끌리고, 상당히 몰두하는 사람의 표정을 수반하며 지속시간이 짧고 얼굴에서 부분적으로만 표현될 수 있다.

4) 부정적 정서 : 공포, 고통, 슬픔, 분노, 혐오

(1) 분노

태어난 첫날 신생아의 머리를 누르는 것에 대하여 영아가 반사적으로 움직이는 것flailing은 분노 역시 타고난 것임을 보여 준다. 예방접종을 할 때 대부분의 영아는 고통을 표현함과 동시에 강한 울음으로 분노를 나타낸다. 분노는 수단-목적 사고의 인지적 능력과 연관되어 있다고 본다. 분노는 신생아나 영아가 자신이 목적하는 바를 이루기 위하여 필요한 의도가 포함된 힘과 메시지를 제공한다.

(2) 슬픔

영아기 슬픔에 관한 가장 많은 연구결과는 엄마의 무반응성이나, 엄마로부터 분리에 대한 영아의 반응에 대한 연구이고, 이것은 관찰자에 따라서 약 3개월간(백일 동안)에 생기는 영아의 삶에서의 슬픔의 첫 번째 원인이 되는 것으로 보인다.

양육자와 3분 동안 2회 분리되는 에인즈워스Ainsworth의 '낯선 상황'의 실험결과는 9~18개월 사이 영아의 짧은 분리에 대한 다양한 반응을 보여 주지만 분리의 결과로서 나타나는 부정적 정서는 슬픔 그 이상을 포함하고 있고, 영아들에게서 슬픔은 공포, 불안과 분노와 혼합될 수 있다. 영아의 분리에 대한 저항과 울음은 전형적으로 달래기와 엄마의 주의집중에 이어서 양육자의 돌봄을 일으키고, 이 같은 표현의 '나를 돌봐 달라'는 의사소통적 기능을 알 수 있다.

(3) 혐오

혐오는 원시적 회피기제로부터 나오는 초기 정서 중 하나로 간주되고, 여기에 대한 반응은 맛과 냄새의 화학적 감각에 해당하는 태고적archaic 후각 뇌에 근거한 피질과 최소한 관련될 수 있다. 어린 영아는 약물 등의 쓴맛, 거친 감촉, 괴성 등에 혐오반응을 나타내고, 이런 혐오반응은 독극물이나 인체에 해가 되는 다양한 자극으로부터 영아가 생존할 수 있도록 도와주기 때문에 지속적으로 인간에게서 발달해 온 정서라고 볼 수 있다(정옥분 외, 2007 ; 민경환 외 역, 2007 ; 문혁준 외, 2009).

(4) 공포

보울비Bowlby는 영아의 공포가 생존해야 하는 생물학적 본성과 영아의 경험이 결합하여 일어나고, 영아는 '위험에 대한 자연적 단서'를 제공하는 사건이나 상황에 대한 공포에 더 쉽게 반응한다는 것을 고려하여, 고통, 홀로 남겨짐, 자극의 갑작스러운 변화와 갑작스러운 접근이라는 네 가지 단서를 제시하였다. 그레이Gray는 낯선 사람에 대한 공포를 포함하는 영아의 잠재적 자극의 목록을 추가하였다. 그 중 가장 주목받는 영아의 공포에는 낯선 이에 대한 고통, 분리불안, 높이에 대한 공포와 절박한 붕괴의 공포가 있다(정옥분 외, 2007 ; 민경환 외 역, 2007 ; 정옥분, 2013 ; 문혁준 외, 2009).

① 낯선 사람에 대한 불안staranger anxiety

약 4, 5개월 유아들은 낯선 얼굴을 힘들어 한다. 이 연령의 영아는 낯선 사람이 조용히 바라본다면, 종종 같이 바라보다가 약 30초 후에 울기 시작한다. 브론슨(Bronson, 1972)은 이 현상을 낯선 사람의 진지한 얼굴로 인한 '경계심'이라 칭하고 이 괴로운 낯선 얼굴을 좀 더 친숙한 얼굴로 인식하고자 하는 노력의 실패로 해석한다. 7~12개월의 영아들은 낯선 사람이 갑자기 접근해 올 경우 즉시 부정적으로 반응하는데, 이런 부정적 반응은 낯선 사람에 대한 고통 또는 낯선 사람에 대한 불안이라 칭하고, 이는 위협적 상황에 대한 즉각적 반응이다(위영희 · 이희정 외, 2006).

영아의 낯선 사람에 대한 고통발달에 관한 관찰은 헤브Hebb의 1946년에 이루어진 고전적 연구인 "공포의 특징에 관하여on the Nature fo Fear"에서 4개월 된 침팬지 새끼 역시 관찰된 낯선 사람에 대한 공포가 영아와 유사함을 보여 주었고, 이 같은 공포는 학습의 결과가 아니라, 지각적 성숙과 인지적 성숙의 결과로 나타난다고 주장하여, 낯선 사람에 대한 공포가 학습이 아닌 타고난 것이라는 사실을 알게 해주었다. 영아의 낯선 사람에 대한 고통반응은 자연스러운 것으로 받아들여야 한다.

② 분리불안 separtation anxiety

분리불안 역시 낯선 사람에 대한 고통과 같이, 6~12개월의 영아에게서 차례로 나타난다. 영아는 양육자와 떨어졌다가도 안전기지로서 양육자에게 되돌아가면서 외부세계를 적극적으로 탐색할 수 있는 능력을 키우게 된다. 6~12개월 사이에 양육자와의 분리로 인해 영아가 느끼는 분리불안은 영아가 인지적으로 양육자를 새롭게 인식하는 시기이기 때문에 불안한 감정이 최고조로 표현된 것이다. 낯선 사람에 대한 불안이 나타나는 시기는 정확하지만 행동이 사라지는 시기는 분명하지 않다. 어린이집에 처음 등원했을 때 강한 분리불안을 보여 주는 것은 일상적이며, 이 고통은 실제로 양육자와의 분리불안과 낯선 사람에 대한 불안의 혼합일 수 있다.

③ 높이에 대한 공포

영아가 높은 곳에서 떨어지면 위험하기에 발달하는 '높이공포'는 한쪽은 얕고 다른 한쪽은 몇 피트 깊이가 있어 뚜렷하게 구별되는 플랙시글라스plexiglas로 덮힌 '시각벼랑'을 사용하여 영아의 높이에 대한 공포를 연구해 왔다. 영아는 5개월에 깊은 쪽에 대한 지각과 주의가 증가하여 9개월경 공포반응으로 나타난다는 것을 강조하여 공포의 발현시기가 이때 즈음임을 알려준다. 대부분의 영아는 7~11개월 사이에 다양한 연령에서 기어 다니기 시작하고 시각 벼랑에 대한 공포를 나타내지만, 이것은 기어 다니기 시작한 후 약 3주간만 지속된다.

신생아기부터 영아기에 이르기까지 출현하는 다양한 정서표현은 결국 생존하기 위한 타고난 전략으로 풀이할 수 있다. 감각에 의한 정서표현들은 신생아기와 영아기를 거쳐 성인에 이르기까지 인지, 사회, 정서, 언어 등의 발달에 기초가 될 것이다.

3. 자기인식 및 정서조절

감정이 이성을 앞서는가? 이성이 감정보다 우위에 있는가? 하는 문제는 수년에 걸쳐 논란이 있어 왔다. 우리들이 이성적으로 행동해야 사회적으로 안정되고 건강한 삶을 영위할 수 있는 것은 분명한 사실이지만, 최근의 연구들은 그 이성을 조절하기 위해서는 감정의 문제가 선행되어야 한다는 사실들을 밝혀주고 있다. 이 장에서는 영아가 어떻게 자신과 타인을 분리시켜 생각할 수 있게 되는지, 분리시킨 능력으로 어떻게 정서를 발달시키고 조절할 수 있는 기초를 형성하는지 살펴보기로 한다.

1) 자기인식 : 립스틱실험

자기인식과 관련된 유명한 실험이 '립스틱실험'이다. 연구자들은 9~24개월 된 영아의 코에 립스틱을 묻히고, 거울로 데려갔다. 약 16개월 미만의 영아들은 립스틱을 닦기 위해 마치 다른 아이의 코에 손을 대듯이 거울로 손을 뻗었다. 반대로 18~24개월 된 영아들은 립스틱을 지우기 위하여 거울을 보고 자신의 코로 손을 가져갔다. 그들은 '거울에서 보이는 아이가 나'라는 사실을 인지하고 있었다. 18개월 즈음에 자기인식과 관련한 인지적 변화가 일어난다고 볼 수 있다.

자기인식self-awareness과 자기인지self-recognition는 평가와 관련하여 새로운 정서를 갖도록 도와준다. 친구와 함께 과자봉지를 뜯으려다가 친구는 잘 되고, 나는 잘 되지 않으면 2세 미만의 영아는 실패를 슬픔의 정서를 사용하여 반응하지만, 2세 이후의 영아는 친구와 비교하여 부끄러움이나 잘못으로 느낄 수 있다. 이러한 정서는 이후에도 꾸준히 발달하는데, 마음이론theory of mind이라고 불리는 이 정서는 다른 사람들도 마음(사고 또는 생각)을 가진다는 것을 이해하고 다른 사람들이 알거나 생각하는 것을 구별하는 능력이다. 일단 영아가 마음이론을 갖게 되면 다른 사람이 영아를 지켜보고 영아에 대해 생각하고 영아를 평가하고 있다는 것을 이해할 수 있을 것이다. 다른 사람의 마음과 생각을 이해하기 시작하면 죄의식, 수치심, 자부심 등을 발달시킬 수 있다. 그러므로 마음이론을 '타인 의식적 정서'라고 규정하는 연구자들도 있다.

2) 정서조절의 발달

아동이 나타내는 정서를 감독하고 통제하는 능력은 분명히 언어와 인지에서의 발달과 연결되며 정서의 본질은 통합적 접근을 요구한다.

첫째, 정서표현을 위하여 어느 정도 신체적 성숙은 필요하다. 근육의 성숙으로 울거나 웃는 등 다양한 표정을 지을 수 있고, 주먹을 쥐거나 놀라서 도망갈 다리의 힘도 생길 수 있다. 운동능력이 발달하면서 정서가 더 잘 발달할 수 있다.

둘째, 인지적인 면에서도 대부분 팔을 움직이지 못하도록 싸놓은 신생아들은 인지의 미성숙으로 무엇이 불편한지 모르고 우는 반면 7개월 된 영아는 팔이 불편하다는 원인을 찾을 수 있다.

셋째, 돌이 될 무렵부터는 새로운 대상이나 사건에 대하여 어떻게 느껴야 하는지를 알아보기 위해서 자신이 신뢰하는 양육자를 바라보기 시작한다. 엄마와 함께 곤충을 바라보면서 처음에 흥미를 갖다가 엄마가 돌연 "아이, 무서워."라고 이야기하면 곤충에 대한 호기심은 사라지고, 함께 무서워하는 것에서 예를 들 수 있다. 즉, 신뢰하는 양육자의 의견이 정서에 반영되기 시작하는 것이다.

'미운 네 살–만 2세'라는 잘 알려진 개념은 걸음마기가 아동의 의지willfulness, 부모의 요구와 제한으로부터 생기는 좌절을 다루지 못해서 나타나는 것으로 특징짓는다. 하지만 대부분 유치원 시기가 되면 분노, 좌절, 저항과 분노발작행동이 점차적으로 감소된다. 동시에 아동은 정서적 욕구와 목표에 대처하기 위하여 타인을 설득하도록 영향을 주는 그들 자신의 행동을 방향 짓고 감독하는 것을 배우게 된다.

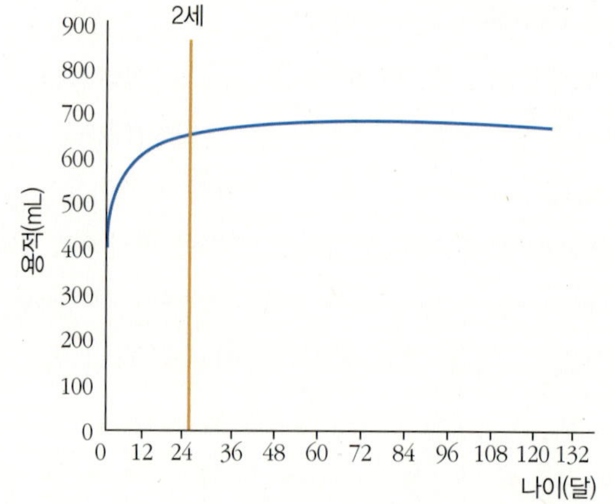

※ 2세까지 대뇌피질의 회백질과 백질 용적이 빠르게 커지며, 2세까지의 애착경험이 감정의 뇌성장에 직접적인 영향을 미친다. 따라서 0~3세까지 감정의 뇌가 최고로 발달할 수 있도록 자극을 주는 것이 중요하다.

|그림 9-2| 감정의 뇌 발달교육

출처 : Matsuzawa et al. Cerebral Corlex.

정서조절emotion regulation은 영유아가 정서적 상태를 감독하고 통제하고 다양한 사회적 상황이나 요구에 순응하는 표현을 통제하는 과정을 다루며, 문화 안에서, 그리고 문화 간 다양한 성숙적 변화와 특정한 사회화 효과를 반영한다.

성격이론가들은 정서가 잘 조절되었을 때 개인의 능력도 더 잘 나타난다고 한다. 자아통제ego control는 강한 감정, 본능, 바람이나 갈망을 관리하는 영유아의 발달능력을 언급하는 반면, 자아탄력성ego resiliency은 그러한 정서관리의 융통성을 언급한다. 영유아기의 정서조절 경험이 청소년기, 성인기까지 성취에 영향을 주는 것을 생각할 때, 자아통제와 자아탄력성 개념은 의미 있게 다룰 필요가 있다.

3) 영아 정서조절의 시작

학자들은 정서조절을 생리적 긴장과 고통을 조절하고 부드럽고 편안한 자극을 제공하기 위하여 양육자와 영아 간의 부드러운 일상생활이 시작되는 연속적 과정으로서 간주한다. '조절'은 강자지만 민감한 양육자가 자신의 행동을 약자인 영아의 상태와 최대한 맞춤으로써 제공될 수 있으며, 이렇게 양육자에 의해 안내된 조절caregiver-guided regulation은 영아가 이후에 자기-조절로 향하는 첫 단계이다.

생의 첫 6개월 동안 양육자에 의해 안내된 조절은 만 2년째에 '안내된 자기-조절'로, 유치원 시기 동안 점차적으로 내면화된 통제로 변화된다. 이 관점에서 조절은 이전 단계로부터 각각의 새로운 발달단계가 요소들을 형성, 통합하면서 성숙된 '사회화'라고 생각된다.

사회화의 힘은 상호작용과 정서에 관한 부모-자녀 의사소통에서 정서표현에 대한 부모의 반응을 포함한다. 영유아가 성장해 가며 정서조절을 할 때 두 가지 주요 경향이 있다.

첫째, 정서조절은 더 복잡하고 추상적이 된다.

둘째, 영 · 유아가 성장하면서, 정서조절은 분화된다.

출생 후 다양한 고통으로부터 야기되는 부정적 정서의 관리에 있어 자기-신뢰가 강조된다. 첫 번째 단계에서 영아는 안정성을 되찾기 위해 양육자에게 의존하고 두 번째 단계에서 양육자와의 상호작용을 중재하며, 세 번째 단계에서는 새로운 정서가 나타나고, 관계의 '안정적 모델'을 형성하는데, 이 모델은 네 번째 단계에서 자아-신뢰체계의 출현에 대한 근거가 된다. 결론적으로 양육자의 관심과 민감함이 정서조절의 기초가 된다.

4) 사회적 참조

10주경에 영아는 엄마의 얼굴표정에 의미 있게 반응하기 시작하고(Haviland & Lelwica, 1987), 10개월경 영아는 경험하지 않은 다양한 사건에 어떻게 반응할 것인가를 결정하는 데 정서를 사용한다.

영아가 새로운 장난감 2개를 선물받았는데, 누군가가 한 가지는 좋고, 다른 한 가지는 나쁘다는 감정을 나타내면, 영아는 스스로 장난감을 경험하기 이전에 타인에 의하여 좋다고 평가된 장난감을 선택할 가능성이 높아질 것이다.

사회적 참조social referencing는 실제로 상호주관성이라고 불리는 더 큰 현상의 일부이다. 상호주관성은 다시 1차적 상호주관성과 2차적 상호주관성으로 구분할 수 있다.

1차적 상호주관성은 부모와 같은 양육자와 영아 사이의 경험의 공유로 영아 자신의 정서나 부모의 정서를 함께 느끼는 것이다. '너의 마음을 이해한다.'라는 정서를 일치시켜 가는 것이다. 반면 2차적 상호주관성은 강아지나 제3의 인물과 같은 대상에 대한 경험을 공유하는 것이다. 이와 같은 상호주관성, 사회적 참조를 통하여 문화와 사회가 요구하는 정서표현과 정서규칙에 대하여 학습하게 된다.

5) 영아기 정서조절능력과 학령기 사회적 유능성과의 관계

영아기의 정서조절능력발달은 이후 학령 전기 및 학령기 사회적 유능성과 밀접한 관계가 있다. 3개월경에 자신의 부모와의 관계에서 정서를 표현하고, 조절할 수 있는 영아는 유치원 시기에 교사와 또래와의 관계에서도 정서표현과 정서조절이 가능하며, 초등학교 3학년 시기에도 다양한 정서를 활용할 수 있는 것으로 나타났다.

부모, 교사, 상담사와 아동 자신의 입장에서 보면 어린이집과 유치원 교실에서 가장 흔하게 나타나는 문제행동 유형은 첫째, 좌절을 참고, 분노를 조절하며 공격적 행동을 통제할 수 없는 것과 관련된다. 두 번째 기본 유형은 지나치게 소극적 · 내성적인 행동이다.

첫 번째 집단을 측정하는 SCBE Social competence behavior assessment의 분노-공격성 척도는 유치원에서 품행장애나 외현화 증상으로 다양하게 명명되기 이전에는 광범위한 증후군과 동등하게 고려되고, 척도 항목은 분노, 공격적, 이기적, 적대적 행동을 서술하며, 정서조절과 정서표현은 그들의 공격적 행동만큼 자기 중심적인 것으로 보인다. 분노-공격적 집단은 또래와 가장 잘 상호작용하나 또한 가장 거부적일 수 있으며, 공격성은 다양한 연령대에서 가장 잘 알려진 또래 거부의 행동과 상관을 갖는 것으로 알려져 있다.

두 번째 집단을 측정하는 SCBE의 불안-위축 척도는 불안하고, 우울하고, 소외되고 곁보기에 의존적인 행동을 기술하는 항목으로 구성되어 있다. 이 척도에서의 정서적 항목은 흔히 슬프고, 걱정하고, 겁 많고, 두려워하는 아동과, 또래와 놀이하면서 거의 웃지 않는 아동을 서술한다. 이 척도의 극단 점수를 받은 아동은 교사에게 고립적일 뿐 아니라, 또래가 기뻐하는 활동에 관심을 보여 주지 않으며, 더 낮은 자아-개념과 더 높은 수준의 미성숙을 나타내는 경향이 있다.

SCBE를 사용하여 위 두 집단을 평가하였을 때, 갈등과 문제가 있어도 침착함을 유지하고 자신의 성취에 있어 긍지와 기쁨을 나타내고 즐겁게 양보를 받아들이며 다른 아이들의 욕구와 목표를 감정이입적으로 인식하는 아이들이 사회적으로 유능하다는 평가를 받는 것으로 나타났다(위영희 · 이희정 역, 2006).

그러면 출생 후 만 2세까지 영아기 시기에 성인은 영아의 정서발달과 정서조절을 위하여 무엇을 도와주어야 하는가?

양육자는 영아의 정서에 적극적으로 공감하고, 민감하게 반응을 해주어야 한다. 또한, 긍정적인 정서와 부정적인 정서를 다양하게 사용하는 모델이 되어주되, 긍정적인 정서를 좀 더 많이 활용하는 법을 보여 주어야 한다. 정서와 관련된 언어(단어 등)를 다양하게 사용하여 언어발달과 더불어 정서발달이 함께 이루어지도록 해야 한다.

생각해 보기

1. 영아의 정서와 관련된 감각능력에는 어떠한 것들이 있는지 정리해 보자.

2. 영아기의 여섯 가지 기본 정서에는 어떠한 것이 있는지 생각해 보자.

3. 자기인식과 정서조절을 위해 어떠한 요소들이 작용하는지 정리해 보자.

CHAPTER·10

영아기 개인차 요인

1. 영아기 개인차 1 : 기질
2. 영아기 개인차 2 : 애착

학습목표

- 영아기의 개인차를 만드는 기질과 애착에 대해 알고 적합한 양육 태도에 대하여 알 수 있다.
- 기질을 만드는 요인에는 무엇이 있는지 이해한다.
- 애착이론에는 어떠한 것이 있는지 알 수 있다.
- 기질과 애착의 관계는 어떠한지 이해한다.

핵심개념

- 애착
- 기질
- 일괄성과 안전성
- 유전성
- 애착과 문화
- 양육형태

CHAPTER · 10

아이들은 모두 다른 존재들이다. 서로 같은 부분이 한 군데도 없는 특별한 존재다. 개성이 강한 만큼 자라나는 과정에서 요구와 필요도 서로 다르다. 어떤 영아는 출생 후 한 달 만에 밤잠을 깊이 오랜 시간 동안 잘 이루기도 하고, 어떤 영아는 두 돌이 될 때까지 밤에 깨는 경우도 있다. 한 번 먹은 이유식은 다시 안 먹는 영아가 있는가 하면, 3~4회 같은 이유식을 주어도 잘 먹는 유아도 있다. 낯선 사람을 보면 우는 영아가 있는가 하면, 바라보다 미소 짓는 영아도 있다. 이런 영아들의 차이는 유전적인 것일까? 환경적인 것일까? 최근의 학문적 경향성은 유전과 환경의 상호작용이라고 말하는 추세이다. 이런 유전과 환경의 상호작용을 이 장에서는 기질과 애착이라는 용어로 설명해 보고자 한다. 기질과 애착은 영아의 개인차를 넘어서 성인기까지의 개인차로 이어지기 때문에 그 영향력이 크다고 볼 수 있다. 본 장에서 기질과 애착의 기본적인 개념과 그동안 이루어졌던 연구결과 등을 통하여 양육자와 좋은 관계를 이루기 위해 이해가 필요한 영아들의 개인차에 대하여 고찰해 보기로 한다.

1. 영아기 개인차 1 : 기질

태어난 지 몇 시간밖에 안 되는 영아들이라도 울음, 수면, 수유 등에서 각각 다른 특성을 보인다. 숙련된 신생아실 간호사들이 출생 후 몇 시간 이내에 신생아의 특성을 파악할 수 있을 만큼 다른 면모를 보인다. 이런 개인차들이 영아들과 영아를 양육하는 이들에게 어떤 발달의 시사점을 주는지 살펴보기로 한다.(정옥분 외 2007 ; 민경환 외 역, 2007 ; 위영희 · 이희정 역, 2006)

1) 기질의 정의

기질은 출생 직후부터 나타나며 영아의 타고난 유전적 특질로 가정되는 활동 수준, 주의, 순응, 기분과 같은 행동과 정서성에서의 개인차를 말한다. 이 같은 특질들은 영아의 일상에서 꾸준히 안정성을 가지며 생물학적 근거가 있는 연속적 차원이다. 학자들은 기질의 정의에 대하여 차이를 나타내긴 하나, 일반적으로 기질이 성격에 있어 생물학적 기여를 한다는 것에 모두 동의한다.

첫 아이 때 성격에 대해 별다른 생각이 없던 부모들은 둘째 아이가 출생되면 기질을 믿기 시작한다. 부모는 첫 아이의 특성을 학습효과를 통해 변화시킬 수 있다고 생각하지만 효과를 보지 못한다. 활동 수준, 달래짐, 또는 표현 강도의 형제간 차이는 둘째로 인해 그러한 차이의 근원에 관한 새로운 생각을 하게 한다. 조부모, 친구와 이웃도 첫 아이가 다양한 범위의 친구들과 강한 사회적 상호작용을 즐기는 반면, 둘째 아이가 새로운 사람들과의 접촉에서 더 조용하고 소심하다면, 형제간 차이에 관하여 "얘는 다르네."하고 이야기를 할 수 있을 것이다.

2) 다양한 기질연구들

히포크라테스를 비롯하여 개인의 성격이 네 가지 주요 특성-우울질, 다혈질, 점액질과 담즙질의 다양한 혼합에 의해 형성된다고 믿는 그리스와 로마인의 사상에서 기질에 대해 생각해 왔음을 볼 수 있다.

첫째, 기질에 관한 연구는 알렉산더 토마스Alexander Thomas와 스텔라 체스Stella Chess가 1956년에 뉴욕 종단연구New York Longitudianl Study : NYLS를 시작하였다. 비치Birch는 귀납적으로 9세트로 분류하고 궁극적으로 9개 차원으로 명명하였다. 9가지 차원은 리듬성, 활동 수준, 접근-철회 순응성, 감각역치, 지배적 기분, 기분표현의 강도, 산만성, 주의간격 지속성 등이다. 마이클 루터Michael Rutter는 토마스Thomas와 체스Chess에게 기질이라는 용어를 제안했으며, 9가지 다양한 차원은 세 가지 기본적 기질 유형으로 나뉘어졌다.

- 순한 기질easy Temperament 영아 : 일반적으로 쾌활하며, 바르게 규칙적인 일상을 확립하고, 새로운 경험에 쉽게 순응한다.
- 까다로운 기질difficult temperament 영아 : 부정적이면서 강렬하게 반응하는 경향이 있으며, 불규칙한 매일의 일과를 가지고 새로운 경험을 느리게 받아들인다.
- 반응이 느린 기질slow-to-warm up temperament 영아 : 다소 부정적으로 강렬하지 않게 반응하나, 낮은 활동 수준을 가지고 있으며, 새로운 경험에 느리게 순응한다. 순한 기질보다는 까다로우나, 까다로운 기질보다는 순한 느낌이 있다.

둘째, 이후에 아몰드 부스Amold Buss와 로버크 플로민Roert Plomin은 유전될 수 있고 안정적인 성격 특성으로만 생각되는 네 가지 다양한 요소로 기질요소를 구성하였다. 그들의 첫 번째 모델은 비록 이후에 활동성, 정서성, 사회성과 같은 세 가지 요소로 축소되긴 하였으나, EASI(정서성, 활동성, 사회성과 본능)로 나누었다. ① 활동 수준은 3가지 모델에서 거의 동일하게 나타나며, 일반적 속도와 동작의 활기를 말한다. ② 사회성은 타인과 함께 있는 것을 혼자 있는 것보다 더 선호하는 경향을, ③ 정서성은 고통스러워하는 경향을 말하며, ④ 본능은 개인의 공감적 신경체계 안에서의 각성 역치를 반영한다.

기질에 대한 여러 관점이 있지만, 대부분의 학자들은 이 같은 도구는 기쁨, 공포, 분노와 같은 정서적 기분, 활동성, 주의의 지속이나 흥미와 리듬성이나 예측성을 포함하는 5~6가지 차원에 관하여 측정하는 것에 동의한다.

다양한 기질의 연구에 따라 정의도 조금씩 다르지만 연구자들은 크게 두 가지 기본 유형으로 분류한다. '총괄적인 연구자lumpers'는 넓고 흔히 전반적으로 포괄적인 기준을 선호하며, '분석적 연구자splitters'는 가능한 많이 구분하는 것을 선호한다. 그렇다 하더라도 기질에 관한 기본적 기준(순한, 까다로운, 반응이 느린)은 영아의 기질이 사회성발달과 성격발달에 어떻게 영향을 주는가에 대한 질문에 가장 쉬운 접근을 가능하게 해준다.

3) 정확한 기질 판단은 가능한가

학자들은 영아의 기질에 관하여 부모의 평가에 의존하였으며, 기질은 부모에 대한 면접이나 질문지를 통하여 평가되었다. 이 방법이 영아에 관한 많은 정보를 주는 데 편리했지만, 비판도 있었다. 첫째, 이 같은 연구들은 부모평가과 관찰자료 간에 최소한의 자료일 뿐이었다. 둘째, 기질에 관한 엄마의 평가는 영아에 대한 관찰보다 엄마의 성격과 더 강하게 관련되었다. 예를 들면, 불안 수준이 높은 부모가 아기를 더 까다롭게 느꼈다.

학자들은 부모의 성격평가와 영아의 기질 간 잘 확립된 관계에 대한 네 가지 설명을 요약하였다. 첫째, 부모의 성격은 영아의 기질평가 시 편견이 작용한다. 둘째, 유사성은 부모로부터 영아에게로 성격특성에 관한 직접적 · 유전적 전이로 인한 것일 수 있다. 셋째, 부모의 성격은 부분적으로 영아의 성격발달을 결정한다. 마지막으로, 영아의 기질은 부모의 성격에 영향을 줄 수 있다. 이 같은 영향력의 잠재적 근원들 모두는 영아의 발달 중에 작용한다.

기질을 평가하는 데 있어서 또다른 입장은 심리 생리적 측정의 발달에 있다. 영아는 성격 그 자체를 물려받는 것이 아니라, 성격을 조절하는 신경계와 신경전달물질, 효소와 호르몬을 구성하는 데 관여하는 단백질을 생성하고 조절하는 화학물질을 물려받게 된다고 한다. 유전자는 물리적 구조의 발달에 영향을 주기 때문에, 신경학적이고 생리학적 측정은 행동적 수준에서 관찰될 수 있는 기질의 차이를 이해할 수 있도록 도와준다.

4) 기질은 바뀌지 않는가

한번 타고 나서 형성된 기질은 평생 바뀌지 않는가의 문제에 학자들은 관심을 가진다. 기질 안정성에 관한 초기 연구들은 편견과 '후광' 효과의 문제를 가지고 있는 부모평가에 의존하였기 때문에, 영아행동에 있어서의 기질 안정성과 부모의 안정적 귀인을 반영하면서 바뀌지 않는다고 하였다. 그러나 최근 연구에 따르면 생애 첫 해의 기질의 안정성을 나타내는 유용한 증거는 없다.

특히, 영아의 긍정적이거나 부정적 정서의 출현 빈도에 있어서 1년까지 상당히 바뀌면서 안정적이 된다고 하였다.

그러므로 최근의 학자들은 시간에 따른 안정성의 결여에도 불구하고, 유전적으로 관련된 개인은 변화에 있어서 강력한 유사성을 나타낸다는 것을 이야기하면서 더 이상 기질을 논하면서 안정성을 주장하지 않게 되었다. 기질은 어느 정도 바뀔 수 있는 것이다.

5) 기질은 유전되는가

영아연구의 다른 파트와 동일하게 기질의 유전적 효과에 대한 증거는 쌍생아연구와 입양연구를 통해 이루어졌다. 생물학적 자녀와 입양연구는 단지 최소한의 유전성만을 제시했고 쌍생아연구는 일반적으로 더 결정적인 것으로 나타났다.

유전자형의 반만을 나누어 가진 이란성 쌍생아와 달리 일란성 쌍생아는 100% 유전자를 나누어 갖고 있다. 대부분 정보를 주는 연구 설계 중 하나는 함께 양육된 일란성 쌍생아 표본$_{MZT}$, 함께 양육된 관련되지 않은 개인$_{URT}$과 따로 양육된 일란성 쌍생아$_{MTA}$ 표본을 포함한다.

이러한 실험설계에 따라 기질의 유전성을 나타내 주는 핵심은 일란성 쌍생아와 이란성 쌍생아의 일치율의 차이에 있다. 따로 자란 일란성 쌍생아 기질 일치율이 함께 자란 이란성 쌍생아보다 높은 것이다. 이는 기질이 유전적 영향을 받고 있음을 알려준다.

그렇다 하더라도 쌍생아연구는 축적된 자료에서 세 가지를 시사받을 수 있다.

첫째, 부모평가가 사용될 때 보여 준 중간 정도의 유전성이 있으나, 기질에 대한 관찰 측정을 사용할 때는 단지 최소한의 유전성에 대한 증거가 있다. 둘째, 유전성 측정은 긍정적 정서성보다 부정적 정서성의 지표의 경우 항상 높다. 셋째, 어떤 발달시기의 유전성 추정치는 반드시 다른 연령까지 일반화되지는 않는다.

영아의 기질은 유전되지만, 다른 환경적 요소에 의해서 어느 정도 변화의 가능성이 있음을 생각해야 할 것이다.

6) 양육에의 시사점

영아의 기질은 다양한 연구에서 살펴본 바와 같이 성인이 될 때까지 영향력을 줄 수 있는 부분이자, 잘 바뀌지 않는 특성이 있다. 또한 어느 기질이 더 좋고, 어느 기질이 더 나쁘다고 이야기할 수도 없다. 또한 문화권에 따라 선호하는 기질이 다르기도 하다. 우리나라에서는 순한 기질 영아가 환영받는 반면 남미나 유럽에서는 까다로운 기질의 영아를 호기심 많고 어른을 재미있게 해준다고 선호하기도 한다. 순한 아기로 태어났어도 자라나는 환경이 엄마가 우울하다거나 경제적으로 어려워서 잘 돌보아 주지 못하면 환경의 영향을 받아 분노의 감정을 키우기도 하고, 까다로운 아기로 태어났어도 양육자가 민감하게 요구를 들어준다면 긍정적인 성품으로 자라기도 한다. 이를 영아와 양육자 간 '기질 조화의 적합성'이라고 말한다. 결국 어떻게 태어났는가 하는 문제보다는 양육자가 그 기질을 어떻게 맞추어 주고 기다려 주는가의 문제가 더 중요하다고 할 수 있겠다(문혁준 외, 2009 ; 노경선, 2006).

표 10-1 | 기질과 양육태도의 적합성

영아의 기질	양육자의 태도
순한 기질	영아가 순하여 자신의 요구를 드러내지 못하는 경우가 많아 양육자가 잘 알아차리지 못할 수 있다. 감정을 쌓아두지 않고 표현하도록 도와주고, 감정을 먼저 알아주는 양육이 필요하다.
까다로운 기질	힘들더라도 영아의 다양한 요구를 부지런히 맞추어 주어 심리적인 안정감을 갖도록 도와준다.
반응이 느린 기질	여러 가지 면에서 부모의 요구를 따라가지 못하는 경우가 많다. 지금은 조금 느리고 답답하더라도 다그치지 말고, 기다려 주는 자세가 필요하다.

출처 : 노경선(2006).

2. 영아기 개인차 2 : 애착

앞서 기질이 영아가 선천적으로 갖고 태어난 것이라면 애착은 후천적으로 양육자와의 관계에 의해 절대적인 영향을 받는다. 정신분석이론에서 출발한 애착이론은 영아를 둔 양육자들에게 어떻게 아이와 함께 시간을 보내고, 어떻게 대해주어야 하는지에 대한 시사점들을 제공해 준다. 또한 애착은 영아기에 그치지 않고 성인기까지 연결되어 전 생애에 영향을 미친다는 점에서 더욱 중요하다. 이 장에서 애착이론의 기초와 양육자에게 주는 시사점들을 살펴보기로 한다(정옥분 외, 2007 ; 민경환 외 역, 2007 ; 정옥분, 2013 ; 문혁준 외, 2009 ; 노경선, 2007 ; 서유헌, 2010 ; 이시형, 2010).

1) 애착이론의 발전과정

(1) 스피츠의 연구

정신분석자인 프로이트Freud로부터 애착이론이 시작되었다. 프로이트 제자인 르네 스피츠Spitz는 1935년 정서적 상호작용에 관한 16mm 영화 기록에 1초당 24에서 8프레임 속도로 느리게 하는 '스크린 분석'이라는 직접적 관찰기법을 사용했다. 스피츠의 영화는 엄마로부터 분리되어 복지시설에서 양육되는 영아의 정서적 외상과 심각한 퇴보에 대한 살아 있는 기록이다.

영화를 통한 그의 '발달적 조직자' 개념은 영아의 정서적 반응의 특별한 변화에 의해 나타나며, 심리적 생활에서의 근본적 변형을 반영하는 영아의 정서적 반응에 의해 중요한 전환점을 나타낸다. 첫 번째 재조직화는 영아가 자기와 타인 간의 근본적 차이에 대하여 새로운 인식을 나타내는 사회적 미소의 발달에 의해 상징화된다. 6개월경부터 두 번째 재조직화가 낯선 사람에 대한 불안이 시작되면서 나타난다.

스피츠의 발달적 재조직화 이론과 일치되는 입원경험은 7개월 이하의 영아에 비해 나이든 영아에게 더 부정적이었다. 더 어린 영아는 변화나 생소한 병원 직원을 받아들이는 것에 어려움이 없었으며 집으로 돌아와서 잘 지냈다. 나이든 영아는 동일한 사건에 대하여 극적으로 다른 반응을 보였다. 특히, 이 같은 영아들은 양육자인 엄마와의 관계에서 더 높은 수준의 불안정성을 나타냈다. 르네 스피츠를 통해 영아들이 '정서적 굶주림'인 양육부재가 '신체적 굶주림'보다 더 큰 문제를 일으킬 수 있다는 경각심을 갖게 되었다.

(2) 보울비의 연구

보울비Bowlby는 새끼원숭이 연구를 통해 애착의 중요성을 나타냈다. 새끼원숭이는 배고프면 우유가 나오는 철엄마 원숭이에게 가서 생리적 욕구를 충족시켰지만, 대부분 부드러운 헝겊 원숭이에게 안겨 놀았다. 더우기 공포감을 느낄 땐 우유가 아닌 부드러운 감촉을 택했다. 이 실험을 통하여 보울비는 다음과 같이 애착단계를 정리하였다.

▲ 새끼 원숭이를 대상으로 한 철 원숭이, 부드러운 원숭이 실험

출처 : 위영희 · 이희정(2005), p. 167 재인용.

- **전애착기(인간에 대한 비변별적 사회성 단계)** : 출생~6주, 주양육자에 대한 차별적 반응성의 부족
- **애착형성기(변별적 사회성 단계)** : 생후 2~7개월, 첫 번째 재조직화와 비슷하게, 영아는 다른 사람과 엄마를 쉽게 구별할 수 있으며, 엄마에게 전형적으로 반응한다.
- **분명한 애착기(능동적 접근 추구 단계)** : 7~24개월, 격리불안이 시작되면 영아는 진정한 애착단계로 들어가게 된다.
- **목표 수정 협동기(상호보완적 관계 단계)** : 2세 이후, 유아들은 양육자와의 새로운 관계인 목표 수정 협동기에 접어든다. 각각의 동반자들은 서로의 목표를 가지고 있고, 이 단계는 협상, 주고받기와 새로운 호혜성의 출현으로 특징지워진다.

보울비를 통하여 영아에 대한 피부접촉의 안정감이 얼마나 중요한지를 시사받을 수 있다.

(3) 에인즈워스의 연구

아프리카 엄마들이 젖떼기를 위해 할머니를 이용하는 현상에 주목한 에인즈워스Ainsworth는 '애착'에 관심을 갖게 된다. 애착형태를 분류하기 위한 에인즈워스의 첫 번째 실험은 《우간다의 영아》에 세 가지 용어로 기술되었고, 이것은 애착관계에 있어 명백한 힘의 정도나 관계의 안정에 따라, 안정, 불안정, 회피 유형으로 나누었다.

에인즈워스의 낯선 상황strange situation 실험의 절차의 목적은 어느 정도의 안전 추구를 일으키면서 동시에 영아의 탐색동기를 일으키는 새로운 환경을 제공하는 것이었고, 영아에 관한 축적된 스트레스를 입증하는 전형적으로 관찰될 수 있는 8가지 에피소드와 애착행동을 나타낸다. 그녀의 두 번째 책인《애착 유형 : 낯선 상황에 대한 심리학적 연구》등은 낯선 상황에서 애착을 점수화하기 위한 맥락에서 영아의 행동기준을 서술하였다.

에인즈워스의 낯선 상황실험은 애착이론을 이론적 탐색의 관념으로부터 경험적 논의의 핵심을 제공하였다는 데 의의가 있다.

2) 애착연구의 발전

낯선 상황실험을 사용하여, 세 가지 기본적 애착의 형태가 에인즈워스에 의해 기술되었고, 그녀의 영향을 받은 학생 중 한명인 메리 마인Mary Main은 애착패턴 4번째 유형을 첨가하여 애착의 기본 유형 4가지를 다음과 같이 서술하였다.

안정애착secure attachment 영아들은 탐색과 놀이 간 최적의 균형과 친숙하지 않은 실험실 맥락에서 양육자 근처에 남아 있으려는 갈망을 나타내고, 재결합 시 양육자와 접촉은 고통으로부터의 효율적인 위안을 제공한다. 불안정애착은 세 가지 종류로 나뉘어지는데, 저항애착resistant attachment은 엄마에 대한 정서적 양가감정과 물리적 저항에 의해 특징지워지며, 주요 행동적 기준은 영아들이 엄마와의 재결합 상황에 놓이는 것에 대한 어려움이다. 회피애착avoidant attachment의 주요 행동적 준거는 영아가 당황할 때, 엄마에 대한 능동적 회피이다. 안정애착과 달리 양육자에 대한 선호를 나타내지 않으며 놀이를 할 때 정서를 거의 공유하지 않고 양육자와의 정서적 거리는 분리에 따라 더 명백해진다. 접근-회피는 때때로 대치된 행동, 즉 순서를 벗어나고 명백한 기능을 갖지 않은 행동을 야기한다. 비조직화 애착disorganized attachment은 영아의 측면에서 다양한 당황스럽고 모순적인 행동을 반영한다. 재결합 시 많은 영아들은 멍한 또는 혼란스러운 얼굴표정을 나타낸다.

3) 안정애착을 결정하는 요소

보울비는 영아와 양육자 간의 상호작용이 일 년 이내에 관찰될 수 있는 애착의 질의 주요 결정요소라고 하였다.

에인즈워스는 애착에 대한 보울비의 생각에 실험적 근거를 제공하여 영아에 대한 증가된 스트레스 상황에서 교류적 형태를 연구하는 즉각적 엄마-반응 맥락의 독특한 변화를 사용하였다. 에인즈워스는 첫 해의 몇몇 시점에서 영아에 대한 엄마의 민감성을 평정하였으며 양육자가 민감성에서 높게 평정받을 때, 영아와의 애착관계는 더욱 안정적인 것으로 분류된다는 것이 발견되었고, 접촉과 편안함에 대한 영아의 욕구를 거부한 양육자들은 자녀들과 불안한 애착을 갖기 쉽다는 것을 밝혔다.

다양한 연구들은 일반적으로 정서적 유용성과 정서적 의사소통의 다른 측면들이 애착의 안정성과 관련됨을 보여 주었다. 아동학대 및 유기의 경우와 같이 양육이 극단적으로 민감하지 않은 경우 영아-양육자 간 안정애착은 형성되지 않았다. 학대받은 영아들 가운데, 불안애착형태의 비율이 높았고, 학대받은 영아의 90%는 특히 비조직화된 형태와 불안정애착을 나타내는 결과를 보여 초기 양육자의 돌봄이 중요하다는 것을 시사받을 수 있다.

4) 기질과 애착 그리고 아버지

유전적 영향을 받는 기질과 환경적 영향을 받는 애착은 어떤 연관성이 있을까? 애착행동연구자들은 일반적으로 영아의 기질적 특성은 낯선 상황에서 볼 수 있다고 동의하며, 기질이 분리 시 울음의 양을 예측한다는 것을 발견하였다. 애착연구자들은 애착지위와 기질은 상당히 독립적이라는 것을 일관되게 주장하였다. 그 주요 이유는 첫째, 다양한 수준의 분석을 나타내며 애착의 평가는 행동의 조직 수준에 있다. 둘째, 안정애착된 영아와 불안정애착된 영아는 각성이 느리고 안기지 않는 것에서부터 느리며 쉽게 흥분하는 행동 유형에 이르는 큰 차이를 나타내기 때문이다.

연구에 따르면 영아의 타고난 기질적 성향이 아니라, 일관성 있는 엄마 양육의 질이 영아-엄마애착의 질을 예측한다.

애착 안정성이 영아의 생물학에 근거하지 않고 양육환경에 의해 형성된다는 것은 다음 사항을 증명할 수 있어야 한다. 첫째, 애착 안정성은 영아기 동안 변할 수 있으며, 둘째, 이 같은 변화는 의미 있게 양육환경에서의 일관된 변화와 관련되며, 셋째, 양육자의 민감성과 반응성을 증진시키는 데 성공적인 중재는 또한 영아-양육자애착의 안정성을 증진시킨다는 것이다.

기질과 같은 영아의 특성은 양육능력과 불안정애착의 위험성을 증가시키거나 감소시키는 다른 환경적 요소와 상호작용한다. 이는 영아의 기질은 애착의 근거라고 주장하거나, 양육과 기질은 애착을 결정하는 데 동일한 역할을 한다는 주장과는 다른 것이다. 그러므로 특정기질이 안정애착 형성을 방해한다고 결론짓는 것은 위험한 생각이다.

애착형성은 엄마와만 이루어지는 것은 아니다.

연구자들은 영아 중 약 절반 정도는 부모 양쪽에 다른 애착형태를 형성한다는 것을 발견했다. 양부모에게 안정애착한 영아가 사회적으로 가장 유능하였으며, 한쪽 부모에게 안정애착한 영아가 어느 한쪽에도 애착을 형성하지 못한 영아들보다 더 사회적이었다.

1975년에 마이클 램Michael Lamb은 아버지를 '아동발달에 잊혀진 공헌자'라고 기술하였다. 안정적 엄마-영아 유대를 증진하는 동일한 양육의 특성은 아버지에게도 똑같이 적용된다. 만일 아버지가 민감한 양육에 관여하고 아기의 애착의 대상이 된다면, 아버지도 영아의 안정된 근거가 되기 시작할 것이다. 그러므로 아버지들도 경제적 책임을 지는 것으로 끝나는 것이 아니라, 영아의 양육에 적극적으로 참여하여 애착을 형성하는 것이 영아와의 관계에 중요함을 시사해 준다.

5) 안정애착을 형성하기 위한 양육형태

애착연구는 볼티모어Baltimore와 우간다Uganda 표본 간 두 시점에서의 문화적 비교를 제공하고 영아애착행동의 발달, 안정애착과 불안애착형태 간의 구별, 엄마의 태도, 행동과 애착형태 측면에서 집단 간 유사성을 드러내었다. 그러나 비교문화적 차이는 또한 분리불안, 낯선 사람에 대한 불안과 탐색을 위한 안전 기지로서 엄마를 사용하는 것과 관련하여 영아행동의 몇 가지 중요한 측면이 발견되었다.

그럼에도 낯선 상황실험은 모든 문화권에 적용될 수 있는 것은 아니다. 그러나 낯선 상황실험은 광범위한 비판에도 불구하고 표준화된 애착평가의 가장 타당한 수단으로 여겨진다.

문화권에 따라 실험결과의 차이가 존재하는지에 대한 이유로 다양한 문화권에 따른 아동 양육습관의 차이를 들고 있다.

표 10-2 | 자신과 타인에 대한 생각을 기준으로 본 애착 패턴

자신 타인		자신에 대한 생각	
		긍정적	부정적
타인에 대한 생각	긍정적	〈안정애착〉 • 타인과의 친밀한 관계를 즐긴다. • 혼자 있을 때 편안하고 안정감을 느낀다.	〈불안정애착 – 저항〉 • 타인과의 관계에 집착하며, 남에게 지나치게 의존한다. • 혼자 있을 때는 긴장과 불안으로 분노를 느낀다.
	부정적	〈불안정애착 – 회피〉 • 친밀한 관계를 부담스러워 하며, 자기 감정을 드러내지 않거나 외면한다. • 혼자 있을 때 편안하고 안정감을 느낀다.	〈불안정애착 – 혼란〉 • 나 자신을 못마땅하게 여기고 다른 사람은 무서워 한다. • 친밀한 관계를 두려워 한다(누가 나를 쳐다보면 공포에 빠진다).

출처 : 노경선(2007), p. 69.

문화권마다 다른 양육철학과 양육습관에도 불구하고 낯선 상황실험은 엄마나 아빠의 양육형태에 시사점을 제공한다.

양육자가 나를 이해하고 공감해 준다는 느낌은 안정애착으로 가는 지름길이다. 양육자에게 이해받지 못하고 거절당하는 경험은 영아를 매우 혼란스럽게 만들며 그런 경험이 반복될 경우 불안정애착 패턴을 형성하게 된다. 일상생활에서 양육자는 영아의 입장이 아닌 부모 자신의 입장에서 반응하는 경우가 종종 있다. 양육자의 입장을 버리고 영아 입장에서 느낌과 생각을 이해하고 공감하며 반응하지 못한다면 영아는 자신의 감정을 외면하거나 다른 사람에게 자기 기분의 책임을 전가하기 때문에 공허감과 무력감에 빠지기 쉽고 불안에 취약해질 수밖에 없다. 안정애착을 형성하는 부모는 영아를 적극적으로 수용하고 자녀가 보내는 신호에 적절하게 반응해 준다. 이런 양육자는 영아에게 몰입하면서 기쁨을 찾고 영아가 불만스러운 감정을 드러내거나 양육자를 공격하더라도 영아가 건강한 방법으로 불만과 공격성을 분출할 수 있도록 도와준다. 이럴 때 영아들은 양육자가 나를 잘 돌봐준다는 믿음을 갖게 되고 이 믿음을 바탕으로 세상을 탐색하기를 좋아하며 다른 사람을 두려워하지 않게 될 것이다(정옥분 외, 2007 ; 민경환 외 역, 2007 ; 정옥분, 2013 ; 문혁준 외, 2009 ; 노경선, 2007).

생각해 보기

1. 기질을 형성하는 요인에는 어떠한 것들이 있는지 정리해 보자.

2. 애착을 형성하는 요인에는 어떠한 것들이 있는지 정리해 보자.

3. 애착과 기질과의 관계를 생각해 보자.

4. 애착과 기질에 따른 양육의 태도를 정리해 보자.

CHAPTER · 11

영아기 뇌발달과 자기통제

1. 자기통제를 위한 신뢰와 자율의 발달
2. 신경/생리학적 관점의 영아기발달

학습목표

- 자기통제능력의 기본이 되는 신뢰와 자율의 발달에 대하여 이해할 수 있다.
- 신경/생리학적 관점에서의 뇌발달에 대하여 이해한다.
- 영아기 뇌발달에 따른 양육방법에 대하여 알 수 있다.
- 영아의 정서발달에 영향을 주는 신경/생리학적 요인을 알 수 있다.

핵심개념

- 자기통제
- 신뢰감
- 자율성
- 뇌발달
- 뇌발달이론
- 뇌손상
- 신경/생리학적 관점
- 뇌기능

CHAPTER · 11

시장이나 공공장소에 가보면 두 돌경의 아이가 드러누워 엄마에게 떼를 쓰는 광경을 종종 목격할 수 있다. 또한 놀이터나 어린이집에서 다른 친구들에게 신체적 해를 가하거나 자신의 감정을 분노로 표출하는 경우도 있다. 이런 상황은 감정과 정서에 대한 자기통제가 아직 이루어지지 않아서 생기는 현상이다. 영화 〈스타워즈〉 시리즈를 보다보면 제다이 마스터인 스승 요다가 주인공 루크에게 "너무 참을성이 없고, 자신의 감정과 분노, 공격성을 조절하지 못하며, 제다이 훈련을 받기에는 너무 나이가 들었다"고 투덜거리는 장면이 나온다. 서양에서 자기통제를 위한 훈련이 상당히 어렸을 때부터 이루어지는 것을 은연중에 알 수 있는 대목이다.

이러한 자기통제를 위해서 영아기에 양육자가 할 수 있는 일은 무엇일까? 이 장에서는 정신분석에서 바라본 입장을 살펴보고, 최근에 급속도로 발전한 뇌과학의 영역의 힘을 빌려 영아의 몸에서 분비되는 각종 호르몬들이 어떤 통제와 정서의 표현 영역에 영향을 주는지 살펴보고자 한다. 아동기와 청소년기를 거치며 반드시 이루어야 할 과업인 자기통제능력은 결국 영아기에서 조절되기 시작하기 때문이다.

1. 자기통제를 위한 신뢰와 자율의 발달

영아기에 발달하기 시작하고 부모가 주의 깊게 살펴보아야 할 과업은 자기통제 능력이다. 이 능력은 신뢰감, 자율성의 발달과 맞물려 생겨나는데, 24개월 영아의 독특한 행동특성으로 인해 잘못된 양육태도를 가질 수도 있고, 반대로 너무 어리다는 이유로 자기통제능력을 길러주는 훈육이 유아기나 아동기로 늦춰지는 경우도 있다. 그러나 자기통제능력은 신생아 시기부터 꾸준히 훈육되어야 유아 및 아동기에 효과가 나타날 수 있는 부분이다. 이 장에서는 자기통제와 관련한 발달의 문제에 대해 고찰한다.

1) 위기와 과업 1 : 신뢰감 대 불신감(출생부터 12~18개월)

영아들이 출생 후 첫 번째로 만나는 중요한 위기와 과업은 신뢰감 대 불신감basic trust vs basic mistrust이다. 영아들은 세상 사람들이나 사물들이 믿을 만한지 아닌지를 결정해야 하고, 신뢰감(친밀감을 발달시킨다)과 불신감(자기방어를 하게 한다)을 적절하게 조화시켜야 심리적인 건강을 이룰 수 있다. 신뢰감이 우세하게 되면, 영아는 희망의 덕목이 발달하여 욕구가 충족되고 소원이 성취된다는 신념을 가지게 되며, 불신감이 우세하면, 영아는 실망감으로 친밀한 관계를 발전시키지 못해 세상을 우호적이지 않고 예측 불가능한 곳이라고 볼 것이다.

이러한 관계를 발달시키는 데 결정적인 것이 수유상황이다. 수유를 구강기 만족의 필수적인 근원이라고 주장하는 프로이트Freud와 달리, 에릭슨Erikson은 엄마와 영아 사이의 상호작용을 위한 중요한 기회로 보았다.

영아는 신뢰감이 생기면 외적인 예측 가능성과 내적인 확실성을 갖게 되어 엄마와 떨어질 수 있게 되고, 엄마가 영아의 개인적인 욕구를 민감하게 받아들일 경우 자아감은 발달하게 된다(정옥분 외, 2007 ; 정옥분, 2013 ; 문혁준 외, 2009 ; 노경선, 2007 ; 박선영 역, 1991).

2) 위기와 과업 2 : 자율성 대 수치와 의심(12~18개월부터 3세)

두 번째 위기와 과업은 자율성 대 수치와 의심autonomy vs shame and doubt, 또는 자기규제 대 외부규제이고 자율성(독립성 또는 자기주장)에 대한 추구는 성숙과 관련된다. 이 시기에는 스스로 결정을 내리고, 과제에 전념하며, 자제력을 발휘하는 힘인 의지의 덕목이 나타난다. 세상에 대한 기본적인 신뢰감과 자아에 대한 인식을 1단계에서 획득한 영아들은 자신의 판단을 믿고 그것을 엄마의 판단 대신 사용하기 시작한다.

수치심은 영아가 합리적인 규칙에 의해 생활하는 것을 배우도록 도와주고, 어느 정도의 자기의심은 그들이 아직 어떤 것을 하기에 준비가 되어 있지 않다는 것을 깨닫는 데 필요하다.

영아는 적당한 균형을 이루기 위해 성인으로부터 적절한 통제를 받을 필요가 있다. 통제는 너무 지나쳐서도 안 되고 너무 적어서도 안 된다. 적절치 않을 경우에는 규칙에 반항하거나, 스스로 퇴행해 버리고 통제를 잃는 것에 대한 두려움 때문에 언제나 회의, 수치심으로 가득찰 것이다.

프로이트Freud는 배변훈련을 아동의 자연적 기능에다 사회적 통제를 가하는 것으로 보는 반면, 에릭슨Erikson은 자기규제(통제)와 자율감으로 향하는 중요한 단계로 인식하였고 언어도 마찬가지다. 영아들은 자신이 원하는 것을 다른 사람에게 이해시킬 수 있게 됨에 따라 더 힘 있고 독립적이 된다.

'미운 두 살'은 이런 자율감의 욕구를 정상적으로 표현한 것이며, 영아들은 그들이 하나의 개체이고 그들의 세계를 조절할 수 있는 능력을 갖고 있으며, 자신이 해야 하는 어떤 것을 타인이 정하는 것에 만족하지 않고 그들 자신의 생각을 실행하고 좋아하는 것이 무엇인지 찾아내려고 하면서 독립적이 되려고 애쓴다.

그러나 자신의 능력을 시험하는 방법은 매번 "싫어"라고 소리치는 반항하는 버릇이고 보살핌이나 도움 없이 모든 것을 하려고 끈질기게 "내가 할래!"라는 말을 한다. 부모들은 아동에게 세상을 발견할 수 있고 지원을 받으러 다시 돌아올 수 있는 안전한 피난처를 제공할 필요가 있다(정옥분 외, 2007 ; 정옥분, 2013 ; 문혁준 외, 2009 ; 노경선, 2007 ; 박성연 역, 1991).

| 그림 11-1 |은 '미운 두 살'의 발달상 자연스러운 부적응행동에 양육자가 잘못된 방법으로 통제를 가했을 때 상황이 더 악화되는 모형을 보여 준다. 양육자는 적절한 방법으로 영아들을 훈육해야 함을 알 수 있다.

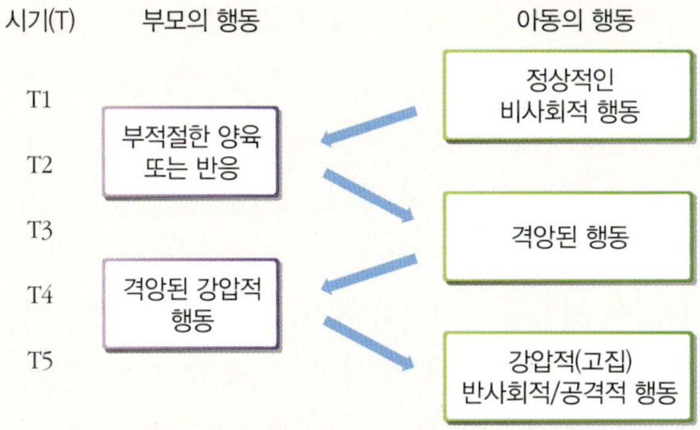

| 그림 11-1 | **양육자의 잘못된 양육방식과 영아행동과의 관계**

출처 : 박성연(2006) ; 문혁준 외(2009), p. 250 재인용.

3) 에릭슨이론이 영아기 양육방식에 주는 시사점

자기통제와 관련된 이론들은 영아발달방식을 이해하는 데 유용한 통찰력을 제공해 주고 에릭슨의 이론은 특히 영아의 의존성에서 유아기의 자율감으로 나가는 변화를 이해하는 데 도움이 된다. 하지만 단점은 영아발달에 대한 중요한 책임을 모두 엄마에게 지우고 있으며, 영아 자신의 영향이나 환경, 또는 타인의 영향은 무시한다는 데에 있다. 그러나 오늘날 대부분의 정신의학자와 발달심리학자들은 엄마뿐만 아니라 기타 다른 요인들도 중요한 영향을 미친다고 인식하고 있다(특히, 영아는 에릭슨이 생각했던 것보다 유능하고, 선택할 수 있는 능력이 있는 존재로 파악한다).

게다가 정신분석학자들의 구강기적 인성이나, 기본적인 신뢰감과 같은 개념들은 엄격한 과학적 검증을 위해 정의하기가 어렵고, 이 이론들을 증명하려는 증거들만으로 결론짓기가 곤란하다. 하지만 영아발달에 관한 연구 주제들, 즉 영아와 유아는 어떻게 자아감을 발달시키는가, 성인과의 관계에서 어떤 종류의 애착을 형성하는가 등의 문제들에 대해 의미 있는 시사점을 제공한다(정옥분 외, 2007 ; 정옥분, 2013 ; 문혁준 외, 2009 ; 노경선, 2007 ; 서유헌, 2010).

장점과 단점이 공존하는 에릭슨의 이론을 통하여 우리는 영아기의 신뢰와 자율의 발달과업을 적절하게 이루어 내기 위하여 다음과 같은 점에 유의하여야 한다. 첫째, 영아의 신호에 반응하여 기본적인 욕구를 충족시켜 주어야 한다. 영아의 요구를 충족시켜 주는 것은 세상에 대한 신뢰감을 형성함과 동시에 영아가 자신의 삶을 통제하는 능력을 갖고 있다고 느끼게 된다. 버릇이 나빠질 것을 염려하지 않아도 된다. 오히려 요구에 응해주지 않을 때 더 문제가 생길 수 있다. 개인주의를 인정하지 않으려는 일본사회에서조차 '이마이'라는 양육방식을 사용하여 영아기에는 필요와 애정·응석을 다 받아주어 신뢰감을 형성하도록 도와주는 데서 사례를 찾아볼 수 있다. 둘째로, 영아가 갖고 놀 수 있는 흥미로운 물건들을 주어야 한다. 모빌을 비롯한 발달에 적합한 놀잇감이 예가 될 수 있다. 놀잇감들은 감각이나 운동기능, 자기 자신과 사물을 분리시켜 차이를 인식하는 데 도움을 준다. 셋째로, 영아가 물건들을 던질 때 부모를 괴롭히고 말썽부리기 위한 것이 아님을 기억하고 인내를 가져야 한다. 던지거나 흩어버리는 과정을 통하여 공간, 거리, 사물의 위치 이동에 대해서 학습하는 것이지 양육자를 괴롭히기 위한 것은 아니다. 마지막으로 영아에게 탐색할 수 있는 자유를 허락해야 한다. 실내의 위험한 물건을 좀 치워두고, 자유롭게 기거나 돌아다니게 한다. 돌아다니며 영아는 환경을 정복하고, 위험하지 않은 물건을 탐색하는 과정을 통해서 독립심을 기르게 될 것이다.

알아두기

'미운 두 살'을 위한 실제적 도움

- 안전과 관련된 행동이 아니라면 영아의 행동을 방해하지 말고, 스스로 관심을 다른 데로 옮길 때까지 기다려 주어라.
- 행동을 멈추게 하고 싶으면 5분 정도 전에 먼저 이야기하여 스스로 정리할 수 있는 기회를 주어라.
- 명령하지 말고, "○○○ 해볼까?" 라고 제안하라. 따뜻한 말투만이 미운 두 살의 반항심을 잠재울 수 있다.
- 너무 같은 지시를 여러 번 반복하지 않는다. 한번 이야기했으면 어느 정도 기다려 주는 것이 필요하다.
- "지금 할래? 5분 후에 할래?" 등 선택할 수 있도록 한다.
- 영아와 힘겨루기를 할 때는 잠시 휴전하고 서로 떨어져 있도록 한다. 반항은 감소하거나 사라질 것이다.

출처 : 박성연 역(1991), 인간발달1, pp. 344~345.

2. 신경/생리학적 관점의 영아기발달

과학기술의 발달은 인간의 두뇌와 관련된 다양한 지식들을 우리에게 제공해 주었다. 두뇌와 뇌발달에 대한 지식이 늘어나면서 신경/생리학적 관점에서 영아발달을 바라볼 수 있게 되었고, 좀 더 과학적인 접근으로 발달에 적합한 양육태도들을 모색할 수 있게 되었다. 이 절에서는 영아발달에 시사점을 주는 신경/생리학적 관점과 도움받을 수 있는 연구들에 대해 살펴보기로 한다.

1) 영아기 뇌과학연구의 역사

인간의 심리생물학적 기초에 대한 논의로서, 뇌, 척수와 관련된 중추신경계에 대한 연구와 전신entire body을 통해서 뇌의 조직을 확장시키는 말초신경계에 대한 연구로 나뉘어진다. 이러한 연구는 영아기 뇌발달과정을 살펴볼 수 있게 해준다.

(1) 뇌의 기능에 대한 관점

태아기와 영아기에 발달하는 뇌 기능의 각 부분이 어떤 역할을 담당하는가에 대한 것이다. 뇌 각 부분의 역할에 대한 연구는 신경과학에서 가장 오래되고 가장 기본적인 호기심을 불러일으켰다. 거의 1,000억 개의 신경세포로 구성된 인간의 중추신경계가 사고와 정서(인지발달과 사회정서발달)를 창조하기 위하여 어떻게 기능하는가를 연구하는 것이다(노경선, 2007 ; 서유헌, 2010 ; 이시형, 2010).

(2) 뇌의 구조에 대한 관점

우리는 다양한 척추동물의 뇌가 구조적으로 매우 유사하다는 것을 안다. 그럼에도 뇌의 진화는 기본적으로 신체의 다른 부분에 비하여 환경의 영향을 덜 받는 편이다. 이것은 생존을 추진하고 행동조절을 담당하는 뇌의 기본 체계 대부분이 중요한 진화적 진보에도 불구하고 크게 구조가 바뀌지 않는다는 것을 의미한다.

해부학자들은 연구를 위하여 의도적으로 뇌의 각 형태를 후뇌hind-brain, 중뇌midbrain와 전뇌forebrain, 3가지 기본적 단위로 조직하여 비교 분석하였다. 각 단위

뇌를 보면 광범위한 척추동물의 공통적인 주요 구조와 신경회로를 확인할 수 있다. 특히, 전뇌나 대뇌는 어류와 파충류, 포유류를 비교해 보면, 갈수록 점점 더 커져서, 인간의 뇌가 최고로 크며, 다른 동물에서 발견되지 않은 매우 다른 요소들을 가지고 있다는 것을 알 수 있다. 인간의 정서행동을 조절하는 뇌체계가 다른 동물들과는 차이가 있으며, 태아기부터 시작된다는 증거는 뇌 해부학에 대한 연구결과의 도움을 받았다.

1878년 초 프랑스의 신경해부학자 폴 브로카Paul Broca는 뇌관 바로 주변에 인접해 있는 변연엽영역이 모든 포유류의 뇌에 공통적이라는 것을 확인했다. 다른 포유류의 뇌가 점점 더 작아진다는 것은 인지 · 정서능력을 좌우하는 신피질의 성장을 반영하며, 인간만이 전체 피질부의 90% 이상을 차지하여 뇌구조의 차이를 보인다(위영희 · 이희정 역, 2006 ; 민경환 외 역, 2007).

(3) 초기 뇌연구 1 : 우연한 사고

뇌기능에 영향을 미치는 사고에 의한 뇌 외상의 정신적 · 정서적 후유증 연구에서 전뇌에 쇠못이 관통되는 폭발사고를 당한 환자의 뇌 외상의 결과를 기록하여 뇌의 특수영역의 기능을 이해하려 하였다. 사고 전후 인간의 인지, 정서, 언어 등의 달라진 점들을 연구해 가면서 뇌의 어떤 부분이 어떤 역할을 하는지 밝혀낼 수 있었고, 이는 태아기, 영아기, 유아기, 청소년기를 거쳐 인간의 뇌가 어떻게 성장 · 발달하는지를 알려주는 계기가 되었다. 그러나 사고가 연구자들이 알고자 하는 뇌의 부분에 일어나는 것만은 아니어서 인간의 뇌발달을 밝혀내기에는 한계가 있다.

(4) 초기 뇌연구 2 : 의도적 자극

이런 한계를 극복하고자 필립 바드(Philip Bard, 1928)는 뇌의 부분적 기능에 대한 정보를 모으기 위해 체계적 손상을 조작하였다. 물론 동물실험이었다. 대뇌피질 전체를 외과적으로 제거한 고양이의 공격적 행동과 관련 있는 종-전형적 정서적 각성에 대한 첫 시험 관찰에서 '시상하부hypothalamus'가 뇌의 정서적 충추이며, '신피질neocortex'은 억제되지 않은 정서적 표현을 점검하거나 억제하는 기능을 한다는 가설에 의해 '거짓 분노'의 표정이 제거될 때까지 시상하부를 제거하자, 고양이의 정서적 반응은 기본적으로 사라졌고, 통합적 행동체계의 협응이 결여된 단지 우연적이고 단편적인 표정이 나타났다.

뇌가 입력된 자극의 정서적 중요성을 어떻게 판단하는지 이해할 수 있는 또 다른 영향력 있는 접근은 원숭이의 정서행동을 연구하기 위해 외과적 손상을 만드는 것이다. 이런 연구들을 통하여 인간의 뇌발달과 기능적 부위 등을 이해하고자 하였으나, 어디까지나 동물연구이고, 인간에게 완벽하게 적용시켜 이론을 만들 수 없다는 단점이 있었다. 의도적 자극을 인간에게 주는 실험은 연구윤리에 위배되기 때문에 동물에만 적용시킬 수 있었다.

(5) 뇌연구의 발전 : 의도적 전기자극

1920년대 뇌 손상과 관련된 연구를 보완하기 위하여 전기자극을 주는 실험이 진행되었다. 이 기술은 두개골에 전극을 부착시켜 뇌의 특수영역에 적은 양의 전류를 보내는 것이다. 이 인공자극은 자연적 자극에서 일어날 가능성이 있는 연쇄적 사건을 보여 주고, 뇌의 특정한 뉴런이나 신경세포가 전기에 자극되고 특정 행동이 일어난다면, 신경과학자들은 그 신경이 그 행동을 조절하는 뇌의 부분이라 가정할 수 있었다.

(6) 뇌연구의 발전 : 생화학적 물질

뇌의 기능도 중요하지만, 뇌의 신경조직을 통해 분비되는 물질에 대한 연구를 통해서도 영아의 인지, 정서, 언어 등을 연구하는 중요한 아이디어를 얻을 수 있다.

뇌의 화학전달물질은 1936년 개구리의 '미주'신경에 대한 전기자극을 연구한 독일 과학자 오토 뢰비Otto Loewi에 의해 발견하였다(Loewi, 1960). 화학물질은 기능에 따라 신경전달물질, 신경호르몬과 호르몬의 세 유형으로 분류되는데, 신경이 자극을 받으면 많은 축색돌기 신경종말로 갈라지는 출력 축색돌기로 이동하여 전하의 파동이나 활동전위를 방출한다. 활동전위가 신경종말에 도달하면 이것을 '신경전달물질'이라 부르며, 화학물질을 방출하도록 한다. 신경전달물질은 전기에너지 방출에 기여하는 주변 뉴런의 수상돌기 쪽으로, 뇌를 통해 시냅스synapse, 한 뉴런의 축색돌기 신경종말과 인접해 있는 수상돌기 사이의 공간를 따라 흐르면서 전기적 · 화학적 자극 모두 신경세포 간 교류의 기초가 되고, 항우울제는 시냅스에서 더 많이 사용되는 신경전달물질인 세로토닌serotonin 같은 전달물질을 만들어 우울한 기분을 경감하게 한다.

신경전달물질과 아주 다른 신경화학물질인 '호르몬'은 시상하부–뇌하수체–부신피질HPA계처럼, 호르몬체계는 우리 몸의 뇌하수체pituitary gland나 다른 분비기관에 의해 활성화되면, 그것에 반응하는 특수기관에 도달하도록 혈액을 순환시키는 아드레날린이나 코르티솔cortisol의 생산과 방출을 자극하는 스트레스 호르몬hormones을 분비하기 때문에 신경전달물질보다 신체에 영향을 미치는 시간이 항상 더 많이 걸린다.

신경전달물질은 유기체가 빠르고 특별한 행동적 적응능력을 갖도록 진화하였다. 호르몬과 신경전달물질의 또 다른 중요한 차이는 호르몬의 효과가 유기체의 생애주기에 따라 작용될 수 있고, 어떤 영향은 변경할 수 없이 출생 전에 일어나기도 한다.

기능적으로는 다르지만, 신경전달물질과 호르몬의 화학구조는 매우 비슷하다. 드물게 동일한 화학구조를 가지기도 한다. 신경전달물질과 호르몬의 공통성을 나타내는 다른 증거는 이 두 형태의 중간지점에 있는 특수한 부류의 화학적 전달물질을 발견한 것으로부터 비롯된다. 신경전달물질보다 더 광범위하게 확산된 시냅스의 전달을 조정하고 약처럼 고통이나 다른 정서체계를 조절할 수 있는 자연적 진정제인 펩티드가 있다(위영희 · 이희정 역, 2006 ; 이시형, 2010).

(7) 뇌연구의 발전 : 의학기술

태아기와 출생, 영아기를 거쳐 유전적이든, 환경적이든 또한 크고 작은 여러 가지 장애를 경험하는 영아들이 있음을 우리는 본다. 이런 질병과 장애들의 원인이 무엇인가를 살펴보는 데 뇌병리학은 도움을 주었다.

광견병, 정신운동적 간질, 그리고 헌팅턴Huntington의 무도병chorea 등 많은 질병이 뇌 기능에 대한 조명으로 사용될 수 있다.

통제되지 않는 대표적 정신질환인 간질병의 경우, 황홀경에서부터 극단적 공포에 이르는 감정이 동반되는 간질병 발작의 시작은 일반적으로 그 전조증상이 있다.

발작 방출과 관련된 신경 흥분파가 신경의 통로인 변연계로 더욱 확산될 때, 환자는 단순한 것에서부터 복잡한 자동행동까지 보여 준다. 이 자동운동은 전조증상이 일어날 때 경험했던 특정한 감정과 종종 일치한다.

또한 영아기 뇌를 연구하는 데 있어서도 과학기술, 기계발달의 도움과 영향을 받았다. 지난 10년에 걸쳐 양전자 방출 단층 촬영술Positron Emisson Topography : PET scan, 자기공명영상Magnetic Resonance Imaging : MRI, 자기뇌파촬영술magnetoencephalography : MEG 같은 뇌 영상기술의 사용이 연구를 도왔다. 이 기술은 환자가 특수한 능력을 요구하는 다양한 과제를 수행하는 동안 활성화된 뇌 구조를 확인하도록 함으로써 신경과학자들에게 인간의 뇌를 연구할 기회를 주고, 컴퓨터 모니터의 화면에 뇌의 색채 영상을 제공한다. 이런 영상기술은 살아 있는 인간, 통제되지 않은 영아의 자연스러운 뇌를 연구할 수 있도록 해주었다.

2) 맥클린의 변연계이론

신경세포 및 신경조직을 연구하는 과정도 영아기발달을 이해하는 데 도움을 주었다.

맥클린(MecLean, 1993)이 강조했던 주요 생각은 오랜 진화적 역사의 산물로서, 뇌의 3개의 주요 발달 점주로 구성된 구조의 기본 단위라는 개념이었다. 인간 뇌 진화의 세 단계는 파충류, 구포유류, 그리고 신포유류에서 공통적인 계통발생적 순응과 일치한다. 맥클린에 따르면, "화학작용과 기능이 아주 다르고 진화적인 의미에서 영구적으로 분리된 3개의 뇌 유형이 결합된 것이다." 말하자면 세 계층의 뇌가 하나로 존재하며, 간략히 '삼위일체 뇌'라고 부른다(위영희 · 이희정 역, 2006 ; 이시형, 2010 ; 서유헌, 2010).

(1) 파충류의 뇌

파충류의 진화를 상세하게 기술한 화석의 기록을 주의깊게 조사함으로써 뇌를 이해하는 데 도움을 받았다. 원시 포유류와 유사한 파충류의 행동목록을 이해하기 위하여, 맥클린은 고대 파충류와 가장 가까운 현존하는 도마뱀에 대한 행동분석에 관심을 가졌다. 파충류의 행동을 분석하면서 포유류의 행동과 일치점을 찾고 행동을 하도록 만드는 뇌의 기능과 부분이 점점 발전했다는 뇌의 기능을 이해하고자 했다. 도마뱀의 경우, 둥지 짓기, 먹이 구하기, 영토 지키기, 사냥하기, 저장하기, 인사하기, 돌보기, 떼짓기, 이주하기, 그리고 짝짓기 같은 기본 행동이 있다. 이 기본 행동과 더불어, 다음 네 가지 기본 표현을 사회적 의사소통에 사용한다. 첫째, 개인의 서명 또는 확인, 둘째, 지배 또는 도전, 셋째, 복종 또는 진정 그리고 넷째, 구애이다. 이 행동 프로그램들은 아주 오래되었기 때문에 계통발생적으로 말하면, 그들은 역시 조류나 포유류 같이 더 최근에 진화된 동물의 다양한 종-전형적 형태로 나타난다. 발달과 더불어, 초기의 행동은 더욱 진화되면서 폐기되지 않고 오히려 더 최근에 진화된 뇌의 구조로 통합되어 온 것이다.

파충류의 뇌가 고등동물에 기능적으로 남아 있다는 가설을 좀 더 증명하기 위해 맥클린은 다람쥐 원숭이 특유의 종-전형적 인사표정도 연구하였다. 새 원숭이가 시야에 들어왔을 때 나타내는 이 표정은 뇌에 선조체영역을 가진 도마뱀의 확인, 지배 그리고 구애표정과 관련된다. 파충류의 뇌는 인간의 뇌 가장 중심부에 위치하고 있다.

(2) 구포유류의 뇌

실험을 다시 변연계는 구포유류 뇌의 공통요소로 진화했다는 맥클린의 주장을 토대로 유사한 비교분석이 이루어졌다. 분석의 첫 단계는 관련된 포유류 행동의 비교분석을 포함한다. 이러한 비교는 포유류에게서 보편적으로 나타나는 단 세 가지 광범위한 행동군-발성신호체계, 애착체계, 그리고 미숙한 놀이-을 산출하지만, 파충류에는 전혀 나타나지 않는 행동들이다. 어미의 보호, 영아애착, 발성으로 신호하기 그리고 놀이와 관련된 행동 프로그램의 진화를 조정하는 뇌의 구조는 변연계라는 것이 맥클린의 생각이었다. 맥클린은 이 새로운 행동체계 놀이의 출현과 더불어, 변연계는 뇌의 주요한 정서적 동기유발체계로 진화하였다고 주장하였다. 변연계limbic system라는 용어는 가장자리limbus 또는 rim라는 희랍어에서 유래한 것으로, 브로카Broca의 대변연엽limbique이라고 부른 구조에서 따왔고, 그가 피질 중간에 있는 타원형의 가장자리를 설명하기 위하여 사용한 단어이다.

(3) 신포유류의 뇌

영아, 즉 인간의 뇌에 대한 맥클린의 주장에서 세 번째 주요 부분은 신포유류의 뇌이다. 이 외층, 즉 피질cortex은 가장 최근에 진화된 뇌의 부분이라고 생각되는 이유 때문에 신피질이라고 부르며 고등 포유류, 특히 영장류 중 인간이 침팬지보다 크기와 범위가 훨씬 더 크다. 전측피질영역anterior cortical region은 계통발생의 과정에 의해 크기가 가장 극적으로 확대되었음을 보여 주며, 큰 전두엽frontal lobe은 인간 뇌의 가장 현저한 특징으로 규정지을 수 있다.

뇌의 이 영역은 추리와 언어 그리고 사건을 계획하고 예측하는 상위 인지능력 같은 오직 인간만이 할 수 있는 행동에서 중요한 역할을 하고 전측피질영역은 결정적으로 정서적 행동이나 경험과 관련된다. 전두피질cortex은 대부분의 영장류에는 존재하지 않는 정서생활 차원을 인간에게 추가시킨다. 이 차원은 더 복잡한 인간의 정서상태를 산출하는 인지적·정서적 기능을 공유하는 것이라고 생각될 수 있다.

게임중독 등 각종 중독조절의 실패와 정서문제는 전두피질의 크기가 작아지는 것에서 온다는 입장이 많다.

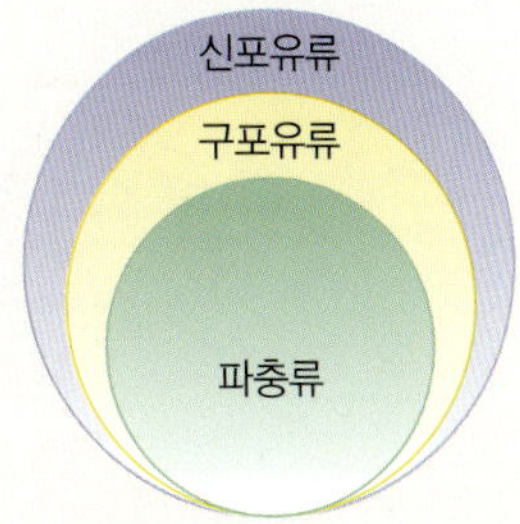

| 그림 11-2 | 변연계 – 인간 뇌구조

3) 좌반구 – 우반구의 다른 역할

인간의 뇌는 좌–우가 동일한 역할을 한다는 주장에 비하여 다른 역할을 한다는 주장이 현재는 더 우세하다. 신경의 영향도 마찬가지로 좌, 우가 다르다고 보고되고 있다. 태아기와 영아기에 뇌가 발달하면서 이런 다른 역할을 하도록 유전적·환경적으로 조성되는 것처럼 보인다. 이를 뒷받침하는 연구들은 다음과 같다. 인간의 경우, 뇌영역이 영구적으로 제거되는 외과적 손상은 극히 드물다. 그러나 심각한 간질의 경우, 외과의사들은 흔히 두 측면, 즉 뇌의 두 반구를 연결하는 신경을 제거하는 뇌수술을 한다. 수술 후, 소위 '분리 뇌split-brain' 환자들은 격렬한 간질발작을 일으키지 않고 인생을 즐길 수 있지만 한쪽 반구에 도달한 정보는 다른 반구로 도달할 수 없다. 일반적으로 분리 뇌 환자들은 모든 감각체계가 들어오는 정보를 처리하기 위하여 꼭 하나의 입력만 필요한 뇌에 이중으로 입력이 되기 때문에 일상생활에서 아주 잘 기능할 수 있다. 그러나 연구윤리의 문제로 뇌신경을 분리하는 방법은 현재는 잘 사용하지 않는다.

정서의 '편측화'를 뒷받침하는 자료는 자세를 취하여 자연스럽게 생기는 얼굴표정에 대한 근전도검사Electromyographic : EMG와 뇌파검사Eletroencephalographic : EEG 기록을 사용하여 관찰자가 판단하는 얼굴표정연구에서 얼굴의 비대칭성을 관찰할 수 있다. 이러한 실험과 연구 결과들은 좌·우 전뇌 반구the left and right frontal hemispheres of the brain가 다르게 정서경험 및 표현과 관련된다는 것을 시사한다. 반구와 정서는 반구가 손상되었는지, 활성화되었는지를 생각하는 것이 중요하고 흥분이나 탈억제(억제로부터 해소)의 결과로 표현된 정서 유형을 더 잘 이해하도록 한다. 그러므로 우리는 영아의 좌·우반구의 인지적·정서적 기능이 다르고, 활성화 정도에 따라 영아행동을 더 이해하고 지도할 근거를 갖게 된다.

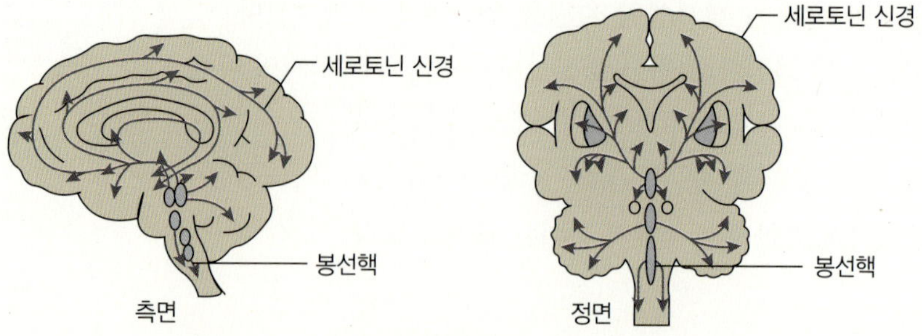

| 그림 11-3 | 정서에 영향을 주는 뇌신경물질 통로

4) 영아의 정서발달에 영향을 주는 요인들

(1) 영아 정서와 생리학

영아 정서는 분비되는 호르몬과도 밀접한 관련이 있다. 호르몬을 산출하는 내분비계인 심장과 내분비선 같은 내적 기관의 기능을 조절하는 자율신경계Autonomic Nervous System : ANS의 변화는 정서적 경험을 동반하거나 강화한다고 생각하였다. ANS는 종종 서로 상반되고 어떤 때는 협력하여 작용하는 두 체계로 구성된다. ANS의 교감부sympathetic division는 척수의 양면에 있는 2개의 사슬로 된 신경단위로 구성된다. 1차적 기능은 위급상황에 반응하도록 신체를 준비시키는 것이다. ANS의 부교감부parasympsthetic division는 척수를 내장기관과 연결하는 뉴런으로 구성되어 있고 위급하지 않은 상황에서 신체상태를 관리하며 비활동 기간에는 상대적으로 맥박을 감소시키고, 소화를 돕는 일 등을 한다.

ANS와 정서의 관계에 관심을 가진 연구자들은 혈액 속에서 순환되거나 타액 속에 포함된 코르티솔 수준 같은 다양한 생리적 변화와, 심장박동률Heart Rate : HR, 미주신경 긴장vagal tone, 전기피부반응galvanic skin response : GSR, 혈압과 호흡 같은 것을 통해서 심장과 혈관계의 변화를 기록해 왔고, 정서에 대한 연구는 호르몬 분비와 같은 행동적 · 생리적 체계와 상호관계에 대한 분석이 포함되어야 한다고 주장하였다. 최근에 이와 관련된 연구들이 의학 및 심리학계에서 많이 이루어지고 있다.

(2) 심장박동률

초기 연구에서 영아의 행동과 생리현상의 상호 관련에 대한 입장은 생리적 반응이 특정 자극에 의해 유도된 정서적 각성 정도를 일으킨다는 것이다. 연구자들은 많은 다른 정서유발자를 사용하고, 심장박동률의 증가를 통하여 영아의 각성을 측정하였고, HR의 감소나 안정된 HR은 각성되지 않은 상태를 가리킨다고 해석하였다. ANS 변화는 뇌가 주도하며, 편도와 시상하부, 그리고 항상 그런 것은 아니지만 피질과 관련된 정서망을 포함하는 복잡한 과정에 의해 초래된다.

특수정서와 표현력, 생리적 구성요소의 결합을 이해하기 위하여 탐색하는 또 다른 중요한 연구문제는 다양한 체계의 변화가 처리되는 속도이다. 얼굴표정의 변화와 뇌의 전기적 활동은 정서유발자가 제시된 후 1,000분의 1초 이내에 일어나지만, 자율적 변화의 대부분은 초 단위로 일어나며, 코르티솔 수준 같은 몇몇 지표는 정서 유발자가 제시되고 나서 10~15분 후에 일어난다. 그러므로 영아의 심장박동률을 연구하는 과정을 통해 현재 영아의 정서상태가 어떠한지 알아볼 수 있다.

(3) 미주신경 긴장

심장박동률과 더불어 영아의 정서를 파악할 수 있는 또다른 요소는 미주신경 긴장 여부를 파악하는 것이다. 심장의 미주신경 긴장은 1분당 심장박동의 수를 측정하는 심장박동률보다, 심장박동 간의 시간 간격에 기초한 지표이다. 베이걸vagal이란 용어는 미주신경vagus이라 부르는 10번째 뇌신경이고, 미주는 심장과 소화기 계통 같은 다양한 신체기관과 뇌간을 연결시키는 복잡한 체계인 양방향적 신경경로이다(Porges, Doussard-Roosevelt, & Maiti, 1994).

유기체가 휴식상태에 있을 때, ANS는 미주신경을 통해서 균형상태를 유지하고 내장기관의 성장과 회복을 강화한다. 그러나 스트레스 상황에서 고통스런 느낌은 미주신경 긴장을 통하여 신체 일부분의 통증을 유발한다. 이 스트레스 강도에 따라 CNS중추신경계는 ANS자율신경계 반응체계의 강도와 지속시간을 조절한다. 미주신경 긴장과 관련된다고 가정되는 접근과 회피의 기본적 행동체계의 특성은 첫째, 행동반응성, 둘째, 얼굴의 표현성, 셋째, 정서조절이다.

영아를 대상으로 한 행동반응의 지표로 미주신경 긴장의 가설을 지지해 왔다. 신생아의 포경수술에 대한 반응으로 심장박동률이 크게 가속화되고, 신생아 행동평가척도로 평가했을 때 자극에 대한 반응성이 더 크고 흥분성과 상관이 있음이 나타났다.

미주신경 긴장은 다음 네 가지의 중요한 시사점을 준다. 첫째, 미주신경 긴장의 비침입적이고 신뢰할 만한 중요한 목록을 제공한다. 둘째, 정서과정의 생리에서 미주신경계의 중요성을 강조한다. 셋째, 뇌손상, 약물에 의해 유도된 역기능과 학습된 역기능의 관점에서 정서반응의 개인차를 설명할 수 있는 기제를 제공한다. 넷째, 영양가 없는 빨기(아기의 고무젖꼭지), 메시지, 운동, 요가 그리고 다른 인지적 책략처럼, 유아와 성인의 다양한 정서조절 실제의 효과를 설명하는 하나의 방법이 될 수 있다.

(4) 코르티솔

코르티솔cortisol은 시상하부 – 뇌하수체 – 부신피질계hypothalamic-pitutary-adrenocortical : HPA system에 의해 생산되는 주요한 스트레스 호르몬이다. 이 체계는 혈류 속으로 스트레스 호르몬의 생산과 방출을 차례로 조절하고 편도로부터 시상하부로 방출됨으로써 조절되는 내분비신경계neuroendocrine system로 코르티솔의 생산은 '24시간 리듬circadian rhythm'으로 표현되는 24시간 낮–밤 주기 동안 규칙적으로 다양하다. 코르티솔은 스트레스 반응과 관련한다.

HPA체계는 환경과의 상호작용으로부터 야기되는 스트레스에 대한 유기체의 반응을 용이하게 하도록 해준다. 스트레스에 대한 생물학적 반응은 스트레스가 강한 자극이 개시된지 10~15분 후, 코르티솔 산출이 증가하기 시작하며, 스트레스를 겪는 동안 상승하고 스트레스 반응이 종결된 후에는 기초 수준으로 점차 감소한다. 부신 피질계는 스트레스원에 대항하는 자연 진정체계와 면역체계같이 스트레스에 민감한 다른 체계를 조절하고, 학습, 기억, 정서를 담당하는 뇌 기제에 영향을 미친다.

정서표현/조절, 코르티솔 수준의 변화와 다양한 스트레스 요인 간의 관계는 다음 세 가지로 설명할 수 있다. 첫째, 부정적 감정을 일으키는 스트레스원이 코르티솔의 기초 수준을 상승시킨다는 것이다. 예방접종과 발뒤꿈치를 찌르는 채혈에 반응하여 신생아가 우는 것과 혈장 코르티솔의 상승이 관련 있음을 보여 준다. 둘째, 자극의 신기성, 불일치, 부조화가 코르티솔을 증가시킨다. 영아기부터 8세까지의 아동들에 대한 종단적 연구는 부정적 정서표현과 코르티솔 수준이 정적인 상관은 아님을 말해 준다. 셋째, 코르티솔 산출은 스트레스 사건이나 그에 대한 정서적 반응을 어떻게 조절할지에 대한 불확실성과 관련될 수 있다. 영아기에 코르티솔이 과다하게 분비되면 인지와 정서발달에도 영향을 줄 수 있다.

뇌발달이론과 신경생리학적 지식은 우리들에게 영아기에 대하여 좀 더 깊은 이해를 하도록 도와주었다. 이런 연구와 이론들을 통하여 영아기에 주로 발달하는 뇌의 부분은 어느 부분인지 인지발달을 위하여 무엇을 해야 하는지, 스트레스를 받으면 분비되는 각종 물질들이 영아에게 긍정적 영향을 주는지 아니면 부정적 영향을 주는지를 추측할 수 있었다. 이런 기초이론들을 토대로 영아뿐 아니라 양육자와 교사들이 어떻게 영아를 대해야 하는지, 어떤 방법으로 영아발달을 도와주고, 발달의 과정을 현명하게 지켜봐야 하는지 교육학적 관점에서의 연구로 성장할 수 있게 해줄 것이다.

표 11-1 | 영아기 뇌발달과 양육태도

월 령	발 달	양육에 필요한 부분
2개월	• 양육자와 눈을 맞춘다. • 밤과 낮을 가릴 수 있다. • 즐거움과 불편함을 인지하고 표현한다.	울거나 칭얼거릴 때 잘 파악하고 즉시 원하는 수유나 기저귀 갈기를 해준다.
6개월	• 편도핵의 발달로 공포 시스템이 발달하여 낯가림이 생긴다. • 엄마의 목소리를 듣고 언어발달의 기초가 되는 모국어의 모음을 인식한다.	높은 톤의 목소리로 영아의 옹알이를 격려해 주고 낯가림을 두뇌의 정상적인 발달로 이해한다.
10개월	애착된 양육자에게 집중한다.	분리불안이 극대화됨을 이해하여 돌까지는 영아가 해달라는 대로 해준다.
12개월	애착 패턴(안정, 불안정)을 형성하고 애착인물이 고정되며 걷기와 말하기를 시작한다.	
18개월	해마체가 성숙하면서 장기기억 전환기능이 생성되며, "싫어"라고 말할 수 있는 능력이 생긴다.	해마체가 스트레스에 약함을 인식하고 편하고 즐거운 경험을 만들어 준다.
24개월	분리불안이 극대화되고 애착 패턴이 완성된다.	평생 성격을 결정하는 애착 패턴이 완성되는 시기이며, 영아의 분리불안이 절정에 이르므로 이때의 분리는 마음의 상처가 될 수 있음을 이해한다.

출처 : 노경선(2007), p. 290.

생각해 보기

1. 영아의 자기통제능력은 어떻게 발달되는지 정리해 보자.

2. 신경학적으로 본 영아기발달연구의 역사를 정리해 보자.

3. 맥클린의 변연계이론은 무엇인지 생각해 보자.

4. 영아의 뇌 좌반구와 우반구의 역할이 어떻게 다른지 정리해 보자.

5. 신경/생리학적 관점에서 영아의 정서발달에 영향을 주는 요인에는 어떠한 것들이 있는지 정리해 보자.

- 참고문헌
- 찾아보기

참고문헌

국내문헌

강경미 · 구광현 · 김경희 · 김영옥 · 백경숙 · 신현기 · 정채옥 · 최미숙 · 황윤세(2003). 영유아발달과 교육. 양지사.

강인언 · 이한우 · 정정란(2010). 최신 아동발달. 학지사.

공미선(2008). 영아전담기관의 음악활동에 대한 교사의 인식과 요구 및 실태. 신라대학교 교육대학원 석사학위논문.

곽금주 · 성현란 · 장유경 · 심희옥 · 이지연 · 김수정 · 배기조(2005). 한국영아발달연구. 학지사.

곽금주 · 정윤경 · 김민화 · 박성혜 · 송현주 공역(2005). Santrock, J. W.(2004). 아동발달심리학 · 시그마프레스.

곽노의 외(2007). 영유아발달. 양서원.

김경희(1986). 아동심리학. 박영사.

김경희(999). 발달심리학. 학문사.

김미경 · 정갑순 · 김동춘 · 정희영 · 최영해(2009). 기독교 영아교육. 총신대학교 출판부.

김수희 · 김지현 · 나용선 · 권오균 · 전대성(2011). 아동발달. 양서원.

김자윤(2009). 교사의 상호작용 유형이 유아의 발달에 미치는 영향. 경운대학교 대학원 석사학위논문.

김정휘(1996). 유전병과 기형아 및 유전상담. 교육연구, 14, 147-214.

김준아(2012). 만 1세 영아의 점토와의 상호작용 연구. 숙명여자대학교 대학원 석사학위논문.

노경선(2007). 아이를 잘 키운다는 것. 예담.

노학용(2010). 예배문헌에 나타난 유아세례 고찰과 예전 모델 제시. 백석대학교 기독교 전문대학원 신학박사학위논문.

대한소아과학회(2007). 한국소아발육표준치.

문혁준 외(2009). 아동발달. 창지사.
박순경(2012). 임산부 건강. 한국태아교육원.
박신경(2008). 기독교 유아교육. 한국기독교교육학회.
보건복지부(2007). 제왕절개분만율 상승 원인 및 감소대책 연구.
보건복지부(2011). 표준보육과정의 구체적 보육내용 및 교사지침 워크북. 보건복지부 보육행정관 보육기반과.
보건복지부(2013). 2013 어린이집 평가인증안내(40인 이상 어린이집). 보건복지부 저출산고령화사회정책실 보육정책관 보육정책과.
서경숙(2012). 만 1세 영아들의 사회정서적 행동탐구. 중앙대학교 대학원 박사학위논문.
서유헌(2010). 엄마표뇌교육. 아이트리.
신동주 · 강금지 · 이용수 · 정춘식(2005). 영유아의 영양, 건강, 안전. 정민사.
심우림(2011). 만 1세 영아의 또래관계형성에 관한 탐색. 중앙대학교 대학원 석사학위논문.
유재봉(2013). 공립학교에서 종교교육의 가능성. 기독교학문학회 춘계학술대회.
유효순 · 원혜경 · 김정희(2013). 영아발달. 창지사.
이규민 · 김경진 · 이진주 · 이원형(2008). 영유아기부터 아동기를 이한 영성교육. 한국기독교교육교역연구원.
이근주(2013). 영아전담 어린이집 교사의 전문성 증진을 위한 자율장학 프로그램 개발 및 적용. 중앙대학교 대학원 박사학위논문.
이봉선 · 이숙재(2008). 영유아의 발달과 교육. 창지사.
이사라 · 이주연 · 박민선 · 송승민 · 박선영(2013). 영아발달. 파워북.
이성태(2007). 아동발달이론. 학현사.
이수영(2010). 만 1세 영아의 교육경험 의미탐색. 숙명여자대학교 대학원 석사학위논문.
이숙화(2010). 보육시설-가정연계 감각활동이 영아의 발달과 부모역할 만족도 및 영아-부모 상호작용에 미치는 효과. 대구한의대학교 대학원 박사학위논문.
이시형(2010). 세로토닌하라. 중앙북스.
이영 · 김온기 · 우현경(2008). 부모 · 교사와 함께 하는 영아놀이. 다섯수레.
이영자 · 이종숙 · 신은수 · 곽향림 · 이정욱(2002). 1, 2세 영아프로그램의 계획 및 운영. 다음세대.
이영자 · 이종숙 · 신은수 · 곽향림 · 이정욱(2002). 교사용 1, 2세 영아발달 평가도구. 다음세대.
이준호(2007). 조산의 원인에 따른 신생아 호흡곤란 증후군의 발생 양상. 서울대학교 석사학위논문.
장휘숙(1990). 아동심리학. 박영사.
전남련 외(2012). 영아발달. 양서원.
전남련 · 강은숙 · 나현행 · 성은숙 · 이은임 · 김기선 · 이효수 · 엄영숙 · 엄은옥 · 김연옥 · 김호년(2012). 영아발달. 양서원.
정옥분 외(2007). 정서발달과 정서지능. 학지사.
정옥분(2009). 아동발달. 학지사.
정옥분(2012). 영아발달. 학지사.
정옥분(2013). 아동발달의 이해(개정판). 학지사.

정희영(2004). 기독교 유아교육론. 교육과학사.
정희영(2008). 피아제와 교육. 교육과학사
정희영(2010). 기독교부모교육이론과 실제. 총신대학교출판부.
정희영 · 정갑순 · 김동춘 · 김미경(2010). 기독교부모교육이론과 실제. 총신대학교출판부.
조성연 · 이정희 · 천희영 · 심미경 · 황혜정 · 나종혜(2005). 아동 발달의 이해. 신정.
중앙일보(1999). 뉴스위크 한국판 특별호 – 귀여운 우리아기. 중앙일보.
최성애 외(2011). 내 아이를 위한 감정코칭. 한국경제신문.
최현석(2006). 아름다운 우리 몸 사전. 지성사.
하정훈(2012). 삐뽀삐뽀 119 소아과. 그린비라이프.
한국교육심리학회(2000). 교육심리학용어사전. 학지사.
홍주희(2008). 임산부의 혈중 비타민과 산화스트레스 수준이 출생 후 3년간 영유아 성장에 미치는 영향. 이화여자대학교 박사학위논문.

국외문헌

Baltes, P. B.(1987). Theoretical propositions of life-span developmental psychology: On the dynamics between growth and decline. Developmental Psychology, 23, 611-626.
Berk, L. E.(2005). Infants and children: Prenatal through middle childhood(5Eds.). Boston: Allyn & Bacon Pub.
Berk, L.(2000). Child Development(5th). Boston: Allyn & Bacon.
Berkow, R.(Ed.).(1987). The Merck manual of diagnosis and therapy(15th ed.). Rahway, NJ: Merck, Sharp, & Dohme Research Laboratories.
Bonnie Thomas, 최은미 역. **아이 마음 다스리는 창의적 활동기법**. 시그마프레스.
Bowlby, J.(1989). Secure attachment. New York: Basic Books.
Bricker, D.(2005). 영유아를 위한 사정, 평가 및 프로그램 체계 AEPS. 허계형 · 이영철 · 정갑순 · 이상복 공역. [Assessment, Evaluation, and Programming System for Infants and Children]. 도서출판 특수교육.(원저는 1993).
Bronfenbrenner, U.(1979). The ecology of human development: Experiments by nature and design. Cambridge, MA: Harvard University Press.
Dehart, G. B., Sroufe, L. A., & Cooper, R. G.(2000). Child Development: its Nature and Course. The McGraw-Hill Companies, Inc.
Dworetzky, J. P.(1990). Introduction to child development(4th ed.). MN: West Publishing.
Edlin, Richards(2004). 기독교교육의 기초, 기독교학문학회 교육하분과역, 그리심.
Fowler, J. W, 사미자 역(1987). 신앙의 발달단계. 대한예수교장로회 총회출판국.
Fowler, J. W, 사미자 역(2002). 신앙의 발달단계. [Stages of faith]. 한국장로교출판사.
Gallahue, D. L., & Ozmun, J. C.(2002). Understanding Motor Development, New York: McGraw-

Hill.

Gallahue, D. L., & Ozmun, J. C.(2006). Understanding motor development. Boston: McGraw Hill.

Gaukroger, J.(2011). 발달과정에 따른 영유아 신앙교육. [Sharing Jesus with under fives]. 김태곤 역. 생명의 말씀사.(원저는 2001).

Gestwicki, C.(2008). 발달에 적합한 실제 : 유아교육과정과 발달. [Developmentally appropriate practice: Curriculum and development early education]. 임부연 · 장영숙 · 최미숙 · 최윤정 · 최일선 · 황윤세 공역. 정민사.(원저는 2007).

Hamachek. D. E.(1988). Evaluation self-concept and ego development within Erikson's psychosocial framework: A formulation. Journal of Counseling and Development, 66(8), 354-361.

James W. Kalat 외, 민경환 외 역(2007). 정서심리학. 시그마프레스.

Jeon, J. K.(2008). Drinking during pregnancy, it's dangerous even though only one cup. Healthy Living, 60, 26-27.

Kaplan, R.(2009). Soaring on the wings of the wind: Freud, jews and judaism. Psychiatry, 17(4). 38-325.

Lenneberg, E. H.(1967). Biological foundations of language. New York: Wiley.

Loehlin, J. C.(1995, August). Genes and environment in The Bell Curve. Paper Presented at the meeting of the American Psychological Association, New York City.

McGee, L. M. & Richgels, D. J. 김명순 · 심유림 역(2008). 영유아의 문해발달 및 교육. [Literacy's beginnings]. 학지사. (원저는 1996년).

Pazmino, R. W. 박경순 역(2003). 기독교교육의 기초. [Faundational issues in christian education]. 디모데.

Santrock, J. W.(1998). Adolescence(7th ed.). New York: McGraw-Hill.

Santrock, J. W. 곽금주 · 정윤경 · 김민화 · 박성혜 · 현주 역(2007). 아동발달심리학. [Children development]. 박학사.(원저는 2006).

Shaffer, D. R. (2000). Social & Personality(4th). Belmont, CA: Wadsworth Thomson Learning.

Sroufe, L. A.(1996). Emotional development. New York: Cambridge University Press.

Watson, J. D. & Crick, F. H. C.(1953). A Structure for Deoxyribose Nucleic Acid. Nature, 171, 737-738.

Whittle, M. J. & Connor, J. M.(1995). Prenatal diagnosis in obstetric practice(2nd ed.). Oxford, England: Balckwell.

Yan-bin, W.(2009). Impact of Lev Vygotsky on special education. Canadian Social Science, 5(5), 100-103.

홈페이지

http://blog.naver.com/PostView.nhn?blogId=jangsunah&logNo=70165988161

http://cafe.daum.net/seulgi101/JpzK/18?docid=1HDDi|JpzK|18|20100324085238&src(의사소통)

http://blog.naver.com/PostView.nhn?blogId=pororo2013&logNo=30155089875(역할놀이)

http://blog.naver.com/PostView.nhn?blogId=ggumdallove&logNo=20186696245(예방접종)

http://blog.naver.com/PostView.nhn?blogId=77jh79&logNo=150168745160(정서발달)

http://blog.naver.com/PostView.nhn?blogId=jangsunah&logNo=70165988161(신체발달)

http://cafe.daum.net/jaramto/MbnY/320?q=%BF%B5%BE%C6%C0%C7%20%C1%D6%BA%AF%C5%BD%BB%F6&re=1(인지발달)

http://cafe.daum.net/CHOROKCHILD/M91z/96?q=%BF%B5%BE%C6%C0%C7+%BE%F6%B8%B6%B3%EE%C0%CC&re=1(상징놀이)

http://cafe.daum.net/smilepo/OjI0/88?q=%BF%B5%BE%C6%C0%C7+%B9%CC%BC%D2(언어발달)

http://cafe.daum.net/dreamwith22/CxkU/1145?q=%BF%B5%BE%C6%C0%C7+%B9%CC%BC%D2&re=1(블록 놀이)

http://cafe.daum.net/mskids1713/otwL/29?q=%B0%C5%BF%EF%C0%BB%20%BA%B8%B4%C2%20%BF%B5%BE%C6&re=1(거울 놀이)

http://search.daum.net/search?w=img&q=%EC%83%81%ED%98%B8%EC%9E%91%EC%9A%A9%ED%95%98%EB%8A%94%20%EC%98%81%EC%95%84&autocvt=0&spacing=0(상호작용하는 영아)

http://cafe.daum.net/atpy/LfDB/87?q=%B4%EB%C8%AD%C7%CF%B4%C2%20%BF%B5%BE%C6&re=1(영아의 정서발달표현)

http://www.model236.net/elle-plus-size-...del.html)(반두라의 보보인형실험)

http://www.daddytypes.com/2008/11/21/before...ribs.php(스키너의 아기상자자료)

:: 찾아보기 ::

ㄷ

ㄹ

ㅁ

ㅂ

ㅅ

ㅇ

ㅈ

ㅊ

ㅋ

ㅌ

ㅍ

ㅎ

기타

저자 소개

정희영

영국 Aberdeen대학교 기독교유아교육 전공(철학박사)
현재 총신대학교 유아교육학과 교수
총신대학교 부속유치원 원장

최영해

덕성여자대학교 유아교육 전공(교육학박사)
현재 총신대학교 부속유치원 원감
총신대학교 유아교육학과 강사

장은희

덕성여자대학교 유아교육 전공(교육학박사)
현재 무지개유치원 원장
평택대학교 아동청소년복지학과 겸임교수

이선경

총신대학교 기독교유아교육 전공(철학박사)
현재 총신대학교 유아교육학과 강사

신현정

덕성여자대학교 유아교육 전공(교육학박사)
현재 정화예술대학 사회복지학부 교수

정다운

가톨릭대학교 생활문화학과(이학박사)
현재 수성대학교 아동미술보육과 교수

정희정

총신대학교 기독교유아교육 전공(철학박사)
현재 총신대학교 유아교육학과 강사

영아발달

2014년 3월 10일 초판 인쇄
2014년 3월 15일 초판 발행

지은이 | 정희영 · 최영해 · 장은희 · 이선경
신현정 · 정다운 · 정희정
발행인 | 유제구
발행처 | 파워북
주 소 | 서울시 마포구 독막로 291-5 대동빌딩 4층
전 화 | (02)730-1412
F A X | (02)730-1410
등 록 | 1997. 1. 1 제 300-1997-13
편 집 | 민하디지탈아트(02-3274-1333)

정가 21,000원
ISBN 978-89-8160-224-6(93590)